经营者心学

经营者成败的根本原因在于"心"

张育新 ◎ 著

企业管理出版社
ENTERPRISE MANAGEMENT PUBLISHING HOUSE

图书在版编目（CIP）数据

经营者心学：经营者成败的根本原因在于"心"/张育新著. -- 北京：企业管理出版社，2021.7
　　ISBN 978-7-5164-2396-7

Ⅰ.①经… Ⅱ.①张… Ⅲ.①经营管理 Ⅳ.① F272.3

中国版本图书馆 CIP 数据核字（2021）第 095526 号

书　　名	经营者心学：经营者成败的根本原因在于"心"
作　　者	张育新
选题策划	周灵均
责任编辑	张　羿　周灵均
书　　号	ISBN 978-7-5164-2396-7
出版发行	企业管理出版社
地　　址	北京市海淀区紫竹院南路 17 号　邮编：100048
网　　址	http://www.emph.cn
电　　话	编辑部（010）68456991　发行部（010）68701073
电子信箱	emph003@sina.cn
印　　刷	河北宝昌佳彩印刷有限公司
经　　销	新华书店
规　　格	170 毫米 ×240 毫米　16 开本　18.25 印张　260 千字
版　　次	2021 年 7 月第 1 版　2021 年 7 月第 1 次印刷
定　　价	79.00 元

版权所有　翻印必究·印装有误　负责调换

推荐序 1
在正确的地方，安放我们的心灵

前不久，前辈张育新先生给我来电，想让我给他的新著《经营者心学——经营者成败的根本原因在于"心"》写个序言。张先生曾先后在学界、政界和企业界深耕，经历丰富，学养深厚，著作等身，屡获殊荣。面对这样一位德高望重的前辈布置的"命题作文"，我着实感到诚惶诚恐。"心学"是让人仰望的大学问，我平日虽有涉猎，但毕竟不是专业事功，不成体系，担心因为自己的浅陋，而有损先生大作风采，迟迟不敢动笔。后转念一想，好歹自己也是个正式科班的心理学博士，读博期间，主攻的是积极心理学；博士论文，构建的是积极领导学；创业之后，则是秉持着积极人才观，一直在努力以科学的方法、发掘、发挥、发展人的内外积极优势。无论是积极心理学的哲学之根，还是积极领导学的文化基因，抑或积极人才观的内在逻辑，其内核恰恰都是东方"心学"。这样，我总算是给自己找了个台阶，斗胆写了以下这些文字，作为呈给张老先生的作业，也算是对"心学"与"经营""管理"关系思考的一个小结，还望各位方家不吝赐教！

这些年，伴随着"国学"热的兴起，"心学"也成了上至庙堂、下至民间的热门话题，有关"心学"的书籍更是汗牛充栋。然而，细读张先生大作，则让人耳目一新。给我留下的突出印象，至少有以下两点。

一是叙事角度的新颖性。张先生将叙事的焦点，独具匠心地聚集在"经营者"这一特定角色上，创造性地提出"经营者心学"这一崭新概念。按张先生的界定，"经营者"既是指企业经营者，也是指人生经营者。"经营者心学"则是关于"经营者心灵修炼的学问"，经营者通过学习"心学"经典和"在事上磨炼"，提高心性，拓展经营，可让人生变得更加美好。如果说简单的经典解读注疏，是一个"我注六经"的过程，那么，基于自己选定的立场，从经典中萃取精华，为我所用，成就独家之言，则是一个"六经注我"的过程。张先生的这本新著，从"经营者心学"这一独特视角切入，系统阐述了经营者心灵修炼的内容、方法和意义，不仅增添了"心学"研究的新方向，而且拓展了"心学"研究的内容边界，在理论上无疑是有创新意义的。

二是行为实践的实用性。张先生打破时空界限，以宏大的历史视角，将王阳明、稻盛和夫和彼得·圣吉三位古今中外"心学"大师的核心思想，贯通为一体，整合在"经营者心学"这条轴线上，通过纵横比较研究，总结出了经营者学习"心学"的十多个要点，在实践层面上为经营者修炼心性、提升素养，提供了一条清晰的、便捷的、合用的行动路线图。具体而言，经营者学习"阳明心学"，核心就是要修炼"为善之心"：面对诱惑，修炼"致良知"；面对公司治理，修炼"万物一体之仁"；面对市场变化，修炼"此心不动，随机而动"。经营者学习"稻盛心学"，就是要学习"六颗心"：面对逆境，修炼"感谢之心"；面对顺境，修炼"谦虚之心"；面对利益，修炼"利他之心"；面对欲望，修炼"知足之心"；面对障碍，修炼"强大之心"；面对挫折，修炼"坚韧之心"。经营者学习"圣吉心学"，则是要进行以下"五项修炼"：面对复杂问题，修炼"系统思考"；面对个人成长，修炼"自我超越"；面对经营决策，修炼"心智改善"；面对未来发展，修炼"共同愿景"；面对整体搭配，修炼"团队学习"。这种实践导向的高度概括，可以使经营者在修心养性的道路上，少走很多弯路，具有极高的实践价值。

一名大师曾经表达过这样的思想：所谓"炼心"，就是通过艰苦的自我参悟和调教，将"散乱心"归化为"集中心"，再通过淳化，达于"无心"。这种从散到聚、从动到静、从有到无的心灵成长之路，风尘仆仆，险象环生，是需要谦逊做担保的。因此，联想到近些年来国内经营场上的纷纷扰扰，在上述这么多心灵修炼方法中，最让我产生共鸣的，是"稻盛心学"中的"谦虚之心"。

如果不在语义学意义上死抠，"谦虚之心"可以理解为"谦卑之心"，再往前推，则可以理解为"敬畏之心"。在我看来，在经营者要修炼的多种心性中，"敬畏之心"是最为重要的，因为它关联着因果，很大程度上也决定着经营者生死。

"敬畏之心"对经营者来说就相当于压舱石。缺少了谦恭和敬畏，经营者就可能忘乎所以，不知轻重，容易把自己的那个"我"字写得无限大，以至于遮蔽了双眼，不知道"我是谁，我来自哪里，我要到哪里去"。结果要么挤占了别人的"我"空间，让人难受；要么因为看不清来路和去路，而跌得个鼻青脸肿。稍微留意一下周围，这样的经营者还真不少：企业经营稍有起色，兜里有几个钱，就脑子发热，开始多元化、铺摊子，仿佛老子天下第一，无所不能，无往不胜。个人稍微有了点名气，就把自己扮演成救世主，满嘴高论，信口雌黄，仿佛世界皆醉，唯我独醒。这些人表面上看似自信和热闹，恰恰是少了谦卑心、敬畏心。但凡内心有所敬畏者，就应该明白,"我"这只"蚂蚁"再牛,也只是蚂蚁,更不会把斯文踩在脚下,喝高了似的狂叫"什么清华北大,不如胆子大"。

笔者曾经就有一位朋友,生产手机锂电池,进入市场不久,势如破竹,没几年工夫,就让日本三洋被迫退出中国市场。其当时的发展规模和行业影响,都超过了比亚迪。如果能够坚持本心,心无旁骛地在这个行业耕耘,现在处在比亚迪这个位置的,可能是他们而不是比亚迪了。结果,锂电池的短暂成功,让他那颗猴子般不安分的心更加躁动,先是进军影视业,后又进军中医药行业。几个业务板块互不搭界,在人才、资源、市场等各个方面都无法相互协同和策应,结果只是一个小小的危机,就导致全线崩溃。笔者曾经提醒他收收心,收缩战线,坚持主业,但他听不进去。如今,比亚迪成长为新能源的世界巨人,而他的三家企业,连同他本人,在市场上却都消失得无影无踪。前两年再见到他,萎缩得像个糟老头儿,全然没有了当年的锐气与霸气。一副好牌,被他打得个稀巴烂,不幸应验了稻盛和夫的那句话,"一切始于心,终于心"。稍加管束一下自己"驿动的心",对市场稍微有点敬畏心,何至如此呢!

内心没有谦虚、敬畏的"秤砣"压着,行为上就会像无根的浮萍、断线的风筝、无家的野狗,没了定力和方向,四处晃荡。正是看到了太多经营者难看的"死法",笔者在布局自己企业业务时,就特别注重寻找能够活久见的"活法"——在自身专业优势与市场需求之间寻找结合点,坚持专精尖,不搞大而全。我们对专业、行业、市场和用户,始终是怀着深沉的敬畏的。在我们会议室,属于领导坐的那个位置,永远是空着的。那个位置是给专业、行业、市场和用户留着的。在我们的心中,它们才是"领导"。

经营者的心灵淬炼、心智成长,对提升个人修养、调整人际关系、优化经营质量无疑是有价值的;但心灵的修炼,靠的是当事人内在的参悟。参悟是个体化、个性化、经验化和玄妙化的,只可意会,不可言传,用王阳明的话说,"功夫愈深,愈觉不同,此难口说"。"人心难测",心灵修炼的这种难测性和不可复制性,限制了它在更广泛的范围内发挥功用。因此,经营者学习心学、修炼心性，也不能只管埋头"内修"，而忽视了"经营"和"管理"的作用。

"管理"是外显化、标准化、规范化、可测量、可验证、可复制、通用性和结果导向的，其属性与修心刚好相反。因此，经营不能没有管理，也不能不修管理，没有管理就没有经营。经营企业，需要对人力、生产、渠道、营销、财务等要素进行管理；经营人生，需要对职业、时间、人际关系等要素进行管理；经营人心，也需要对情绪、动机、认知、价值观、期望进行管理。即便是诞生于哲学母体的心理学，100多年来，也是想尽了方法来度量人心，以摆脱学科的思辨性，增加客观性、专业性、可测性和可管理性，并以此发展出了心理测量学。因此，修心与管理，就仿佛太极图中的黑鱼、白鱼，虽然你咬我、我咬你，但被整合在一个"体"内，你中有我、我中有你，相互依存，谁也少不了谁。

中国传统文化是重内修、轻管理的，所以历史上从没有孕育出一家现代意义上的企业。在经济全球化、信息化、数字化、智能化、竞争白热化的今天，企业和个人，无论愿意与否，都必须参与外部竞合，也一刻都不能没有管理。然而，现实中，经常看到一些企业老板，放下企业不管不顾，一天到晚神经叨叨地去访名山，拜"大仙"，追论坛，试图从"国学""大师"那里找到经营企业的独门绝技和灵丹妙药，无疑是投错了"庙门"，搞错了方向，也恰恰反映出其急功近利、心浮气躁的内在短板。你在一个不是装"管理"的箩筐中去找"管理真经"，能找到吗？环顾国内外成功的企业，没有一个是丢下管理，拜大师拜出来的。因此，无论是经营企业，还是经营人生，修心与管理，二者不可偏废，需要"两手抓，两手都硬"；而能否达成二者的平衡，则是另一种更精进的功课和更高超的境界。高妙的修为，一定是内外兼修、知行合一、平衡和谐的。

钱穆先生说，"无论如何，我们的心，总该有个安放处"；如能实现心与神、心与身、心与物的和合，则是心的大解放、大安顿。正像稻盛和夫将"作为人，何谓正确"作为所有问题的哲学前提那样，经营者修炼心性，就是要在一些重要方面得到"正确性",也就是能够树立正确的目标,经由正确的方法,实现正确的成功,在正确的地方正确地安放心灵,在各种遭遇面前保持正确的心态。

我相信,在寻找心灵安放处、寻求行为正确性的征途中,张老先生的这部大作,一定能为您提供独到的引领!

深圳博泽人才科技有限公司　创始人
博泽人才研究院　院长
熊克寒　博士

2021 年 5 月
于粤港澳大湾区人才创新园

推荐序 2
融通众上心法，以成经营者的超上心法

年轻时，求学中山大学中文系，读了唐逸生的《唐诗小札》和秦牧的《艺海拾贝》，觉得有散文风，好读好懂好记，受益至今。当读到席勒的《美育书简》和朱光潜的《谈美书简》时，我更是明白，高深的美学理论，在美学大师那里，原来可以如此轻松闲淡地道来，有明月照大江的明静，有清风拂山岗的清朗。前两天读张育新老师的大著《经营者心学——经营者成败的根本原因在于"心"》，我豁然开朗：上述种种学术事象，贯通起来，呈现了一种辩证性的科研表述模式。

张老师的著作，多维地呈现了散文式学术写作的辩证品质：一是各种经营事象，呈现养心的通理；二是融通众上心法，以成经营者的超上心法；三是以哲学统摄多学科，形成哲学化的经营者心学；四是融合各种表达方式，显现多样整一的理论诉说。凡此种种，通成了张育新老师这本著作的散文式学术写作的风范，显现了创新创造的品质。

一、各种经营事象，呈现"养心"的通理

在张老师的著作里，分述了诸多经营与管理的事象。这些事象，从不同的角度呈现了哲心与善心的本质规定，显示了"致良知"的不同路径，也就通成了"良心"的本质系统。在现实世界中，各种事物都含特殊之道，是成万有之道。有了万有之道，才会通成世界大道与自然总道。

张老师所说的众多经营管理的事例，都是本心之道的具体涌现，呈现了良心的各个本质侧面。它们通和起来，就成了良心的"全豹"和"全象"，是谓先从"一"走向了"多"，又从"多"走向了"一"。

张老师的著作，以众多的事例与故事，呈现以心为本的经营通律与定理，形成散文式学术写作的特征，既合规律，也合目的，是传统学术之道的承接与创新。

二、融通众上心法，以成经营者的超上心法

从生态哲学的角度看，均是一与多的互转，即一生发多，多生成一，两者对生通转。张老师深谙这一生态辩证法，在探求经营者心学时，以此突破了经典传承的怪圈。方法的传承有一种逆循环的现象：取法之上，仅得其中；取法之中，仅得其下。基于一与多的相生互发之理，张老师把众多上乘的心学与心法融会起来，即把阳明心学、稻盛心学、圣吉心学汇聚起来，取法众上，以成经营者的超上心法，也就打破了经典之法传承的逆循环怪圈，实现了良性循环。张老师的经验，还有内外循环通转，以破逆循环，实现超循环的规范。取法阳明心学，是中华传统哲理的内循环，它贯通"稻盛心学"和"圣吉心学"，达成了内外双循环的超转，当可实现心学的生生

不息，是成可持续发展。

从张老师关于心学的论说里，可以看出阳明心学在世界心学体系中的本体本原地位。在稻盛心学和圣吉心学里，可以看到阳明心学提供的理论依据与方法指南，可以看到阳明心学在海外结下的理论硕果，从中可见中华传统哲学的巨大传播力与强盛再生力。在改革开放走向新时代的今天，中华哲学文化再次走向世界，走转全球，显示了文化自信与文化自强，是多么地富有人类命运共同体和人类文化生态整一体的新时代意义。

张老师具体地展示了阳明心学向稻盛心学与圣吉心学流转，力成超上的经营者心学的超循环历程，既显现了中国传统哲学的世界化与现代化意义，又提供了一条融通众上以成超上的辩证整生路径。

三、以哲学统摄多学科，形成哲学化的经营者心学

在张老师的这本书里，我们看到了多学科交融的学术风景。实事求是，为一切学科的宗旨。也就是说，求是，为一切学科的天职，为所有学者的使命。科学，包括自然科学和社会科学，所求的是本然之是和必然之是；人文学科依据本然之是，求索应然之是，以成理想之是；管理学科遵循本然之是，兼顾应然之是，形成须然之是；技术学科依据本然之是，统筹兼顾应然之是、须然之是，通成中和之是和最佳之是；哲学包含、统一与提升了上述各学科，以成通然之是、统然之是和超然之是。

在张老师的学术诉说中，阳明心学作为基础哲学，通含上述各学科，提统稻盛心学与圣吉心学，提振心理学、社会学、人文学，提升经营学，精化技术模型，形成了一个哲学化的经营者心学系统。

四、融合各种表达方式，显现多样整一的理论诉说

在经营者心学中，融合的各种学科，其不同的内涵，即不同层级与样态的"是"，也相应地有了不同的表达形式，显现了多样而又整一的理论诉说，显现了学术表达的多样统一。

学术表达有描述、叙述、论述、论证、论辩以及范畴运动等各种形式。在张老师的经营者心学研究中，随着理论的发展，这些学术呈现的形式有了多样统一的规定，表征了多质多层次的心学理论系统。学术表达虽然丰富多彩，但在张老师笔下，均是实事"显"是的具体言之，其实事述是，实事论是，实事证是，实事辩是，等等，都是实事"显"是，显的都是经营者心学之是。

张育新老师仅长我几岁，然闻道在先，是我在中山大学中文系读书时的老师。在他面前，我执弟子礼数十年不变。他在人才管理与研究上颇有建树，斩获多项大奖；继而治经营者心学，融通古今，连贯中西，深掘哲渊，会泽百家，别开生面，煌煌而成大著。如此重要的作品问世，嘱我作序，实在是诚惶诚恐。我为自己的小书做过自序，为学生的著作写过序，为同学、同事、同行的作品写过序，也斗胆为领导甚或学界前辈的作品做过序，就是没有为自己老师的学术成果作序，一时有些不敢答应。然想起当年张老师对自己的谆谆教诲，师恩浩浩，却之不恭。权当学习体会，是为代序。

广西民族大学 博士生导师　袁鼎生
2021 年 5 月

前　言

　　"心学",讲的是心灵的修炼,心根的培育。这是人生的一个非常重要的课题,可惜这个课题常常被人们所忽略。当今社会,年轻家长注重孩子学钢琴、学舞蹈、学音乐、学绘画,有几个注重孩子的心根培育;学校的老师注重学生学数学、学物理、学化学、学中文、学英语,有几个注重学生的心根培育;工作单位的领导注重员工学业务、学技术、学经营、学管理,又有几个注重员工的心根培育。正是由于我们的家长、老师、领导不注重孩子、学生、员工的心根培育,才出现了那么多的青少年自杀事件,那么多的商业欺诈,那么多的贪腐行为。假如我们的家长、老师、领导都注重心灵修炼、培育心根这个对人生非常重要却又常常被忽略的问题,这类事件将会大大减少。

经营者心学,讲的是经营者的心灵修炼。本书想告诉经营者的主要是:经营者成败的根本原因在于"心",经营者想要获得成功,就必须进行心灵的修炼;经营者心灵修炼的路径方法是学习"心学"经典著作,"在事上磨炼"。

每一个经营者(经营企业或人生)在前进的路上会遇到各式各样的问题,或者说是各式各样的"坎",过得了这些"坎"可能走向成功,过不了这些"坎"可能走向失败。稻盛和夫告诉我们,以正确心态(美好心灵)去面对,就没有过不去的"坎"。正确心态来自哪里?

一是来自日常的修炼,在日常生活中能够学习心学的经典著作,并对自己的行为进行反省;二是在遇到"坎"的关键时刻,不是按照自己的第一反应往前冲,而是能停下来想一想心学经典著作是怎么说的,想一想王阳明、稻盛和夫、彼得·圣吉在这种情况下会怎么做,想一想自己的想法和做法是否妥当,想清楚了再继续往前走。这样才能"做到"以正确的心态去面对,以"善的我"战胜"恶的我",以"理性化"的我战胜"情绪化"的我,才能提高心性,拓展经营,让人生变得更美好。

改革开放之后,我国涌现了大量的经营者,其中有大集团的经营者,小公司的经营者,还有个体工商户。无论是哪一类经营者,大家都希望自己所办的企业能够获得成功而不遭受失败。

值得注意的是,很多经营者都把成败的原因归结于资金、人员、技术、信息等,而忽视了经营者成败的根本原因在于"心",因而有必要郑重其事地把经营者心灵修炼的论题提出来,以引发大家的关注。

不是说资金、人员、技术、信息不重要,而是说,经营者如果能够解决"心"的问题,需要的资源能比较容易获得,遇到的障碍能比较容易跨越,追求的事业能比较容易成功。在这方面,看一看稻盛和夫走过的路就明白了。

本书的内容划分为六个部分。第一部分是"总论",从总体上回答了"经营者心学"的内涵、"经营者心学"的意义、"经营者心学"的学习方法、

"经营者心学"的本原等问题。总论中，重点阐述了经营者学习心学的路径方法。第二、三、四部分是分论，分别对如何学习"阳明心学""稻盛心学""圣吉心学"做了系统化的阐述。

第二部分"学习'阳明心学'，修炼'为善之心'"，在介绍了王阳明关于人生、宇宙、认识的学说，"阳明心学"的核心思想及学习方法之后，着重阐述了经营者学习"阳明心学"应把握的要点。

第三部分"学习'稻盛心学'，修炼'六颗心'"，在点出了"一切始于心，终于心"这个核心论题之后，阐述了经营者心灵修炼的五个要点：构筑人生的基础，动机良善，以强大心灵成就未来，贯彻正道，培育美好"心根"。

第四部分"学习'圣吉心学'，进行'五项修炼'"，在阐述了建立"学习型组织"的意义之后，重点阐述了系统思考、自我超越、心智改善、共同愿景、团体学习五项修炼的目的与方法，并讲述了建立学习型组织过程中需要破解的几个难题，包括超越"权威控制"的办公室政治，保持对"地方机构"的协调与控制，扮演领导者的新角色，创造管理者学习的时间，等等。

第五部分"心学精髓及应用方法"，指出阳明心学的精髓是"致良知"；稻盛心学的精髓是"敬天爱人"；圣吉心学的精髓是"系统思考"。学习阳明心学、稻盛心学、圣吉心学的精髓，重在掌握应用方法。

第六部分结语，简单概括了学习"经营者心学"要把握的三个要点：一是什么是"经营者心学"，二是为什么要学习"经营者心学"，三是经营者如何进行心灵修炼。

在学习阳明心学、稻盛心学、圣吉心学的过程中，我们要重点关注三位大师提供的各具特色的心灵修炼路线图。阳明心学提供的是"身心修养路线图"，稻盛心学提供的是"端正心态路线图"，圣吉心学提供的是"转换心灵路线图"。

阳明心学提供的"身心修养路线图"主要有五个环节。

一是修炼"静坐"之功，让心中的各种私心杂念都消失。王阳明对陆澄说："汝若于货、色、名利等心，一切皆如不做劫盗之心一般，都消失，光光只是心之本体，看有甚闲思虑？"

二是修炼"省察克治"之功，拔去各种私心杂念的病根。王阳明说，要时刻注意把那些好色、好货、好名等私念一一加以追究，搜寻出来，拔去病根，使它永不复起。

三是修炼"致知"之功，在"意念着处"（面对外物产生动念时）用良知辨别善念恶念。王阳明对弟子陈九川说："尔意念着处，他是便知是，非便知非，更瞒他一些不得。"

四是修炼"格物"之功，发现动念有不善，即把这不善的念头克倒。王阳明提出："要人晓得一念发动处，便是行了。发动处有不善，就将这不善的念头克倒了。"

五是在个人达成"修身"目标之后，逐步向外延伸，可延伸到"齐家""治国""平天下"。

稻盛和夫提供的"端正心态路线图"主要有三个环节。

一是面对各种问题，要有正确的心态。面对逆境时，要将抱怨之心转为感谢之心；面对顺境时，要将傲慢之心转为谦虚之心；面对利益时，要将利己之心转为利他之心；面对欲望时，要将贪婪之心转为知足之心；面对困难时，要将弱小之心转为强大之心；面对挫折时，要将脆弱之心转为坚韧之心。

二是做商业判断时，要以"作为人，何谓正确"作为判断基准，即以正确的为人之道作为判断基准，以传统的伦理道德作为判断基准，坚持走正道，不走邪道。

三是平时要修养身心，培育良好心根。"怀有正确的心态""走正道"都是一种境界，要达到这种境界，靠的是平时的修炼。修炼方法重在自我反省，读书养心与默坐澄心。

圣吉心学提供的"转换心灵路线图"主要有五个环节。

一是自我超越。自我超越是由满足现状转为产生和延续创造性张力。自我超越要掌握的技巧是明确愿景，看清现况，保持创造性张力，克服情绪性张力。

二是心智改善。心智改善是由固守既有认知转为改变既有认知。心智改善要掌握的技巧是辨认跳跃性思维，练习左手栏，兼顾自我辩护与相互询问，区分拥护的理论与使用的理论。

三是共同愿景。共同愿景是由官方或个人持有的愿景转为组织成员共同持有的愿景。共同愿景要掌握的技巧是鼓励个人提出对组织的愿景，从领导者个人愿景出发建立共同愿景，注重愿景的分享、倾听，以及对愿景的投入与奉献。

四是团体学习。团体学习是由以个体为单位的学习转为以团体为单位的学习。团体学习要掌握的技巧是学习深度汇谈，综合运用深度汇谈与讨论，破除习惯性的自我防卫，提升整体搭配的能力。

五是系统思考。系统思考是由看部分转为看整体，看清复杂问题背后的运行结构，找出高杠杆解。系统思考要掌握的技巧是辨认问题，找出结构描述结构，找出杠杆点和高杠杆解。

上述五项修炼中，系统思考是核心，贯穿于各项修炼之中（各项修炼均离不开系统思考），也体现在五项修炼的综合运用（解决企业改造中的难题）。

本书的创新特色有如下三点。

其一，首次提出"经营者心学"这一论题。阐明"经营者心学"讲的是"经营者心灵修炼的学问"，其主要内容包括经营者心灵修炼的目的、方法及原理等，其意义在于提高心性，拓展经营，让经营者的人生变得更加美好。

其二，首次将彼得·圣吉的《第五项修炼》作为心学来研究，并打通"阳明心学""稻盛心学""圣吉心学"三者之间的关联，提出经营者学习"心学"的路径方法是学习"心学"经典著作，在经营中所遇到的"事"上磨炼，具体操作可把握十六个要点。

其三，注重系统性，本书系统地回答了"经营者心学"的内涵、"经营者心学"的意义、"经营者心学"的学习方法、"经营者心学"的本原等问题，并分别对如何学习"阳明心学""稻盛心学"和"圣吉心学"做了具体的阐述。书中每一章是一个系统，每一部分是一个系统，全书整体是一个系统。

本书的读者对象为大中型企业、小微型企业、个体工商户的经营者及管理者，创业学院、管理学院的教师与学生，对"阳明心学""稻盛心学""圣吉心学"感兴趣的其他读者。

张育新

2021年6月

第一部分 总论
"经营者心学"的内涵·意义·学习方法

第一章
"经营者心学"的内涵

第一节　王阳明关于"心学"的论述 / 003
第二节　稻盛和夫关于"心学"的论述 / 004
第三节　彼得·圣吉关于"心学"的论述 / 005
第四节　"经营者心学"的内涵 / 006

第二章
"经营者心学"的意义

第一节　经营者成败的根本原因在于"心" / 010
第二节　心灵修炼的学问是经营者应补上的课程 / 012
第三节　心灵修炼的学问是任何人都应补上的课程 / 013

第三章
"经营者心学"的学习方法

第一节　经营者在面对逆境时，
　　　　要学习"稻盛心学"，修炼一颗"感谢之心" / 014

第二节　经营者在面对顺境时，
　　　　要学习"稻盛心学"，修炼一颗"谦虚之心" / 015

第三节　经营者在面对利益时，
　　　　要学习"稻盛心学"，修炼一颗"利他之心" / 016

第四节　经营者在面对欲望时，
　　　　要学习"稻盛心学"，修炼一颗"知足之心" / 016

第五节　经营者在面对障碍时，
　　　　要学习"稻盛心学"，修炼一颗"强大之心" / 017

第六节　经营者在面对挫折时，
　　　　要学习"稻盛心学"，修炼一颗"坚韧之心" / 018

第七节　经营者在面对生意买卖时，
　　　　要学习"稻盛心学"，坚持"贯彻正道" / 019

第八节　经营者在面对干部选用时，
　　　　要学习"稻盛心学"，注重"美好心根" / 020

第九节　经营者在面对复杂问题时，
　　　　要学习"圣吉心学"，修炼"系统思考" / 021

第十节　经营者在面对经营决策时，
　　　　要学习"圣吉心学"，修炼"心智改善" / 022

第十一节　经营者在面对未来发展时，
　　　　　要学习"圣吉心学"，修炼"共同愿景" / 022

第十二节　经营者在面对整体搭配时，
　　　　　要学习"圣吉心学"，修炼"团体学习" / 023

第十三节　经营者在面对个人成长时，
　　　　　要学习"圣吉心学"，修炼"自我超越" / 024

第十四节　经营者在面对企业改造时，
　　　　　要学习"圣吉心学"，运用"五项修炼" / 025

第十五节　经营者在面对各种诱惑时，
　　　　　要学习"阳明心学"，修炼"致良知" / 026

第十六节　经营者在面对市场变化时，
　　　　　要学习"阳明心学"，修炼"此心不动，随机而动" / 027

第四章
"经营者心学"的本原

第一节　《王阳明集》及相关资讯 / 030

第二节　《心——稻盛和夫的一生嘱托》及相关资讯 / 030

第三节　《第五项修炼》及相关资讯 / 031

第四节　"阳明心学""稻盛心学"和"圣吉心学"的共通性 / 032

第二部分
学习"阳明心学"，修炼"为善之心"

第五章
王阳明是一位杰出的哲学家

第一节　王阳明有关人生的学说 / 037

第二节　王阳明有关宇宙的学说 / 038

第三节　王阳明有关认识的学说 / 040

第六章
"阳明心学"的核心思想

第一节　"阳明心学"是"培根之学" / 042

第二节　"阳明心学"的源头与形成 / 044

第三节　"阳明心学"的核心思想 / 047

第七章
"阳明心学"的学习方法

第一节　立志 / 050

第二节　知学 / 051

第三节　在心上用功 / 052

第八章
经营者学"阳明心学"应把握的要点

第一节　面对各种诱惑，修炼"致良知" / 062

第二节　面对公司治理，修炼"万物一体之仁" / 065

第三节　面对市场变化，修炼"此心不动，随机而动" / 068

第三部分
学习"稻盛心学"，修炼"六颗心"

第九章
一切始于心，终于心

第一节　稻盛和夫对经营者的"赠言" / 073

第二节　一切始于心，终于心 / 074

第十章
经营者要构筑人生的基础

第一节　面对逆境，修炼一颗"感谢之心" / 079

第二节　面对顺境，修炼一颗"谦虚之心" / 082

第三节　在工作中全神贯注是"心灵修行"的最好方法 / 084

第十一章
经营者要"动机良善"

第一节　面对利益，修炼一颗"利他之心" / 087

第二节　面对欲望，修炼一颗"知足之心" / 093

第三节　上天赐予的财富和才能要回馈社会 / 094

第十二章
经营者要以强大心灵成就未来

第一节　面对障碍，修炼一颗"强大之心" / 096

第二节　面对挫折，修炼一颗"坚韧之心" / 098

第三节　企业实现高目标，要使员工"想法一致" / 101

第十三章
经营者要"贯彻正道"

第一节　面对生意买卖，坚持"贯彻正道" / 106

第二节　"贯彻正道"也是一种人生哲学 / 109

第三节　正确的商业判断源自"灵魂"中的"真我" / 111

第十四章
经营者要"培育美好'心根'"

第一节　面对干部选用,注重"美好心根" / 113

第二节　经营者只有提高人格,才能驱动人心 / 116

第三节　经营者无论何时都要"修心" / 117

第四部分
学习"圣吉心学",进行"五项修炼"

第十五章
建立"学习型组织"的意义

第一节　"学习型组织"的提出与发展 / 123

第二节　建立"学习型组织"的实务与技巧 / 124

第三节　建立"学习型组织"的意义 / 126

第十六章
面对复杂问题,修炼"系统思考"

第一节　修炼"系统思考"的目的 / 133

第二节　修炼"系统思考"的方法 / 136

第十七章
面对个人成长,修炼"自我超越"

第一节　修炼"自我超越"的目的 / 150

第二节　修炼"自我超越"的方法 / 155

第十八章

面对经营决策，修炼"心智改善"

第一节　修炼"心智改善"的目的 / 166
第二节　修炼"心智改善"的方法 / 173

第十九章

面对未来发展，修炼"共同愿景"

第一节　修炼"共同愿景"的目的 / 182
第二节　修炼"共同愿景"的方法 / 186

第二十章

面对整体搭配，修炼"团体学习"

第一节　修炼"团体学习"的目的 / 194
第二节　修炼"团体学习"的方法 / 198

第二十一章

面对"企业改造"，运用"五项修炼"

第一节　超越"权威控制"的办公室政治 / 207
第二节　保持对"地方机构"的协调与控制 / 212
第三节　扮演领导者的新角色 / 217
第四节　创造管理者学习的时间 / 224

第五部分
心学精髓及应用方法

第二十二章
阳明心学的精髓及应用方法

第一节　阳明心学的精髓——"致良知" / 231
第二节　"致良知"的应用方法 / 236

第二十三章
稻盛心学的精髓及应用方法

第一节　稻盛心学的精髓——"敬天爱人" / 241
第二节　"敬天爱人"的应用方法 / 242

第二十四章
圣吉心学的精髓及应用方法

第一节　圣吉心学的精髓——"系统思考" / 248
第二节　"系统思考"的应用方法 / 252

第六部分　结语

第二十五章
学习"经营者心学"要把握三个要点

第一节　什么是"经营者心学" / 261
第二节　为什么要学习"经营者心学" / 262
第三节　经营者如何进行心灵修炼 / 263

第一部分 总论

「经营者心学」的内涵·意义·学习方法

第一章 "经营者心学"的内涵

心学是心灵修炼的学问,它涉及心灵的本来状态、心灵的演化、心灵修炼的方法、心灵修炼要达成的境界等一系列的问题。

第一节 王阳明关于"心学"的论述

王阳明曾指出,圣人之学,心学也。学以求尽其心而已。尧、舜、禹之相授受曰:"人心惟危,道心惟微,惟精惟一,允执厥中。"此心学之源也。(《象山文集序》)

对于其中提出的"十六字令"(或称十六字心法)可简单翻译为"人心危险,道心微妙,要精研要专一,诚实保持中正之道"。其中提到的"人心"与"道心",王阳明的解释是,人的心只有一个,被私欲遮蔽时是人心,去除私欲遮蔽时是道心。

王阳明认为,心的本来状态("心之体",心的"本来面目")是"寂然不动""未发之中""廓然大公",像明镜一样"明莹无滞"。简单地说,心灵的本来状态是平静的,中正的,像没有云彩的蓝天一样明净,像崭新的镜子一样洁净无染,无物不照。然而,人在社会中生活,人的心灵会受到环境的污染，因此，人有"习心"，会"间于有我之私""隔于物欲之蔽"，原本纯净的心被"私心物欲"这些杂质遮蔽了，以这样的心去应接万事万物，必然带来纷乱不安，个人内心得不到平静，社会也失去和谐与稳定。

因此，要"修心"，要进行心灵的修炼。修炼的方法是"致良知"，致知要在事上格，要"在事上磨炼"，而修心要达到的境界则是"修身，齐家，治国，平天下"。修身必须先修心，自身正了，推广到家庭或家族则可以"齐家"，推广至国家则可以"治国"，推广至天下则可以"平天下"。

第二节　稻盛和夫关于"心学"的论述

稻盛和夫指出，"心这个东西，最中心的部分存在着包含着真我的灵魂，在灵魂的外侧则包裹着本能、感性、知性，就像洋葱的皮层层包裹"。

稻盛和夫认为，在判断事物时，这个心灵结构的不同层次会发挥不同的作用。基于本能做出的判断，得失就成为基准。比如，人会把是否赚钱，对自己是否有利作为基准，做出判断。依据感性做出的判断，比如讨厌这个做法，喜欢这个人，等等，这样的判断，即使一时行得通，也不一定带来好的结果。基于知性做出的判断，思路清晰，逻辑流畅，看起来很有道理，但是，这个逻辑实际上往往还是基于本能和欲望做出的判断。

由此稻盛和夫得出结论，用本能、感性、知性并不一定能做出正确的判断，越是人生中重要的局面，越是决定公司走向的关键问题，就越是需要发自基于真我的灵魂；而发自灵魂的判断，归根结底，就是以"作为人，何谓正确"为基准做出的判断，就是对照单纯的"道德和伦理"，以"善恶"为标尺做出的判断。

稻盛和夫告诉我们，平时所要做的，就是尽可能努力磨炼自己的灵魂，让自己的心灵变得更加美好。

在稻盛和夫看来，心的本来状态"真我"是纯洁美好的，而其外面包了人的"本能"，包了私心物欲等其他成分，因而原本纯粹的灵魂中也就有了杂质。以"本能"去对事物做出判断就会做出错误的判断，不利于事业的顺利发展，因此经营者要"修心"，要修炼"感谢之心、谦虚之心、利他之心、知足之心、强大之心、坚韧之心"，要在经营中"磨炼灵魂""提高心性""让自己的心灵变得更加纯粹、更加美好"，从而"拓展经营"，"让自己的人生变得更加美好"。

第三节 彼得·圣吉关于"心学"的论述

彼得·圣吉虽然没有对心的本来状态进行探讨，但他明确地指出，人的心灵中存在智障，看问题时只看部分不看整体是一种智障，固守既有认知，不能随着外部世界的改变而改变也是一种智障。这些智障严重影响了企业组织的学习与成长。因此，企业的经营者和管理者要通过心灵的修炼（五项修炼）去除智障，从而建立起学习型组织，获得唯一持久的优势，打造成功的企业。

彼得·圣吉特别指出，传统组织的学习注重的是专业知识、专业技能的学习，而学习型组织不仅注重学习专业的知识技能，更注重学习"心灵的转变"与"运作"。"系统思考"使你从看部分转变为看整体，能更好地解决运营中遇到的复杂问题；"心智改善"使你改变既有的认知，能够更好地做出判断与决策，因而更能获得成功。

彼得·圣吉说："透过学习，我们重新创造自我。透过学习，我们能够做到从未能做到的事情，重新认知这个世界及我们跟它的关系，以及扩展创造未来的能量。事实上你我心底都深深地渴望这种真正的学习。"

第四节 "经营者心学"的内涵

"经营者心学"讲的是"经营者心灵修炼的学问",其主要内容包括经营者心灵修炼的目的、方法及原理等。

一、经营者心灵修炼的目的在于"转变心灵""提高心性"

"转变心灵"是就修炼前后两种心理状态的比较而言。例如,王阳明教我们改变循私欲而行、学会循良知而行是一种心灵的转变;稻盛和夫教我们改变抱怨之心、傲慢之心、利己之心、贪婪之心、脆弱之心,修炼感谢之心、谦虚之心、利他之心、知足之心、坚韧之心,是一种心灵的转变;彼得·圣吉教我们由看部分转为看整体,由满足现状转为自我超越,由固守既有认知转为改变既有认知,由个人持有愿景转为共同持有愿景,由个人学习转为团体学习,是一种心灵的转变。

"提高心性"是就修炼后的心理状态而言。随着心灵的转变,人的心性自然得到提高。

二、经营者心灵修炼的方法在于学习经典,"在事上磨炼"

王阳明提出"在事上磨炼",稻盛和夫提出在经营中遇到的"事"上"磨炼灵魂",彼得·圣吉提出在建立学习型组织的"事"上进行"五项修炼",说的都是心灵修炼的方法。正如王阳明所说的,学习"心学"不能只是"在字面上转",而是要"在心上用功""在事上磨炼"。

一事当前,你可能以私欲去应对,也可能以良知去应对,是私欲战胜良知,还是良知战胜私欲,这就是一个磨炼的过程。在巨大的障碍面前,你是像稻盛和夫那样相信自己"一定能跨越",还是选择放弃,这也是一个磨炼的过程。

经营者要学习"阳明心学",修炼为善之心;学习"稻盛心学",修炼感谢之心、谦虚之心、利他之心、知足之心、强大之心、坚韧之心;学习"圣吉心学",进行系统思考、自我超越、心智改善、共同愿景、团体学习"五项修炼"。

三、心灵修炼的原理在于心灵中有美好成分也有杂质

人的心灵有美好的成分也有杂质,因此必须不断增加美好的成分,去除杂质,使自己的心灵变得更加纯粹、更加美好。

王阳明提出人有"良知",也有"习心",要"去人欲存天理";稻盛和夫提出人有"利己之心",也有"利他之心",要"减少利己之心,增加利他之心";彼得·圣吉提出人有"心智",也有"智障",要去除"智障",改变思考方式,改变心智模式。

英国思想家詹姆斯·埃伦提出,"人的心灵像庭院","如果自己的庭院里没有播种美丽的花草,那么,无数杂草的种子将飞落,茂盛的杂草将占满你的庭院"。"出色的园艺师会翻耕庭院,除去杂草,播种美丽的花草,不断培育。同样,如果我们想要一个美好的人生,我们就要翻耕自己心灵的庭院,将不纯的思想一扫而光,然后种上清澈的、正确的思想,并将它们培育下去"。(《原因与结果法则》)

"艾菲的理想"在《成熟度有三个层次》一文中提出,一个人的成熟度可分为三个层级。

层级一:黑白对立、正邪对立、好坏对立,万事万物都有非常清晰的两极。比如,我们常会说出"这人是好人""那人是坏人"的话。

层级二:黑白之间有灰色地带,万事万物不是"非黑即白",而是"白黑融合"。比如,在华为内部,有一个原则就是"灰度哲学",它倡导的是"白黑融合"的和合思维。

层级三:两极是一个事物的正面和反面,正反本是一体,可以

相互转化。比如，老子说："祸兮，福之所倚；福兮，祸之所伏。"说的是福与祸之间是会相互转化的。

从艾菲的理想的论述中我们可以得到一个启示：就每个人的心灵而言，并不是非善即恶，而是有善有恶，但善恶所占的比例不同。每一个人的善恶也都是可以转化的，通过心灵修炼、自我反省、明师指点，可以逐渐增加善的比例，减少恶的比例，甚至走向"至善"。

第二章 "经营者心学"的意义

学习"经营者心学"的意义在于掌握心灵修炼的目的、方法、原理，更好地进行自我修炼，从而提高心性，拓展经营，让自己的人生变得更加美好。

毛泽东在青年时期曾写过一篇关于心力的雄文，叫《心之力》，其中提到，"盖古今所有文明之真相，皆发于心性而成于物质。德政、文学、艺术、器物乃至个人所作所为均为愿、欲、情等驱使所生"。"故个人有何心性即外表为其生活，团体有何心性即外表为其事业，国家有何心性即外表为其文明"。简单地说，即是心性驱动现实，有什么样的心性，就有什么样的生活，就有什么样的事业，就有什么样的文明。

"云海国学"于2020年9月16日在其公众号上发表了一篇原创文章，题目为《人与人之间的竞争，本质上是心力的竞争》。文中指出，人与人之间的竞争、团体与团体之间的竞争，甚至国与国之间的竞争，归根结底，还是心力的竞争。

第一节　经营者成败的根本原因在于"心"

对于经营者而言，面对经营中遇到的各种各样的问题，持有什么样的心态决定了采取什么样的行动，从而也决定了最终的结果。稻盛和夫正是根据自己在经营中的感悟，提出了"一切始于心，终于心"这一理念。

他在《心——稻盛和夫的一生嘱托》这本书的结尾部分提出，"一切始于心，终于心"。回顾过去，在超过半个世纪的岁月里，他将自己奉献给了企业经营这项工作，这条道路绝不是轻松的安全的道路。回顾来路，犹如走在那悬崖峭壁之上，不由得脊背发凉。尽管如此，他还是抱着一种安静的平稳的心走到了今天，这是因为他有一种信念："只要怀抱纯粹而美好的心灵去面对现实中的问题，就没有任何过不去的坎。只要时时磨炼心性，不断自我提升，那么不管遭遇怎样的苦难，命运之神一定会回报温暖的微笑。"

稻盛和夫一再强调，"一切始于心，终于心"。"一切"指的是人生或经营中的一切行为；"始于心"指的是一切行为的发动都是源于心，有什么样的动机与心态就会有什么样的行为，用阳明先生的话说是"心为身之主宰"；"终于心"指的是一切行为的终局也是源于心，源于做事的动机和做事的心态。经营者的行为源于美好的心灵，所做的事情就比较容易成功；经营者的行为源自不纯的心灵，所做的事情会比较难推进，即使一时成功，也难以持久。

经营者成败的根本原因在于"心"，稻盛和夫有两件事极具说服力。

其一，同是为松下集团加工零部件，京瓷公司持感谢之心活下来，并发展为世界 500 强，而有些企业持抱怨之心，结果活不下去，现在都消失了。

稻盛和夫在《心——稻盛和夫的一生嘱托》一书中提到，从松下集团得到的订单，无论交期和品质方面的要求，都有十分严格的规定，除此之外，每年都有苛刻的降价要求。京瓷公司（当时是一家街道工厂）与其他同行企业不一样，稻盛和夫对松下集团每年都能给订单心存感激，依对方的价格照单全收。为了挤出利润，绞尽脑汁，拼命努力。不久之后，京瓷公司进入美国市场，从美国半导体公司获得了订单，原因是京瓷公司的产品与当地同行相比，不仅品质远远超越他们，而且价格低廉。想到这一切，稻盛和夫从心底升起了对松下集团的感谢之情："感谢您锻炼了我们"。

同样从松下集团那里获得零部件订单合同的同行中，有些人总是愤愤不平，一味抱怨松下集团"欺负供应商"。这些企业现在很多都消失了。

其二，同是经营日航，原经营者缺乏核算意识，缺乏经营哲学，导致破产重整。稻盛和夫到日航后，强化核算意识，把京瓷哲学带到日航，通过改变员工的心灵，使日本航空公司发生了巨大变化，由一家破产重整的亏损企业转变为同行业盈利第一的企业，并跃升为世界500强企业。按稻盛和夫的说法："员工心变，推动了企业巨变。"

稻盛和夫在重建日航的过程中坚持以心为本。在参与重建日航的时候，他所做的主要的事情，就是改变全体员工的"心"，让大家拥有同样的思维方式。他抱定信念，三年一定要干成。首先要做的就是在极短的时间内，培养出能在一线执行重建计划的干部。为此，他制订计划，实施为期一个月的领导者教育，并每周一次，亲自讲课。

在学习会上，他讲的既不是组织管理的方法，也不是技巧手段，而是自己一贯珍视的思维方式、理念和行动规范，即是他在经营中领悟、记录、积累形成的京瓷哲学。其中，要正直，不说谎，不忘感谢之心，保持谦虚坦诚之心，等等，都是孩提时代父母或老师教导的东西，是以道德为基础的理念。对此有些人表示不满："为什么这些连小孩子都懂的东西，现在还要让我们来学？"稻盛和夫回答得非常好："大家都说这些道理非常幼稚，理所当然，十分简单，但是，这些道理或者说思维方式，作为知识，大家或许具备，但根本没有把握，更没能实践，这就是招致公司破产的元凶。"经过不断诉说，表示理解的人不断增加。

稻盛和夫还经常访问工作现场，与员工直接交流，要求空乘人员"以利他之心服务客户"。他说："如果你们的服务足够贴心，乘客就会选择再次乘坐；如果你们服务马虎，乘客就会离去，你们直接左右公司的命运。"

正是由于稻盛和夫与整个重建团队的不懈努力，日航员工的心灵变得更加美好，从而推动了整个公司的巨变。

森田直行在《阿米巴经营》（实战篇）中提到，实现了日航成功重建的稻盛和夫先生在 2013 年 3 月卸任日航总指挥。日航的植木义晴社长回答媒体追问时，特别强调了员工心灵变化对于日航重建的意义。他说，很多人都说"问题成堆，无药可救的日航就因为来了一个总指挥，竟然可以有这么大的变化"。事实看来，的确是只要有那种"意识"，即便是稍微多花一点时间，发生变化是必然的。

还有很多人问："稻盛和夫名誉会长到日航三年，日航和日航的员工在什么地方变化最大呢？"如果用一句话来回答，可能回答"结算意识提高了"会比较容易理解，但最大的变化，应该是员工们的内心变得美丽了，而内心的变化，让我们的一切变得更美好。

从现实生活中可以看到，不少经营者的失败，根本原因就在于"心"。有些经营者因为失去良知，过分贪婪，导致事业与人生尽毁；有些经营者因固守自己的既有认知，习惯于局部思考，导致在经营管理中陷入困境，在行业发展的风口中大起大落，资不抵债，走到破产的边缘。有些经营者则在销售或研发中遇见巨大障碍时，未能像稻盛和夫那样修炼一颗永不放弃的"坚韧之心"，导致所追求的事业半途而废，无果而终。

第二节　心灵修炼的学问是经营者应补上的课程

稻盛和夫说："在大学里可以学习经营理论，有些学校或许还会传授经营者的经验和窍门。但是，对于经营来说，非常重要的心灵应有的状态是什么，却没有地方可以学。"彼得·圣吉也指出，单学习知识和技能，还不是"真正的学习"，还必须学习"心灵的转变"与"运作"，才是"真正的学习"。通过心灵上的修炼，可以"重新创造自我"，"能够做到从未能做到的事情"。

对于企业经营者而言，"阳明心学"教我们"致良知"，有助于经营者应对各种诱惑，应对公司治理中的问题，应对市场的变化。"稻盛心学"教我们"提高心性，磨炼灵魂"，有助于经营者修炼"六颗心"，有助于公司拓展经营，取得商业的成功。"圣吉心学"教我们"五项修炼"，有助于经营者重新创造自我，有助于公司获得唯一持久的优势，打造成功企业。

第三节 心灵修炼的学问是任何人都应补上的课程

就广义而言，每个人都是经营者，即使不经营企业，也经营着自己的人生。不管你经营什么，你想要获得成功，你想让自己的人生变得更加美好，都要学习"心学"，进行"心灵修炼"。因此，都应补上心灵修炼的课程。稻盛和夫多次告诉京瓷的员工，真正掌握京瓷哲学的人，即使离开京瓷，到其他机构工作，同样容易获得成功。

第三章 "经营者心学"的学习方法

学习"经营者心学"的方法是阅读"心学"经典著作，在经营中所遇到的"事"上磨炼。具体操作上可把握以下要点。

第一节 经营者在面对逆境时，要学习"稻盛心学"，修炼一颗"感谢之心"

稻盛和夫提出："无论何时何事，都以感谢之心应对——这其中实际上隐含着极其重要的意义。"感谢的情绪能够美化心灵，从而使命运本身变得光明，总是心怀不满、满腹牢骚，就一定会使人生陷入黑暗和不幸。

稻盛和夫认为，困难能使我们得到锻炼，因此，"对苛刻的客户要心怀感谢"。稻盛和夫从心底升起了对松下集团的感谢之情，"感谢您锻炼了我们"。

京瓷在没有许可证的情况下，制造和提供了医疗用的人工膝关节，被媒体报道并激烈批判。稻盛和夫被这件事搞得身心疲惫，于是请求高人指点。高人听了他的倾诉后对他说："很好啊，灾难降临之际，也就是过去不好行为的惯性力量消失之时，遭受这么一点批判就能消除不好行为的惯性力量，避免不好行为越积越多，带来更大的恶果，更大的灾难，所以必须庆祝一番啊。"稻盛和夫一开始觉得高人的话"未免冷漠无情"，仔细咀嚼后却深感慰藉。他领悟到，活着从来不遭灾难的人不存在，灾难会在意想不到的时候以意想不到的方式袭来。这种时候，不能意气消沉，不能堕入绝望的深渊。"这么一点事就能消掉过去不好行为的惯性力量"，要为此高兴，并予以感谢，然后跨出新的一步。可以说，这是走过人生这一严酷旅程的"秘诀中的秘诀"。

第二节　经营者在面对顺境时，要学习"稻盛心学"，修炼一颗"谦虚之心"

稻盛和夫提出，"谦虚是幸福人生的护身符"，抱有谦虚之心就能远离灾难。人的一生中，当事情进行得顺利，加上周围人的吹捧，内心就会飘飘然，如同断了线的风筝一样，到处乱飞，这就是一些人的本性。如果这种情况持续下去，人就会在不知不觉中变得傲慢，对别人也会采取蛮横无理的态度。其结果，必然招来别人的怨恨，给自己带来祸害。

稻盛和夫曾经也产生过骄傲之心，认为"靠我的才能创建了公司，创造利润也是凭了我的才干，因此就是拿现在几倍的年薪也无可厚非吧。"但是，他很快就意识到那是一颗正在变得傲慢的心，他告诫自己：

第一，自己拥有的才能和能力，绝不是自己的私有物，那不过是"偶然被赐予的"。自己所扮演的角色，由其他人来承担，也不是不可思议。

第二，金钱、地位和名誉，不过是"现时一世寄存在我们这里的东西"，而当这一世的生命走到终点时，我们应该毫不留恋地"将这些寄存之物还给上天"。

他认为，在生活和工作中抱这样的想法，骄傲自大就会消失，内心就会充满感谢和谦虚。

第三节　经营者在面对利益时，要学习"稻盛心学"，修炼一颗"利他之心"

有人提出："在严酷的商业社会，靠利他之类的东西能经营好企业吗？"稻盛和夫的回答是，正因为是在剧烈竞争的商业社会，利他之心才特别重要，这是因为，利他的行为会让自己受益，以利他之心发起的行动早晚会结出善果，并返回自己身上。

稻盛和夫提出，公司首先是为了在其中工作的员工而存在的，企业经营的目的就是要实现全体员工的幸福，"这是企业经营中根本的利他精神之所在"，用这样的理念去经营企业，就能与员工产生共鸣，获得他们的认同，他们会不惜一切努力予以协助。

他指出，当面对"买不买""卖不卖""是否该答应帮忙"等问题时，我们总是会瞬间做出判断，这种判断是我们本能做出的。在判断前，我们可以先深呼吸一下，把这"本能判断"暂且搁一边，然后想："等一下。稻盛和夫先生说过，要以利他之心做出判断。我不能只想着自己是否能赚钱，还要考虑对方的利益得失。"在得出结论前设置一个"缓冲器"，在真正确信自己的想法能够"利己悦人"后，才允许自己做出最终判断。在"思考"这一过程中预设一个"理性的程序"，是非常重要的。

第四节　经营者在面对欲望时，要学习"稻盛心学"，修炼一颗"知足之心"

稻盛和夫提出，不管物质条件如何充裕，如果无限度地追求欲望，就会感觉不足，心中就会充斥着不满，就无法感受到幸福。相反，即便是在物质匮乏、一贫如洗的状态下，如果具备知足之心，就仍能感受到幸福。不要贪得无厌，不要怒火中烧，不要牢骚满腹，重要的是努力培育一颗仁厚充裕的心。每天带着知足之心去生活，我们的人生就能变得幸福美好。

稻盛和夫讲了一个故事，西乡隆盛触怒藩主后被流放到南方遥远的小岛上。在岛上，他给当地孩子教授学问时，有一个孩子问道："一家人如何才能和睦相处？"西乡的回答是，"大家各自减少一点欲望就行"。比如，有好吃的，不是一个人独占，而是和大家分享；遇到高兴的事情，和大家分享快乐；遇到悲伤的事情，大家一起悲伤，相互安慰，相互支持。

他指出，在文明社会，经济是以欲望和利己为杠杆发展的，到了今天，环境污染、贫富差距等弊病日益突出。因此，稻盛和夫特别提出，时至今日，我们或许已到了这样的时期，即必须再次学习并掌握知足的思维方式。

第五节　经营者在面对障碍时，要学习"稻盛心学"，修炼一颗"强大之心"

稻盛和夫指出，"成功人士与非成功人士只有毫厘之差"。关键在于，当遭遇前所未见，如同绝壁一样的障碍时，在那一瞬间，能不能对自己说，"一定能跨越"，并走出第一步。就这一步之差，命运就迥然不同。带着"一定能跨越"的强大心灵不断前进时，"我们就能逐渐看到以前无法看到的前进道路，理清走向成功的种种线索，曾经看起来远在天边的成功不知不觉间就变得唾手可得"。

在京瓷创业初期，为了开拓新客户，稻盛和夫带着部下到处闯，去各家企业做上门销售。然而，没有实绩、没有信誉、没有名气的小企业去拜访客户，十有八九要吃闭门羹。因反复遭到拒绝，年轻员工未免意气消沉，有时还因太过委屈而落泪。为了鼓励部下，稻盛和夫对他们说："一两次碰壁就打退堂鼓，那怎么行？不管看起来眼前的壁障有多高，首先要想一定能跨越。"后来终于跨过了这道障碍。

第六节　经营者在面对挫折时，要学习"稻盛心学"，修炼一颗"坚韧之心"

稻盛和夫从京瓷的研发实践中体悟到，研发成功的秘诀就是永不放弃。

京瓷从 IBM 那里拿到了一份大型通用计算机中枢部分零件的订单。就当时京瓷具备的条件而言，完成这份订单难度非常大。产品规格书上的品质标准与京瓷当时的技术水准相比，高出了一个数量级，尺度的精度要求也超出京瓷当时标准的 10 倍以上。

为了完成这项任务，稻盛和夫搬进工厂与员工同吃同住，经常工作到深夜，甚至在拂晓前才回到工厂附近的宿舍。意想不到的是，吃尽苦头好不容易才交付的试制品全部被打上不合格的标签退了回来。在不断试错的过程中，员工们甚至因为实在想不出办法而流下眼泪，但仍然坚持努力。最后终于开花结果，在接到订单 7 个月后，终于拿到了无数次在梦里见到的合格证书。

有了这次代表世界水平的计算机公司提供的锤炼机会，稻盛和夫与京瓷都找到了巨大的自信。他说，即使遭遇未曾预料的艰难险阻，即使已经被困难击倒，感到绝望，也要能奋力爬起，拍拍灰尘，继续朝着成就事业的方向，镇定地、反复不断地发起努力。人必须具备这种不达目标誓不罢休的决心和永不放弃的精神。

第七节　经营者在面对生意买卖时，要学习"稻盛心学"，坚持"贯彻正道"

稻盛和夫从自己的经营实践中体会到，作为一个经营者，不管愿意与否，都要对所有情况做出判断。"如果按照与我们通常所拥有的伦理观和道德观背道而驰的标准，是不可能长期维持下去的。因此要以'作为人，何谓正确'这一基准对所有事情做出判断"。

他对员工说："我要求大家放在心上的是，这个判断基准不是'作为公司'是否正确，也不是'作为我个人'是否正确，而是'作为人'是否正确。所以，作为经营者，如果我说了、做了'作为人'不正确的事情，请大家不要客气，直言相谏，纠正我。当你们认为我的言行符合正确的为人之道时，就请大家一定跟随我。"

稻盛和夫特别指出："正是因为有了如此明快的判断基准，在过去的半个世纪里，我才能在经营京瓷、KDDI 以及日本航空的过程中做到判断正确，从而使各公司发展成长。"

在受命重建日航后，相关人员中发出了很大的呼声，认为日航应该脱离原来的"寰宇一家"联盟，加入规模更大、优势更大的其他航空联盟。稻盛和夫从听说这件事情开始就觉得不妥。他对相关人员说："因为我是航空业的门外汉，所以不懂具体的事务；但不管发生什么事情，重要的是以'作为人，何为正确'为基准对事情做出判断。联盟中有我们的伙伴公司，也有接受我们服务的客户，所以，不单是考虑对我们是得还是失，也要把他们的立场和心情考虑进去。"最终，相关人员接受了稻盛和夫的意见，不为其他航空联盟的邀请所动，继续留在"寰宇一家"联盟。

第八节　经营者在面对干部选用时，要学习"稻盛心学"，注重"美好心根"

稻盛和夫提出，选择下一任领导者，判断他是否适合的基准，就是看他拥有怎样的"心根"。"不管才华多么出众，只要表现出'只为自己'的、野心家式的人物，我是敬而远之的。我所推举的是多少有点愚钝，但他是既谦虚又勤奋的人"。

什么样的人才适合当领导者呢？他的结论是："就是那些一贯勤奋埋头工作，不断提高自己心性的人。这样的人，即使手握权力，也不会心生傲慢，不会堕落。"

稻盛和夫意识到，当初自己说的话员工听不进去，问题出在自己身上，如果自己不能成长为一个受尊敬的人，那么，不管口头上如何强调"让我们共同努力吧"，这种热情也根本无法传递。当他想到这一点以后，就开始为提升自己的人格而"修心"。

为了提升人格，稻盛和夫坚持每天读书学习。上班没时间，就在下班后的有限时间里读书。他在枕边堆放了很多哲学及其他相关书籍，不管多少忙碌，多么疲劳，在每天入睡前，都会拿起书本，哪怕只读上一两页。读到有感触的地方，就会用红笔画线，反复咀嚼。

稻盛和夫在工作和生活中特别注重自我反省。他始终不忘却自省之心，以谦虚的心态，每天检点自己的行为。如果出现了轻浮的举止或傲慢的态度，一个人在家里或宾馆的时候，他会对此进行深刻的反省。他会对着镜子里的自己斥责，"你这个蠢货"，然后，另一个自己会责骂，"你小子真是一个恬不知耻的家伙"。到了最后，他会说出反省的语言："神啊，对不起。"稻盛和夫说："在这样持续反省的过程中，人格就会发生转变。"

第九节　经营者在面对复杂问题时，要学习"圣吉心学"，修炼"系统思考"

彼得·圣吉指出，啤酒营销中的零售商、批发商和制造商因没学会系统思考，只看部分，不看整体，导致整个配销系统剧烈动荡，一阵子严重缺货，一阵子货物大量积压。

彼得·圣吉还举了一个实例：神奇科技公司的经营者因未能"系统思考"，导致陷入"成长上限"的困境。一开始，神奇科技公司的销售出现了快速成长的趋势，其背后的重要因素是，增加销售人力之后，更多的销售人力带来更好的销售业绩，更好的销售业绩产生更多的收益，进而雇用更多的销售人员。然而，一段时间之后，神奇科技公司的销售出现了下降的趋势，其背后的重要因素是，原先订单数目过多，导致欠货数量过多，从而导致交货期过长；而交货期太长的结果，又导致销售困难度加大，从而导致销售下降。面对这种复杂的变化状况，公司的经营者运用的是"局部思考"的思维方式，只在销售部门下功夫，故始终未能解决问题。

后来，系统思考专家依照该公司原有的数据做了一个实验，他们采用"系统思考"的新思维方式，发现问题的杠杆点在于交货期过长，而解决问题的"高杠杆解"是坚持八周的交货期标准，具体的行动方案则是制订实施扩充产能计划。实验表明：如果神奇科技公司坚守原来的交货期八周的标准，并继续在产能上大量投资，发挥自己应有的成长潜力，在第十年结束的时候，其销售比原来的情形会高出许多倍。

经营者在经营中会遇到很多动态性的复杂问题，学会"系统思考"意义重大。例如，在股市投资上，很多投资者凭借的是 K 线图，而股市 K 线图只是一种趋势图，只是市场复杂变化状况的一种反映，推动这一变化的，是其背后的结构，是各种关键因素的互动关系。学会"系统思考"，能帮助我们看清复杂变化背后的结构，看清多空双方之间的博弈，看清庄家散户之间的博弈，看清买卖各方的心智模式及对宏观、中观、微观经济形势的观察、分析、判断、决策、行动，从而做出正确的投资决策。

第十节　经营者在面对经营决策时，要学习"圣吉心学"，修炼"心智改善"

彼得·圣吉指出，在石油输出国组织成立的前一年，也是能源危机开始的前一年，壳牌石油公司资深企划人员瓦克在分析石油生产与消费的长期趋势之后发现，壳牌石油的管理者所熟悉的稳定、可预期的市场情况正在改变。然而，瓦克无法说服绝大多数壳牌石油公司的管理者，体会认识这项即将来临的巨变，并在决策上有所改变。

为了说服公司的管理者，企划部从壳牌石油公司管理者现有的心智模式出发，先让大家看到目前人们习以为常的"石油业将像往常那样继续下去"的看法在不久的将来站不住脚，再请这些管理者彻底思考：在新的情境中，如何处理可能面临的状况？譬如，如果价格上升，需求成长减缓，炼制厂的扩建就必须慢下来，同时长期的石油勘探必须扩展到新的国家。此外，如果石油价格愈来愈不稳定，各国将有不同的反应。因而，必须进一步地使壳牌石油公司在各国的子公司加强适应当地状况的能力。

后来，壳牌石油公司的管理者终于接受了企划部的意见，所制定的经营战略适应了当时石油业的发展趋势。

第十一节　经营者在面对未来发展时，要学习"圣吉心学"，修炼"共同愿景"

经营者要鼓励组织成员对组织的未来发展提出个人愿景，并以组织成员提出的个人愿景为基础建立共同愿景；领导者必须乐于与他人分享愿景，并善于倾听他人提出的愿景。

彼得·圣吉举了一个实例：波尔顿是迪吉多电脑公司资讯系统部门的一位中层领导，1981年，他与同事对公司资讯系统的发展提出了一个愿景：用电子技术将组织整体联结起来。他说："它已超出那时候可能做到的范围，我们能够在电脑之间传送档案，但是我们尚无法结成网络。"1981年11月他写下一篇短文，并在幕僚会议上读给所有资讯系统的高级人员听。文中特别提道："未来的组织将涉及新的技术，网络将把所有功能结合起来。"读完后，出乎意料的是，资讯系统的高级人员只希望知道"我们要怎样推动它？我们如何使它成真？"波尔顿回答："这必须是你们的愿景，不是我的，否则它将永远不可能实现。"

达成共识之后，经过共同努力，迪吉多电脑公司在1985年建立了第一个网络，到1987年已有超过1万部的电脑连线。今天，迪吉多电脑公司在50多个国家中有600多个的据点，总共有超过4.3万部的电脑互相以网络连接。

第十二节　经营者在面对整体搭配时，要学习"圣吉心学"，修炼"团体学习"

交响乐队要整体搭配，篮球队要整体搭配，经营团队也要整体搭配，只有整体搭配才能取得成功。

彼得·圣吉提出：经营者要整体搭配，须改变只为自己的想法辩护，不探询别人想法合理性的习惯，避免"一言堂"和"两极化"；要学会"深度汇谈"，不论职务高低，以开放的胸怀面对各种不同的观点和意见，以汇集更多的智慧和创意。

美国电脑资讯公司的管理团体举行过一次"深度汇谈"的演练。这家公司内部有了些改变；除了改由研发部门带头以外，公司深具魅力的创办人退休了。新的管理团体在第一年时勉强维持业务成功之后遇到了很多新的挑战。总裁麦卡锡给管理团队发函，邀请他们参加一个为期两天的聚会，信函中提出：目前公司正在加快改变的速度，这两天聚会的目的，是彻底思考此刻我们所面临的重大课题，以了解彼此的看法。会议的基本规则：一是悬挂假设，二是视彼此为工作伙伴，三是探询的精神。

这次"深度汇谈"的结果，研发部门与行销部门之间长达30年的矛盾得到解决；行销部门不再需要单打独斗地去扩充产品系列，研发部门也要加入购并的研究；神圣不可侵犯的公司商标，不再限于用在自己研发部门开发的产品，而是基于市场考量加以使用。

第十三节　经营者在面对个人成长时，要学习"圣吉心学"，修炼"自我超越"

经营者要认识到，"自我超越"是一项"个人成长的修炼"，"自我超越"的精义是"学习如何在生命中产生和延续创造性张力"。这项修炼包含两项动作：一是厘清到底对自己什么是最重要的（愿景），二是不断学习如何更清楚地看清目前的真实情况（现况）。当将"愿景"与"现况"在脑海中并列呈现时，心中便会产生一种"创造性张力"——一种想把二者合二而一的力量。只有保持这种创造性张力，才能成为一个成功的经营者。

彼得·圣吉举了一个实例：美国波士顿赛尔提克篮球队的传奇灵魂人物罗素，有保留自己评分卡的习惯。他在打完每一场球之后，用一张满分为100分的评分表为自己评分。在他的篮球生涯中，他从来没有得过65分以上。依我们多数人以目标为终点的思考方式，我们会将他看作落魄的失败者。我们会说："可怜的罗素，打了1200多场的球赛，从来没有达到自己的标准！"然而，就因为他拼命要达到自己的标准，他成了杰出的篮球运动员。

稻盛和夫经常激励年轻员工不断超越自我，他对年轻员工说："孩子们，你们也抱有'想实现伟大事业'的希望和梦想吧。但是，我希望你们要懂得，实现这样的梦想，只能靠一步一步、踏踏实实地努力。没有努力，只一味描绘你的梦想，那么无论到何时，梦想仍不过是梦想而已。人生的道路上没有自动扶梯那样便捷的工具，必须靠自己的双脚步行，必须靠自己的力量攀登。"

第十四节　经营者在面对企业改造时，要学习"圣吉心学"，运用"五项修炼"

建立学习型组织是一场重大的组织变革。它意味着组织的领导者为了获得唯一持久的竞争力，为了成为成功的企业，决心将传统的权威型组织改造为学习型组织。

作为一场重大变革，在进行的过程中必然会遇到一系列的难题，包括如何超越"权威控制"的办公室政治，如何保持对"地方机构"的协调与控制，如何扮演领导者的新角色，如何创造管理者的学习时间，等等。

彼得·圣吉教我们综合运用"五项修炼"的方式来解决上述难题。五项修炼的"功效"，不仅能解决管理者"心灵转变"面临的主要难题，也能解决企业"管理模式转变"面临的主要难题。

解决"办公室政治"的问题，要以"共同愿景"的建立破解只图"一己之利"的私心，以"心智改善"的修炼破解"是谁比是什么更重要"的旧观念，以"团体学习"的修炼破解"权力大小定输赢"的旧规则。

解决决策权下移后对"地方机构"的协调控制问题，要以"心智改善"的修炼破除"唯恐失去控制"的观念，要借助新的方式保持对"地方机构"的协调控制：一是通过中央地方两级"共同愿景"的互动来协调控制，二是通过中央地方两级管理者的"心智改善"来协调控制，三是通过中央地方两级管理者的"团体学习"来协调控制，四是通过激励地方管理者"自我超越"来协调控制，五是通过教导地方管理者"系统思考"来协调控制。

解决扮演领导者新角色的问题，前提条件是领导者必须有不懈努力建立学习型组织的"行愿"，否则学习型组织只是一个良好的构想，是一个迷人但是遥远的愿景。在建立学习型组织的过程中，领导者要扮演好"设计师""仆人"和"教师"的角色。领导者的设计工作包括设计组织的方针、政策、策略和系统等。扮演好"仆人"的角色，是说领导者要当好自己愿景的仆人，要忠实于自己的愿景；扮演好"教师"的角色，指领导者要在"事件""变化趋势""整体结构"和"使命故事"这四个层面影响人们对真实情况的看法，焦点主要放在"使命故事"和"整体结构"这两个层次上面。

解决管理者的学习时间问题：一是要对"时间与注意力"进行管理，领导者要明确提出"时间与注意力管理"的原则与要求，管理者要检讨自己用在思考的时间有多少；二是要采用"在行动中反思"的学习方式，管理者必须发展"停下来研拟假说——行动——再停下来对结果进行反思"这种精益求精、不断循环改进的能力。管理者"不仅要能够想到就着手去做，当在做的时候，还要一面反省所做的"。

第十五节　经营者在面对各种诱惑时，要学习"阳明心学"，修炼"致良知"

经营者在面对名利等各种诱惑时，要记住王阳明所说的，进行"致良知"的磨炼，循良知而行，当行则行，当止则止。

现实中很多例子说明，一些管理者之所以会倒台，就倒在好色、好货、好名上。《人民的名义》中的祁同伟本是一个苦孩子出身的英雄，而在其掌握了权力以后，好色、好货、好名。好色，和高小琴一直保持情色关系；好货，和赵家公子赵瑞龙一直保持金钱交易，不合法持股；好名、好权，一直削尖脑袋想当副省长。最后不得不饮弹自尽。

也许我们不能完全做到王阳明提出的"去人欲、存天理"，但至少要"节制"自己的欲望，对物质不能过于贪婪。即使想致富，也得生财有道，该得的可以得，不该得的坚决不要。有些管理者利用职权，贪污受贿有之。这些人富是富了，但心里安宁吗？

第十六节 经营者在面对市场变化时，要学习"阳明心学"，修炼"此心不动，随机而动"

王阳明平定宁王叛乱后，在谈到自己的用兵之道时，他总结了一句话："此心不动，随机而动"。

在其平叛过程中可以看出，王阳明静观默察，看透了战局的趋势及背后各种力量的情况，看透了强大对手朱宸濠的心，因而能创造机会，抓住机会，取得胜利。这就是"此心不动，随机而动"的生动表现。

"此心不动，随机而动"指的是面对复杂多变的局势，能排除各种杂念，保持一颗平静的心，细致地观察各种相关因素的变化情况，并根据局势的变化采取相应的行动。

商场如战场，战场上需要"此心不动，随机而动"，商场上也需要"此心不动，随机而动"。

印度哲人克里希那穆提说："若想找到问题的答案，我们就必须要有平静的头脑，一个不编造思想、意象和希望的头脑。""如果一个人想要理解某个重要的问题，他应当将自己的倾向、偏见、恐惧、希望，以及他所受到的限制都置于一边，简单而直达地去觉察。"他的话，说得简单通俗一点，即是排除脑中浮现的各式各样的念头，专注于对当下之物的观察与倾听。这与王阳明说的"此心不动，随机而动"是相通的。

第四章 "经营者心学"的本原

"经营者心学"的本原是心学方面的一些经典著作。以下简要介绍"阳明心学""稻盛心学""圣吉心学"的几本代表作及其相关资讯。

彼得·圣吉的《第五项修炼》，学术界一般只是把它看作是一本管理学著作，笔者在这里把它看作既是一本管理学著作，也是一本心学著作。因为书中所讲的不是一般的管理知识或管理技能，而是建立学习型组织的"五项修炼"，是企业管理者的五项修炼，而这五项修炼"都关系着心灵的转变"。

在第一章讲学习型组织的真谛时，彼得·圣吉就指出："在过去数百年的西方文化中，有一个字很少被使用，但可表达学习型组织的精神，这个字是metanoia，意思是'心灵的转变'。"

他认为，掌握metanoia的意义，等于掌握"学习"的更深层的意义，因为学习也包括心灵的根本转变或运作；而现在对学习的看法已经失去了它的核心意义。在日常使用上，学习已经变成吸收知识，或者是获得信息，这和真正的学习还有很大一段距离。真正的学习，涉及人之所以为人此一意义的核心。透过学习，我们重新创造自我；透过学习，我们能够做到从未能做到的事情，重新认知这个世界及我们跟它的关系，以及扩展创造未来的能量。

在第五章中讲"系统思考"时，他又指出："我把系统思考叫作第五项修炼，因为它是这本书中五项修炼概念的基石。"系统思考能使我们"从看部分转为看整体""从把人们看作无助的反应者,转为把他们看作改变现实的主动参与者""从对现况只做出反应,转为创造未来"。在这里,他还特别强调:"所有的修炼都关系着心灵上的转变。"

综上所述,笔者认为,把《第五项修炼》看作既是管理学著作,也是心学著作,是言之成理的。

第一节 《王阳明集》及相关资讯

"阳明心学"的代表作有不同的版本,如《传习录》《阳明全集》(即《王文成公全书》三十八卷),《王阳明集》,等等,笔者阅读的主要是《王阳明集》。该书作者为王阳明,注译者为申维,出版者为线装书局。

王阳明是一位杰出的哲学家、政治家、军事家。其学说主要源于他政治生涯中的体验,"阳明心学"被称为"体认之学,培根之学,身心合一在事上磨炼之学"。

王阳明说教的主要对象是立志"一念为善"的人,其解答的主要问题是如何"致知格物",达到"修身,齐家,治国,平天下"的境界。

"阳明心学"的核心理念为"心即理""知行合一""致良知",修炼方法为"静坐""省察克治""慎独""诚意"等。

"阳明心学"的主要价值在于教我们"致良知",它有助于经营者事业的发展,有助于公司内部的治理,有助于经营策略的制定。

第二节 《心——稻盛和夫的一生嘱托》及相关资讯

"稻盛心学"的代表作是《心——稻盛和夫的一生嘱托》。该书的作者是日本的稻盛和夫,译者是曹寓刚和曹岫云,出版者为中国工信出版集团、人民邮电出版社。

稻盛和夫是一位杰出的企业家，也是一位优秀的哲学家。其学说主要源于生活中经营中的体验，被称为实践哲学、经营哲学、人生哲学。

稻盛和夫说教的主要对象是企业的经营者与员工，其解答的主要问题是如何"提高心性，拓展经营"，"让人生变得更加美好"。

"稻盛心学"的核心理念是，经营成败的根本原因在于"心"。经营者要修炼"六颗心"——"感谢之心、谦虚之心、利他之心、知足之心、强大之心、坚韧之心"，并解决两个重要问题——"贯彻正道""培育心根"。修炼方法是提高心性，磨炼灵魂。

"稻盛心学"的主要价值是教我们"提高心性，磨炼灵魂"，它有助于经营者修炼上述的"六颗心"，有助于公司拓展经营，取得商业的成功。

第三节 《第五项修炼》及相关资讯

"圣吉心学"的代表作是《第五项修炼》，被称为"伟大的五部工商管理巨著之一""新时代的管理圣经"。《第五项修炼》有好几种中文译本，笔者阅读的译本作者是美国的彼得·圣吉，译者是郭进隆，审校者是杨硕英，出版者是上海三联书店。

彼得·圣吉是美国麻省理工学院的教授，管理学者，其学说继承其老师佛睿思特的"系统动力学"，并吸收了其他一些管理学者的理论研究成果以及一些企业家的实践成果。

彼得·圣吉说教的主要对象是管理学院的学生和企业界的经营管理者，其解答的主要问题是如何学会"五项修炼"，建立学习型组织，获得唯一持久的竞争优势，打造成功的企业。

"圣吉心学"的核心理念是"唯一持久的优势是有能力比你的竞争对手学习得更快"；修炼方法是"五项修炼"中的一系列技巧，以及综合运用

"五项修炼"的方式解决企业改造难题的技巧。

"圣吉心学"的主要价值是教我们"五项修炼",它有助于经营者重新创造自我,有助于公司获得唯一持久的优势,打造成功企业。

第四节 "阳明心学""稻盛心学"和"圣吉心学"的共通性

"阳明心学""稻盛心学"和"圣吉心学"各有特色,也有共通之处。

一、"阳明心学""稻盛心学"和"圣吉心学"都强调"心灵转变"

"阳明心学"对心灵修炼的论述涉及"身、心、意、知、物"五个方面,"稻盛心学"对心灵修炼的论述涉及"真我、灵魂、本能、感性、知性"五个层次,"圣吉心学"对心灵修炼的论述涉及"系统思考、自我超越、心智改善、共同愿景、团体学习"五项修炼,共通之处在于强调心灵的转变及心性的提高。王阳明提出"致良知","为善去恶"是心灵的转变;稻盛和夫提出修炼"感谢之心、谦虚之心、利他之心、知足之心、强大之心、坚韧之心","让心灵变得更加纯粹、更加美好"是心灵的转变;彼得·圣吉提出"五项修炼","重新创造自我"也是心灵的转变,而心灵转变的结果即是心性的提高。

二、"阳明心学""稻盛心学"和"圣吉心学"都强调"整体思考"

王阳明提出"天地万物一体之仁",稻盛和夫提出"共生共存""以利他之心发起的行动会结出善果,并返回自己身上",彼得·圣吉提出"系统思考""从看部分转为看整体""我们与周遭的世界连成一体",都强调了"整体思考"。

三、"阳明心学"与"稻盛心学"都强调循"善念"行事

王阳明提出"致良知",以"良知"对万事万物引发的意念做出判断,为善去恶;稻盛和夫提出"贯彻正道",以"作为人,何谓正确"为判断基准,以灵魂中的"真我"对万事万物做出判断,呈现"善的我",抑制"恶的我",都是强调循"善念"行事。

第二部分

学习『阳明心学』，修炼『为善之心』

"得道者多助，失道者寡助"。作为一个经营者，能够"循良知而言"，"循良知而行"，必然能够得到员工的帮助，得到客户的帮助，得到其他相关方的帮助，得到社区和政府相关部门的支持；相反，假如所言所行违背社会的伦理道德，虽一时也可能获得成功，但终究走不到底，很可能中途跌倒，这方面的例子俯拾皆是。为此，经营者有必要学习"阳明心学"，修炼"为善之心"。王阳明提出的"万物一体之仁"，"此心不动，随机而动"，对于经营者面对公司的治理、面对市场的变化都有重要的启示。

第五章　王阳明是一位杰出的哲学家

冯友兰在《中国哲学简史》中提出："哲学是对人生的系统的反思"。"因为它把人生作为思考的对象，有关人生的学说、有关宇宙的学说以及有关认识的学说，都是在这样的思考中产生的"。"宇宙是人类生存的背景"，"宇宙论就是这样兴起的"。"思考本身就是认识"，"认识论就是由此而兴起的"。

王阳明（1472—1528）是一位杰出的哲学家，其哲学思想中包括：有关人生的学说，有关宇宙的学说，有关认识的学说。

第一节　王阳明有关人生的学说

王阳明有关人生的学说，集中体现为"致良知"的学说。王阳明认为，做人要学"圣人之道"，做一个道德高尚的人，这样才能"齐家，治国，平天下"；而"圣人之道"，就在于"致良知"。

王阳明指出，"良知"是人的天性，人人都有，圣人与常人不同的是，圣人的良知没有被私欲遮蔽，能循良知而行，而常人的良知被私欲所遮蔽，往往是循私欲行事。因此，常人要通过灵魂的磨炼，去人欲、存天理，"使良知复明"。常人在面对外物出现各种动念时，要学会"致知格物"，要用自己的良知去判断所引发的动念是善念还是恶念，是善念就实实落落去做，是恶念就必须格正。这样做的结果，可以让你的一生"稳当快乐"，让你的人生变得更加美好。

对于王阳明的"致良知"学说，我们将在第六章中做进一步阐述。此处从略。

王阳明把"良知"看作是心中自有的"光明月"，这轮明月能够照亮人生的道路，使你即使处于黑暗之中，也能辨明前进的方向。他在正德辛巳年（公元1521年）写过一首题为《中秋》的诗，全诗内容为："去年中秋阴复晴，今年中秋阴复阴。百年好景不多遇，况乃白发相侵寻（渐进）。吾心自有光明月，千古团圆永无缺。山河大地拥情辉，赏心何必中秋节。"

对于王阳明而言，"良知""明莹无滞"（洁净无染），而又"自然灵昭明觉"（知是知非），"良知"就是他心中的"光明月"。为此，他在《中秋》一诗中，发出了"吾心自有光明月""赏心何必中秋节"这样的感慨。

在人生变化中，在重重的"阴影"底下，到哪里去寻找"光明"？

王阳明不是到外部去寻找光明，而是从内在的"良知"中去寻找光明。只要"良知复明"，就能照亮人生的道路，当行则行，当止则止，当生则生，当死则死。

王阳明临终时，弟子问他还有什么嘱咐。王阳明说："此心光明，亦复何言？"他想表达的意思是，"吾心自有光明月"，循良知而行就可以了，没有更多的话要交代了。

第二节　王阳明有关宇宙的学说

王阳明有关宇宙的学说，集中体现为"心物合一"学说。

西方人对宇宙的探索，一般可追溯到古希腊时代的哲学家。古希腊人对大自然的探索注重的是物与物的关系，例如，宇宙是怎么来的？风雨雷电是怎么来的？他们在探索中发明了逻辑思维和实验验证的思维工具。

王阳明作为东方人，对宇宙的探索注重的是人与物的关系。他在探索中发明了身、心、意、知、物合一的思维方式，提出了"心物合一"的宇宙观。他把天地万物作为"对境"（客体），把人心作为体验的"主体"，认为没有人心的体验，天地万物即失去价值，而没有天地万物，人心也失去作用。两者一气流通，不能间隔。

《传习录》中有一段对话。先生问："你看这个天地中间，什么是天地的心？"弟子回答："尝闻人是天地的心。"先生又问："人又什么叫作心？"弟子回答："只是一个灵明。"先生接着说："可知，充天塞地，中间只有这个灵明，人自为形体自间隔了。我的灵明，便是天地鬼神的主宰。天地鬼神万物，离却我的灵明，便没有天地鬼神万物了。我的灵明，离却天地鬼神万物，便没有我的灵明。如此便是一气流通的。如何与它间隔得？"（参见《王阳明全集》卷三）

《传习录·黄直记》中有一段话对"我的灵明便是天地的主宰"这句话做了补充。他说，"天没有我的灵明，谁去仰佗他高？地没有我的灵明，谁去俯他深？鬼神没有我的灵明，谁去辩他吉凶灾祥？天地鬼神万物，离却我的灵明，便没有天地鬼神万物了。我的灵明，离却天地鬼神万物，亦没有我的灵明。今看死的人，他的天地万物尚在何处？"

王阳明《传习录》中还有一段话："先生游南镇，一友指岩中花树问曰：'天下无心外之物，如此花树，在深山中，自开自落，于我心亦何相干？'先生云：'尔未看此花时，此花与尔同归于寂，尔来看此花时，则此花颜色，一时明白起来。便知此花，不在尔的心外。'"（《传习录》下，《王文成公全集》卷三）。在这里，王阳明并没有否定花树的客观存在。他要说明的是，你没看到此花时，"此花与尔同归于寂"，这个时候，心与物各自存在，两者都是孤独的；而当你看到此花时，花的颜色一时明白起来，这个时候，"心物合一"，你的心内有花，花在你的心内，而不是在你的心外。

综上所述，王阳明的宇宙观，既不是物质决定意识的唯物主义观点，也不是意识决定物质的唯心主义观点，而是一种"心物合一"的宇宙观。

第一，就物而言，只有我的心着意感应它时，才显示了它的价值，我的心不着意感应它时，便显示不出它的价值，等于不存在。

第二，就心而言，离开对物的着意感应时，它也失去作用，等于不存在。

第三，当心着意感应物时，心物合一，心内有物，物在心内。

有人凭"心外无物"一句话，认定王阳明是唯心主义者，似乎并不准确。唯心主义者，指的是在本体论上，认为思维决定存在，意识决定物质。综观王阳明的有关论述，他是从另外一个角度来论述思维与存在的关系，即当人处于"临在"状态，"着意感应"外物时，心与物是合一的，是相互依存的。

王阳明的宇宙观与陆九渊的宇宙观有一定的传承关系。陆九渊有一天读古书读到"宇宙"两个字，注解说"四方上下曰宇，往古今来曰宙"，他忽然省悟："宇宙内事，乃己分内事；己分内事，乃宇宙内事。"（《象山全集》，卷三十三）他还说："宇宙便是吾心，吾心便是宇宙。"（《象山全集》，卷三十六）在他看来，"吾心"与"宇宙"是相通的，心物是合一的。

西方哲学史上，也有人持有"心物合一"的观点。法国哲学家马塞尔（1889—1973）提出"我与世界结婚"。他认为："生命不断在临在的经验里展开来，向越来越多的位格开放。在开放的过程里面，它不是纯粹被动，也不是完全主动，而是与其他位格互动的。"

"临在"的意思就是临现在你的面前，出现在你的面前。一个人在世界上是孤独的，他如何和世界保持接触呢？就要靠临在这种可能性。"位格"指的是有知有情有意的主体。泛指被认为有知有情有意的各种事物。

第三节 王阳明有关认识的学说

王阳明有关认识的学说，集中体现为"知行合一"学说。王阳明提出："未有知而不行者。知而不行，只是未知""知之真切笃实处是行，行之明觉精察处是知""知是行的主意，行是知的功夫。知是行之始，行是知之成"。

"未有知而不行者。知而不行，只是未知"。王阳明认为，从认识的角度看，不存在知而不行的人，知而不行，说明他还不是"真知"，因为只有实践才能出真知。

"知之真切笃实处是行，行之明觉精察处是知"。王阳明认为，知中有行，行中有知。在"知"的过程中能达到"真切笃实处"一定有"行"，而在行的过程中能达到"明觉精察"的地方一定有知。

"知是行的主意，行是知的功夫。知是行之始，行是知之成"。王阳明认为，从实践的角度看，知是行的主导，行是在知的主导下做事。知是行动的发端，而行则是所做之事的完成。

作为一位杰出的哲学家，王阳明从小就表现出哲学的天赋。王阳明十岁时，与中了状元的父亲赴京的时候，路过金山寺时，写下了《蔽月山房》这首诗："山近月远觉月小，便道此山大于月。若人有眼大如天，当见山高月更阔。"。

第六章 "阳明心学"的核心思想

王阳明在给高足邹谦之的信中说:"近来信得致良知三字,真圣门正法眼藏。往年尚疑未尽,今自多事以来,只此良知无不具足。譬之操舟得舵,平澜浅濑,无不如意,虽遇颠风逆浪,舵柄在手,可免没溺之患矣。"

"正法眼藏"是禅宗用来指全体正法。朗照宇宙谓眼,包含万有谓藏。王阳明说"致良知三字,真圣门正法眼藏",强调"致良知"三字是儒家学说的"正法"。

第一节 "阳明心学"是"培根之学"

《王阳明大传》作者冈田武彦称阳明心学是"体认之学,培根之学,身心相印事上磨炼之学"。

一、体认之学

就"阳明心学"的形成而言,它是"体认之学"。王阳明称自己的学说是"从百死千难中得来",且经过很多事件的证明。

王阳明特意指出:"某于此良知之说,从百死千难中得来,不得以与人一口说尽，只恐学者得之，容易作一种光景玩弄，不实落用功，负此知耳。"

他还提道："往年尚疑未尽，今自多事以来，只此良知无不具足。"即是说，他往时对"致良知"之说尚有存疑，但经历过很多事情之后，他发现"致良知"之说对应对各种事件都是灵验的。

二、培根之学

就"阳明心学"的内容而言，它是"培根之学"。根，指人的良知；培根，指良知的发见、存养。去除私欲即是良知的发见，以良知接物即是理的发见，在理的发见处存理即是良知的存养。

王阳明在与黄修易的谈话中指出："人之根在心之良知。""良知即是天植灵根，自生生不息。但着了私累，把此根戕贼蔽塞，不得发生耳。"(《王阳明集》卷四《黄修易录》)他认为，良知是先天种下的"灵根"，自会发育成长，但由于受到私心物欲的伤害和遮蔽，导致良知不能发育成长。因此，要培育心根，要"去人欲、存天理"，"使良知复明"，"循良知"而行。

冈田武彦认为，王阳明的"致良知"学说，就是为了解决良知发育成长的问题，故称之为"培根之学"。

三、身心相印，事上磨炼之学

就"阳明心学"的学习方式而言，它是身心相印，事上磨炼之学。身心相印，指的是知行合一。事上磨炼，指的是结合自己在实际工作中、实际生活中遇到的"事"去"磨炼"。作为经营者而言，就是要在经营中所遇到的"事"上去磨炼。

王阳明的弟子陆澄接到家信，告知其儿子病危。陆澄的心非常忧闷，过度悲伤。王阳明对他说："此时正宜用功，若此时放过，闲时讲学何用？人正要在此时磨炼。父之爱子，自是至情，然天理亦自有个中和处，过即是私意。人于此处多认作天理当忧，则一向忧苦，不知已是有所忧患，不得其正。大抵七情所感，多只是过，少不及者。才过，便非心之本体，必须调停适中始得。"

第二节 "阳明心学"的源头与形成

一、"阳明心学"的源头

王阳明指出，圣人之学，心学也。学以求尽其心而已。尧、舜、禹之相授受曰："人心惟危，道心惟微，惟精惟一，允执厥中。"此心学之源也。（《象山文集序》）

"十六字心传"：源于尧舜禹禅让的故事，谆谆嘱咐代代相传。其意思是说，人心危险，道心微妙，要精研要专一，诚实保持中正之道。对于"人心"与"道心"的解释，程颐说，人心即人欲，道心即天理；王阳明说，人的心只有一个，被私欲遮蔽时是人心，去除私欲遮蔽时是道心。"惟精惟一，允执厥中"，既是道德修炼之法，也是社会治理之法，故尧舜禹要谆谆嘱咐代代相传。

二、"阳明心学"的形成

"禅境"公众号有一篇文章，题目为《从王阳明的心学谈心灵安顿》。文章中提到，中国心学从孔子那里准备好了，孟子把它阐发出来，后因荀子的学说大兴天下而未能得到发扬，待到中国有了禅宗之后，心学得到复兴。

（一）儒家的政治伦理学说

讲"阳明心学"，离不开儒家的政治伦理学说，离不开儒家提出的"三纲领"和"八条目"。

"三纲领"指的是"明明德""亲民""止于至善"。"三纲领"是儒家社会治理的目标。其中，"明明德"指的是把人天生的固有善性发挥出来，所谓"明德"就是人的善性；"亲民"即是"新民"，意思是推己及人，使人

"去其旧染之污",重做新人;"止于至善"指的是所有的人都能在道德修养上达到至善至美的境地,从而使整个社会道德趋于完善。

"八条目"指的是"格物""致知""诚意""正心""修身""齐家""治国""平天下"。在"八条目"中,"格物""致知""诚意""正心""修身"是个人道德修养的实现方式;"齐家""治国""平天下"是个人道德修养推广延伸的方式。

《大学》中对"格物致知"的表述:"欲诚其意者,先致其知;致知在格物。物格而后知至,知至而后意诚。"后人将其总结为"格物致知"。

《大学》中没有具体地解释何为"格物",何为"致知"。后人的解释中,最有影响的是朱熹和王阳明。以下参考"梦露居士"对朱熹和王阳明两人"格物致知"理论的分析加以阐述。

(二)朱熹对儒家学说的解释

朱熹认为,格物、致知、诚意、正心、修身是个人道德修养的五个步骤。

朱熹提出:"格物致知,便是要知得分明;诚意、正心、修身,便是要行得明白。"(《朱子语类》卷十四)对于"格物致知"的解释,他认为,这个世界的本原是理,最早只有理,然后有气(物质),理和气结合产生世界上的一切事物。所以每一个事物中都蕴含着理,事物就是由气(物质)加理构成的。朱熹举了一个"月印万川"的例子:月亮高高挂在天上,然而每一条江河中都倒映着一个月亮,都是天上那个月亮的倒影。事物中的理就像是江河中的月亮,和最高的理是一样的。

如何才能完全认识理呢?朱熹给出的方法是"格物致知"。他认为,既然每一个事物中都有理,那么你就去研究每一个事物之理,把事物的理研究到极点,这就是"格物"(能从江河的水中看到"月亮"即是格物)。一开始你得到的可能是事物的具体规律,比如一棵树怎么生的,怎么开花,怎么结果,但是研究得久了,你就会豁然贯通,对理的认识也就达到了极点,这就是"致知"(能融会贯通,从众多"江河中月亮"的样子,想到"天上月亮"的样子,即是致知)。此时,你已经认识到了最高的理,那么一切事物的理你都已经掌握了。这就是朱熹的"格物致知"。

(三) 王阳明对儒家学说的解释

王阳明认为，格物、致知、诚意、正心、修身是道德修养的五个方面。道德修养是一件事，而从不同的角度看，它涉及身、心、意、知、物五个因素。

从"身"的角度看，要"修身"，要以儒家的道德规范来修正自己的行为。"目非礼勿视，耳非礼勿听，口非礼勿言，四肢非礼勿动"。

从"心"的角度看，要"正心"，"必就心之发动处才可着力"，正心就是要格正不善的意念。修身必须正心。

从"意"的角度看，要"诚意"，要忠实于自己的意念，"如一念发在好善上，便实实落落去好善；一念发在恶恶上，便实实落落去恶恶"。

从"知"的角度看，要"致知"，要致良知于面对的事物所引发的意念。"致知"才能"知得善"，"知得不善"，并"实实落落"去为善去恶。致知是诚意之本。

从"物"的角度看，要"格物"，"致知"要落实在"格物"上，知得这件事善，"便就这件事上去为"，知得这件事不善，"便就在这件事上去不为"。

王阳明曾经按照朱熹的学说，对着竹子苦思冥想七日七夜，结果什么都没格出来，且大病一场。这个故事被称为"亭前格竹"。从此，王阳明心中埋下了对程朱理学的怀疑。王阳明的实践表明，外在事物的自然规律与人类社会的伦理道德是很难联系在一起的，因此他未能在格竹中领悟圣人之道。

到三十四岁那年，王阳明因为上奏疏触怒了大太监刘瑾，被贬到了贵州龙场驿。龙场驿处于大山之中，条件十分艰苦，难以想象。王阳明每天思考如果圣人处在自己的位置上会怎么做。终于有一天夜里，他在半睡半醒之间想通了："圣人之道，吾性自足，向之求理于事物者误也。"意思是，我心中本就具备做圣人的道理，之前我在外界事物中寻找理，这是大错特错。这个故事被称为"龙场悟道"。从此王阳明开始建立自己的心学理论，并提出了自己的"致知格物"说。

在"致知格物"学说的基础上，"阳明心学"进一步发展，最终形成了"四句教"的完整体系。在"四句教"中，第三句第四句讲的就是"致知格物"。致知格物有个前提，就是使被私欲遮蔽的"良知"能够"复明"，因而就有了第一句的"心之体"和第二句的"意之动"。这样就形成了"致良知"的一个完整体系。

不妨说，"致良知"的核心是"致知格物"，而前提条件是"使良知复明"。在四句教中，第一句第二句解决"使良知复明"，第三句第四句解决"致知格物"。

第三节　"阳明心学"的核心思想

"阳明心学"的发展大致可分为三个阶段："心即理""知行合一""致良知"分别代表了他这三个阶段的学术思想。上述核心思想一脉相承。

一、"心即理"

王阳明在龙场悟得"圣人之道，吾性自足"的道理后，提出了"心即理"的学说。

据《王阳明年谱》记载，王阳明三十七岁时，在贵州龙场悟得"致知格物之旨"。当时，他自己认为，得失荣辱皆能超脱，惟生死一念尚未化解，故在石墩上，"日夜端居澄默，以求静一"（"静一"一词出自《庄子·刻意》中的"纯粹而不杂，静一而不变"）。久而久之，他的随从人员都病了。因而想到，"圣人处此，更有何道？"半夜里，他忽然顿悟致知格物之旨，"始知圣人之道，吾性自足，向之求理于事物，误也"。

王阳明在和徐爱的谈话中提出："心即理也。此心无私欲之蔽，即是天理。"

在《答顾东桥书》中，他又提出："吾心之良知，即所谓天理也。"

在和黄以方的谈话中，他阐述得更为透彻。他说："此心在物则为理。如此心在事父则为孝，在事君则为忠之类。"

王阳明提出心即理的立言宗旨，是要使世人懂得"心理是一个，便来心上做功夫，不去袭义于外"。

二、"知行合一"

在龙场悟道的第二年，王阳明提出了"知行合一"。他认为，"未有知而不行者。知而不行，只是未知"；"知之真切笃实处是行，行之明觉精察处是知"；"知是行的主意，行是知的功夫。知是行之始，行是知之成"。

对这几句话，在本书第五章第三节中已做过解释，在此不再重复。

王阳明提出"知行合一"的宗旨，是"要人晓得一念发动处，便是行了。发动处有不善，就将这不善的念头克倒了"。

三、"致良知"

到了晚期，王阳明的学说形成了一个比较完整的体系，他和弟子们反复讲的就是"致良知"三个字。（按阳明年谱，王阳明五十岁时始立"致良知"之教，其时为明武宗正德十六年辛巳）

"致良知"的要点就在"四句教"："无善无恶心之体，有善有恶意之动，知善知恶是良知，为善去恶是格物。"

他告诉学生徐爱和钱德洪："只依我这话头随人指点，自没病痛，此原是彻上彻下功夫。"

他还指出，四句教的宗旨是教人"在良知上实用为善去恶功夫"。

（一）无善无恶心之体

这句话讲的是心的本体，心的本来面目。心在寂然不动，不与外物对接时，是无善无恶的。犹如一面新的镜子，明莹无滞。

（二）有善有恶意之动

这句话讲的是人的意念，是心的发动处。因为人有习心，被世俗污染了，被私欲遮蔽了，因而，当人与外物接触，面临某一件事时，所引发的意念可能是善念，也可能是恶念。

（三）知善知恶是良知

这句话讲的是良知。人有良知，知善知恶，只要致自己的良知在意念出现的地方，用心省察，对所出现的意念是善念还是恶念是分得清的。

（四）为善去恶是格物

格物的"物"，讲的是想做的某件事，格物的"格"，讲的是对想做的某件事的格正。既然通过良知的省察，认清了想做某件事的意念是善的还是恶的，那么，就应按照良知的指引，是善的就去做，是不善的就不做。

王阳明在三个阶段的学术思想是一脉相承的。"心即理"教人"来心上做功夫"；"知行合一"教人"发动处有不善，就将这不善的念头克倒了"；"致良知"教人"在良知上实用为善去恶功夫"。

总的来说，"阳明心学"的"源"是"十六字心传"；"流"是儒家的政治伦理学说；"核心思想"是"致良知"，体系是"四句教"。

第七章 "阳明心学"的学习方法

学习"阳明心学",首要的是"立志",要立志为善,立志真切;其次是"知学",要知得只是专在学循良知;再而,要"在心上用功",领会"致良知"的精义与功夫。

"阳明心学"的核心思想是"致良知","致良知"的思想体系是"四句教"。为此,学习"阳明心学"要对"四句教"中每一句所包含的精义有深入的理解,并掌握修炼的方法。

第一节 立志

一、立志为善

王阳明提出:"大抵吾人为学,紧要大头脑,只是立志。"王阳明要求学者立"为善之志"。他指出:"学者一念为善之志,如树之种,但忽助勿忘,只管培植将去,自然日夜滋长,生气日完,枝叶日茂。"

这个"为善之志"的"善",也就是我们今天所说的"崇德向善"的"善"。

二、立志真切

有人提出，立志用功会因为科举考试拖累而坚持不下去。王阳明认为，坚持不下去的根本原因还是在于立志未真切，而不是为其他事情所累。假如说，是因为父母的原因准备参加科举考试结果拖累了为善之学，则种田以养其父母的，不也是拖累了为善之学吗？因此他得出结论："惟患夺志，但恐为学之志不真切耳。"

第二节 知学

一、学什么

知学，即是知道学什么。王阳明指出：知学，"只是知得专在学循良知"。

王阳明指出："良知即是道，良知之在人心，不但圣贤，虽常人亦无不如此。若无物欲牵蔽，但循着良知发用流行将去，即无不是道。但在常人多为物欲牵蔽，不能循着良知。"

在他看来，人人有良知，圣贤有，常人也有。不同的是，圣贤的良知无物欲牵蔽，能循着良知发用流行将去，而常人的良知多为物欲牵蔽，不能循着良知发用流行将去，因此，常人要学"循良知"，学习心学就是学习"循良知"。

二、怎么学

王阳明指出：要"信得良知，只在良知上用工"，而不要"只是知解上转"。"信得良知"，指相信人有良知是前提，不相信无从谈"循良知"。"在良知上用工"，指去除私心物欲的牵蔽，使良知复明；以良知判断善念恶念；是善念就实实落落去做，是恶念就不能做。不要"只是知解上转"，指单有字面上理解是不够的，要知行合一，在事上磨炼。

第三节 在心上用功

"在心上用功",指的是"致良知"的整套功夫,包括"静坐"的功夫,"去人欲、存天理"的功夫,"慎独""戒惧"的功夫,诚意的功夫,等等。

"在心上用功"整套功夫的核心是"在良知上用功"。"静坐"的功夫,是为发现良知;"去人欲、存天理"的功夫,是为使良知复明;"慎独""戒惧"的功夫,是为用良知判断善念恶念;"诚意"的功夫,是为按良知的判断为善去恶。

如何"在心上用功",按"四句教"去做就可以了。王阳明指出,"四句教"既是"致良知"的"话头"(学说要点),也是一整套的"功夫"(修炼方法)。

一、领会"无善无恶心之体"的精义,掌握"静坐"的功夫

(一)领会"无善无恶心之体"精义

对这句话的解释,阳明的学生钱德洪说:"心体是'天命之性',原是无善无恶的。"阳明听后又补充说,"人心本体原是明莹无滞的,原是个未发之中。""明莹无滞"指的是人心本体不染一物,如镜一般光洁无染。"未发之中"指的是人心本体不偏不倚,如秤一样公正无偏。

"未发之中"是体,"已发之和"是用,体用是一致的。心之体不偏不倚,发用流行自然符合法度与天理,心之体过或不及,发用流行自然违背法度与天理。

方旭东发于 2010 年 10 月 11 日《光明日报》上的一篇文章,标题为《不偏不倚》。他在文中提出,儒家对不偏不倚有独特的理解,它"是一种自然主义的(以人性的自然流露为合理)的不偏不倚性"。

王阳明在与黄省曾交谈时指出,"喜、怒、哀、惧、爱、恶、欲,谓之七情,七者皆是人心合理有的。七情顺其自然之流行,皆是良知之用,不

可分别善恶。但不可有所着。七情有着，俱谓之欲，俱为良知之蔽"。

王阳明的弟子陆澄接到家信，告知其儿子病危。陆澄的心非常忧闷，过度悲伤。王阳明对他说："此时正宜用功，若此时放过，闲时讲学何用？人正要在此时磨炼。父之爱子，自是至情，然天理亦自有个中和处，过即是私意。人于此处多认作天理当忧，则一向忧苦，不知已是有所忧患，不得其正。大抵七情所感，多只是过，少不及者。才过，便非心之本体，必须调停适中始得。"（《王阳明集》卷一《陆澄录》）

（二）掌握"静坐"的功夫

如何使心保持空灵状态？王阳明教学生"静坐"的修炼功夫。他认为，"教之静坐，息思虑"，能使心之体"悬空静守"。

他对陆澄说，"汝若于货、色、名利等心，一切皆如不做劫盗之心一般，都消失，光光只是心之本体，看有甚闲思虑？此便是寂然不动，便是未发之中，便是廓然大公。自然感而遂通，自然发而中节，自然物来顺应。"在这里，"未发之中"的"中"，"发而中节"的"中"，和十六字心传"允厥其中"的"中"都是"中正"的意思。即是说，当你练习静坐之功，平息思虑，使货、色、名利等心都消失的时候，你可以觉察到你的心之体是"寂然不动"，是"未发之中"，是"廓然大公"。

王阳明还提到，他讲的静坐之功不同于禅定之功。静坐之功的目的在于息思虑，使货、色、名利等心都消失。禅定的目的在于使自己的心归于寂静，虚无，在于得到宁静的愉悦。在五十五集电视连续剧《佛陀》中我们可以看到，悉达多修炼禅定初期，先前见过的各种画面在脑中不断浮现，使他无法得到寂静，感到很痛苦。悉达多的老师指着天空中的云彩告诉他，人心如天空，过去现在未来的各种思想如云彩在天空中飘来飘去，但并不触及天空。通过长期练习禅定之功后，人心中的云彩会逐渐消失，出现一片纯蓝的天空，内心处于一种完全平静的状态；而修炼的方法是使自己的意念"专注一处，集中到气息"。

王阳明和陈九川交谈时还指出，"这听讲说时专敬，即是那静坐时心"。

王阳明很肯定程明道先生（程颢）的"专敬"。据年谱提到，明道先生"写字时甚敬，非是要字好，只此是学"。这里所说的"专敬""静坐时心"，指的都是"专注当下，排除杂念"的一种心灵状况。稻盛和夫说，全神贯注投入工作是修行的最好方法，指的也是这样一种心灵状态。

王阳明认为，如果没有静坐时心，心里有杂念，即使"终日呆坐"，也是"徒乱心曲"。

《靖乱录》中有一个小故事。有一天，王阳明到虎跑泉游玩，听说有位禅僧坐关三年，终日闭目静坐，不发一语，不视一物。王阳明在访问的过程中，以禅机喝之，"这和尚终日口巴巴说什么？终日眼睁睁看什么？"禅僧说"家有老母，不能不起念也"。王阳明说："汝既不能不起念，虽终日不言，心中已自说着；终日不视，心中已自看着了。虽终日呆坐，徒乱心曲。"禅僧被王阳明打动，第二天便归家省母。

朱光潜在《慢慢走啊，去过美的人生》一书中就提到，他生平最爱陶渊明在自祭文中所说的两句话："勤靡余劳，心有常闲。"动中有静，常保存自我主宰。他认为，这是修养的极境。"现代人的毛病是勤有余劳，心无偶闲。这毛病不仅使生活索然寡味，身心俱惫，于事劳而无功，而且使人心地驳杂，缺乏冲和弘毅的气象，日日困于名缰利锁，叫整个世界日趋于干枯黑暗"。在这里，"勤靡余劳，心有常闲"的意思是辛勤劳作，不遗余力，而心中总是悠闲自在。"冲和弘毅"的意思是淡泊平和，抱负远大，意志坚强。

二、领会"有善有恶意之动"的精义，掌握"去人欲，存天理"的功夫

（一）领会"有善有恶意之动"的精义

什么是"意之动"？"意之动"指的是心与物对接时随感而发的意念，或者说是动念。如"好好色，恶恶臭"即是一种意念。

为什么意之动"有善有恶"？王阳明自己的解释是，"有习心在，本体

受蔽"。意思是说，人在接触外界事物之后，原本"明莹无滞"的心之体会受到污染，受到遮蔽，因而这个时候产生的意念会有善有恶。同样是心与物的对接，有人随感而发的是善念，有人随感而发的却是恶念；以良知与物对接引发的是善念，而以私欲与物对接引发的却是恶念。他说的"习心"，与本心相对。本心明莹无滞，习心是人欲浸染的结果。

从现代神经科学的角度看，人有"意识机制"，人凭着各种感官感知了外部世界之后，会把信息传递到大脑的相关部位进行加工处理。

《神秘的大脑》一书谈到，人对外界的感受，如夜晚天空的红光、铃声、篝火的温暖等，会引发人的意识体验。当这些感受到的信息传递到大脑后，大脑有一个"整体工作空间"，对大脑中的信息进行整合，形成一种意识体验。人的潜意识也参与这个整合过程。

由于人的先天遗传和成长经历不同，人的潜意识层面储存的印象、记忆、经验、感觉、情感、情绪、价值观、信念、观念等也是不同的。（心智模式不同）。因此，对待同一个事物，他们看到的是不同的侧面，即使看到的是同一个侧面，他们的判断和解释也是不同的。因此，他们必然会产生不同的意念，比如说，有的会拥护这一事物，而有的则会反对这一事物。所以，面对同样的事物，人产生的意念是有善有恶的。

（二）掌握"去人欲，存天理"的功夫

如何使"意之动"引发的是"善念"而不是"恶念"？王阳明提出的修炼方法是"去人欲，存天理"。（以人欲对接外物引发的是恶念，以天理对接外物引发的是善念）

王阳明对陆澄说："只要去人欲，存天理，方是功夫。静时念念去人欲，存天理，动时念念去人欲，存天理，不管宁静不宁静。以循理为主，何尝不宁静？以宁静为主，未必能循理。"

1. 什么是人欲

王阳明认为，"好色、好货、好名等"即是人欲。好就是被迷住，就是着迷。

王阳明说："如人好色，即是色鬼迷；好货，即是货鬼迷。"他还指出："故有迷之者，非鬼迷也，心自迷耳。"换言之，迷于色，迷于货，迷于名，即是人欲，即应去掉。

王阳明还认为，人的七情，不是顺其自然流行，而是留滞心上，沉浸其中，这也是人欲，也是良知之蔽。他在与黄省曾交谈时指出："喜、怒、哀、惧、爱、恶、欲，谓之七情，七者皆是人心合理有的。七情顺其自然之流行，皆是良知之用，不可分别善恶。但不可有所着。七情有着，俱谓之欲，俱为良知之蔽。"

2.什么是"天理"

按王阳明的理念，去了"私欲"，即是"良知"，以良知感物，见父知孝，见兄知悌，见孺子入井生恻隐之心，即是"天理"，在天理的发见处存养天理，不断积累，可使自己的心纯乎天理，达到"至善"的境界。

3.如何"去人欲，存天理"

王阳明提出的做法：一是"省察克治"；二是"在理的发见处用功"；三是"在事上磨炼"。

一是"省察克治"。王阳明认为，省察克治的功夫"无时而可间"，无事时，要"将好色、好货、好名等私逐一追究搜寻出来，定要拔去病根，永不复起，方始为快"。有事时，"才有一念萌动，即与克去，斩钉截铁，不可姑容与他方便，不可窝藏，不可放他出路，方是真功夫，方能扫除廓清"。

王阳明还特别指出，对"好色、好货、好名"等私欲，要"防于未萌之先而克于方萌之际"，"防于未萌之先"要用《中庸》"戒慎恐惧"之功，"克于方萌之际"要用《大学》的"致知格物"之功。

二是"在理的发见处用功"。王阳明认为，少一分人欲就多一分天理，要达到此心纯是天理的境界，就必须"在理的发见处用功"。"如发见于事亲时，就在事亲上学存此天理；发见于事君时，就在事君上学存此天理；发见于处富贵、贫贱时，就在处富贵、贫贱上学存此天理；发见于处患难、夷狄时，就在处患难、夷狄上学存此天理。总之，无处不然，随他发见处，即在那上面学个存天理"。

三是"在事上磨炼"。王阳明说："人须在事上磨炼，做功夫乃有益。若只好静，遇事便乱，终无长进。"

有一位属官，听了王阳明的心学后说，此学虽好，只是簿书讼狱繁难，不得为学。王阳明听后提示他："我何尝教尔离了簿书讼狱悬空去讲学？尔既有官司之事，便从官司的事上为学，才是真格物。如问一词讼，不可因其应对无状，起个怒心；不可因其言语圆转，生个喜心；不可恶其嘱托，加意治之；不可因其请求，屈意从之；不可因自己事务烦冗，随意苟且断之；不可因旁人谮毁罗织，随人意思处之。这许多意思皆私，只尔不知，须精细省察克治，惟恐此心有一毫偏倚，枉人是非，这便是格物致知。簿书讼狱之间，无非实学。若离了事物为学，却是着空。"

三、领会"知善知恶是良知"的精义，掌握"慎独""戒惧"的功夫

（一）领会"知善知恶是良知"的精义

1. 何谓"良知"

王阳明说："良知者，孟子所谓是非之心，人皆有之者也。是非之心不待虑而知，不待学而能，是故谓之良知，是乃天命之性，吾心之体，自然灵昭明觉者也。"（《王阳明全集》第 26 卷）

阳明还说："见父自然知孝，见兄自然知悌，见孺子入井，自然知恻隐，此便是良知。"（《传习录》上卷）。

2. 良知为什么"知善知恶"

美国的里克·汉森博士和理查德·蒙迪思博士在《冥想五分钟等于熟睡一小时》中提出，在人性中出现的利他、慷慨、公平、宽恕等行为以及道德和宗教，是来源于人类的一种基因；而这种基因是人类通过艰苦卓绝的自然选择进化而来的。我们的祖先在掌握农业种植技术之前，一直靠着捕

猎为生。通常情况下，捕猎的团队规模不会超过150人，团队成员完全靠捕猎所获为生。他们一样搜寻食物，躲避掠食性动物，和其他团队争夺不多的生存资源。在这荒蛮的自然环境里，能够和其他成员协作的个体往往活得更长，而且繁育更多的后代。随着时间的推移，一代又一代的优势积累下来，"维护社会关系和倾向于相互协作的基因就会被固化在人类总体的基因池里"。不妨说，作为"天命之性"的良知之所以"知善知恶"，正是源于这样一种人类基因。

良知之所以知善知恶，也源于小时候所得到的传统文化的教育与熏陶。稻盛和夫提道："怎样才能做出正确的判断？怎样才能让公司持续发展？"经过苦苦思索，他得出了一个结论：首先要问自己"作为人，何谓正确？"一旦认定是正确的，就毫不动摇地贯彻到底。小时候，学校的老师和自己的父母肯定教过那些平常的、原始的伦理观，比如"莫贪心""莫欺骗""莫说谎""要诚实"等。要把这些最为平常的伦理观作为判断一切事物的准绳。

（二）掌握"慎独""戒惧"功夫

王阳明认为，要以良知对随感而发的意念进行判断，功夫在于"慎独"和"戒惧"。

关于"慎独"，王阳明在和薛侃的交谈中提出，"人若不知于此独知之地用力，只在人所共知处用力，便是作伪"，"此处独知便是诚的萌芽。此处不论善念恶念，更无虚假"，"正是王霸、义利、诚伪、善恶界头"。"于此一立立定，便是端木澄源，便是立诚"。

"慎独"有几个要素：其一是要在独知之地用功；其二要意识到此时对面临之物随感而发的意念可能是善念，也可能是恶念，也可能两种意念，两种声音同时存在，这是善与恶的一个分界点；其三是此时要"端木澄源"，认清哪个意念是出于良知，是善念，哪个意念是出于私欲，是恶念，并立定善念，依善念去做。

关于"戒惧"，王阳明在和薛侃的交谈中也提到。他说："戒惧之念，无时可息。若戒惧之心稍有不存，不是昏聩，便已流入恶念。"（《王阳明集》

卷二《薛侃录》）他认为，人有习心，随感而发的往往是恶念，而不是善念，因而要保持戒惧之心，要保持警惕，否则，就可能流入恶念。

四、领会"为善去恶是格物"的精义，掌握"诚意"的功夫

（一）领会"为善去恶是格物"的精义

王阳明说，"格物者，大学之实下手处，彻首彻尾，自始学至圣人，只此工夫而已"，"夫正心、诚意、致知、格物，皆所以修身。而格物者，其所用力，日可见之地"。（《王阳明集》卷三《答罗整庵少宰书》）王阳明认为，道德修炼最需要用力的地方是格物，最能见成效的地方也是格物。

"格物"的含义是什么？王阳明在回答陆澄的提问时明确地指出："格者，正也，正其不正以归于正也。"（《王阳明集》卷一《陆澄录》）

王阳明认为，只有"格物"，才能将"为善去恶"落到实处。他在和徐爱、钱德洪讨论"四句教"时还说："人有习心，不教他在良知上实用为善去恶的功夫，只去悬空想个本体，一切事为俱不着实，不过养成一个虚寂；此个病痛不是小小，不可不早说破。"

（二）掌握"诚意"的功夫

要纠正一个人的行为，特别是改变一个人的习惯（如好色、好货、好名等）是很难的。

王阳明提出："功夫难处，全在格物致知上。此即是诚意之事。意既诚，大段心亦自正，身亦自修。"（《王阳明集》卷一《陆澄录》）

王阳明认为，能不能纠正自己的行为，能不能改变自己的习惯，关键在"诚意"二字。能致其良知，诚其意念，就能做到"心亦自正，身亦自修"，就能实实落落依着良知去做，当行则行，当止则止，当生则生，当死则死。

王阳明还提出："自家痛痒，自家须会知得，自家须会搔摩得。既自知得痛痒，自家须能搔摩得。佛家谓之方便法门，须是自家调停斟酌，他人总难与力，亦更无别法可设也。"（《王阳明集》卷三《启问道通书》）

说通俗一点，自家有病自家知，也须靠自己去克治。无论是好色、好货，还是好名，都只能靠你自己省察克治，别人是无法帮你的。

学习"阳明心学"，难在"克治之功"。王阳明在《与邹谦之书》中自述其用力甘苦："赖天之灵，偶有悟于良知之学，然后悔其向之所为者，固包藏祸机作伪于外而心劳日拙者也。十余年来，虽痛自洗剔创艾，而病根深固，萌蘖时生。所幸良知在我，操得其要，譬犹用之得舵，虽惊风巨浪，颠沛不无，尚犹得免于倾覆者也。夫旧习之溺人，虽已觉悔悟而克治之功，尚且其难如此，又况溺而不悟日益以深者，亦将何所抵极呼！"

学习"阳明心学"，要"随今日所知扩充到底"。王阳明说，学习心学要"在事上磨炼"，才能在实践中一步一步成长起来。(《传习录·陆澄记》)王阳明又说："我辈致知，只是各随分限所及。今日良知见是如此，只随今日所知扩充到底，明日良知又有开悟，便从明日所知扩充到底，如此方是精一功夫。"(《传习录·黄直记》)王阳明要我们悟多少做多少，知行合一，而不是等待全悟了才去做。

学习"阳明心学"，要"有疑问便问，问了又走"。王阳明说："如人走路一般，走得一段，方认得一段，走到歧路处，有疑问便问，问了又走，方能到达欲到之地……只管愁不能尽知，只管闲讲，何益？"(传习录·陆澄记)即是说，要采取渐进式，走一段认一段，不懂就问，问了又走，不是等"尽知了"再走。

学习"阳明心学"，要"实落用功"，不负"此知"。王阳明在生前便谆谆告诫门人："某于此'良知'之说，从百死千难中得来，不得已与人一口说尽。只恐学者得之容易，把做一种光景玩弄，不实落用功，负此知耳！"王阳明在500年前发出的告诫之语，在500年后的今天，对于当下的"阳明热"而言，无疑是一剂清醒剂。

第八章 经营者学"阳明心学"应把握的要点

"阳明心学"是明代重要的哲学思想,集儒释道三家之大成。王阳明"致良知"的学说及修炼功夫,是500年来中国人神奇智慧的结晶。国学大师王勉三曾指出:我们中国有件极其珍贵的宝物,可惜遗失了,这件宝物不是别的东西,就是曾经支配中国思想界有百余年之久的"王学"。

习近平在第十八届中央纪律检查委员会第六次全体会议上的讲话中提到,"要引导人向善向上,发挥理想信念和道德情操引领作用。'身之主宰便是心';'不能胜寸心,安能胜苍穹'。'本'在人心,内心净化、志向高远便力量无穷"。其中,"身之主宰便是心"出自王阳明的《传习录》,原典为"身之主宰便是心,心之所发便是意,意之本体便是知,意之所在便是物"。"身之主宰便是心"意在强调心的主导地位,心正则身修。

经营者学"阳明心学"应把握的要点:一是面对各种诱惑,修炼"致良知";二是面对公司治理,修炼"万物一体之仁";三是面对市场变化,修炼"此心不动,随机而动"。

第一节　面对各种诱惑，修炼"致良知"

今天的社会，"心为物役"似乎已是常态，外界的物左右了内在的心，以至于人们的普遍感觉是，物与幸福的增长不成比例。正如心学爱好者白立新所言："华夏又逢盛世，满心却是迷茫。"

对于经营者的人生而言，学习"阳明心学"，可以使我们无事时保持"静坐心"，不为杂念所累；有事时"致知格物"，自然"稳当快乐"；遇风浪时把稳舵柄，"可免没溺之患"。

一、无事时保持"静坐心"，不为杂念所累

人生的苦恼往往来源于欲念太多，且留滞不去，导致心里斑驳杂乱。

王阳明教他的弟子学习静坐，"息思虑"，他认为人的思虑多在私欲一边。(《王阳明集》卷一《陆澄录》)

王阳明教他的弟子在听讲说时要"专敬"，保持"静坐时心"。(《王阳明集》卷三《陈九川录》)

他还指出："今人于吃饭时，虽无一事在前，其心常役役不宁，只因此心忙惯了，所以收摄不住。"(《王阳明集》卷四《黄省曾录》)

王阳明教我们，无论是听课，还是吃饭，都要排除杂念，专注当下，这样才能获得人生的乐趣。其实，不论你当下做什么事，是听音乐会，观足球赛，或者是出外旅游，只有排除杂念，不为杂念所累，才能从中获得快乐。佛家说，砍柴时只想着砍柴，吃饭时只想着吃饭，睡觉时只想着睡觉。也是为了摆脱杂念的干扰，修炼一颗平静的心。

王阳明还认为，人的心应该如明镜一般，"随感而应，无物不照"，而且，照过之物不"留滞"心中（不要使"已往之形尚在"），未照之物也不必去想（不要"未照之形先具"）。(《王阳明集》卷一《陆澄录》)

王阳明指出，心之明镜如留滞过往的事，就会为物所累，且对来物看

不清楚。他说:"心体上着不得一念留滞,就如同眼着不得些子尘沙。些子能得几多?满眼便昏天黑地了。""这一念不但是私念,便好的念头也着不得些子。如眼中放些金玉屑,眼也开不得了。"(《王阳明集》卷四《黄以方录》)

王阳明的不留滞说,即是"放下"。有一著名的对子:"见了便做,做了便放下,了了有何不了;慧生于觉,觉生于自在,生生还是无生。"

二、有事时"致知格物",自然"稳当快乐"

王阳明的弟子陈九川提出,近来功夫稍有所领悟,但"难寻个稳当快乐处"。王阳明对他说,此间有个"诀窍",只是"致知","尔那一点良知,是尔自家的准则。尔意念着处,他是便知是,非便知非,更瞒他一些不得。尔只要不欺他,实实落落依着他做去,善便存,恶便去。他这里何等稳当快乐!此便是格物的真诀,致知的实功"。(《王阳明集》卷三《陈九川录》)

在这里,王阳明告诉我们,稳当快乐的"诀窍"在于"致良知",而"致良知"的要点有三个:一是要明白"良知"是你"自家的准则";二是要在"意念着处",即"意念"出现的地方"致知",只有"致知",才能认清出现的动念是善念还是恶念;三是要在格物上落实,是善的便去做,是恶的便不做。

以扶跌倒老人为例。有一天,你在路上行走时,见到一个老人跌倒了,你的心可能会出现一种意念:"不扶了,别找麻烦。"这个时候,你如果在"出现意念"这个地方致知,以"良知"作为你"自家的准则",你的良知可能会告诉你:"不扶不是善念,扶才是善念。"你把致知落实在行为改正上,你会依照善念去扶老人。结果,你的内心会获得一种快乐。

经营者学"阳明心学"应把握的第一个要点是"面对各种诱惑,修炼'致良知'"。假如我们面对各种诱惑,未能"致知格物",而是放纵个人私欲,很可能迟早要倒台。

其实，西方人也是注重道德修炼的。史蒂芬·柯维在《高效能人士的七个习惯》中提出：经潜心研究自1776年以来200年美国所有讨论成功因素的文献后发现，前150年的论著强调"品德"为成功之本，如诚信、忠诚、节欲、勇气、公正、耐心、勤勉、朴素和一些称得上是金科玉律的品德。本杰明·富兰克林的自传就是这个时期的代表作。华盛顿对本杰明·富兰克林的评价："因为善行而受景仰，因为才华而获崇拜，因为爱国而受尊敬，因为仁慈而得到爱戴，这一切都唤起人们对你的亲切爱戴。你可以得到最大的欣慰，就是知道自己没有虚度一生。在我的一生中，能让我佩服的人有三位：第一位是本杰明·富兰克林，第二位也是本杰明·富兰克林，第三位还是本杰明·富兰克林。"

在西方，同样有反面的典型案例。格莱恩·布兰德在《一生的计划》中提到了芝加哥聚集的9个金融界人士在25年后的悲剧。

- 查文斯·施瓦布：最大钢铁公司总裁，破产，死前五年借钱为生。
- 塞缪多·英索尔：最大电子公司总裁，逃亡，死在异国他乡。
- 贺华德·霍普生：最大煤气公司总裁，精神失常。
- 亚瑟·库顿：最大小麦投资商，破产，死在海外。
- 理查德·惠特尼：纽约股票交易所主席，从监狱释放。
- 阿尔伯特·福尔：哈定总统办公室财经专员，减刑释放，潦倒终生。
- 杰西·理费默尔：华尔街最大期货巨头，自杀。
- 以弗·克鲁格：世界最大专营公司领导者，自杀。
- 列昂·弗拉塞尔：国际住房银行主席，自杀。

上列这些人，如若能够"致良知"，能循良知而行，估计结局不致这么悲惨。

三、遇风浪时把稳舵柄，"可免没溺之患"

正德十六年（1521年），王阳明在江西南昌首次向世人提出"致良知"说。王阳明提到，自从经历了宸濠之乱和张忠、许泰之变后，对良知益发相信。他在给高足邹谦之的信中说："近来信得致良知三字，真圣门正法眼藏。往年尚疑未尽，今自多事以来，只此良知无不具足。譬之操舟得舵，平澜浅濑，无不如意，虽遇颠风逆浪，舵柄在手，可免没溺之患矣。"（《王文成公全书》卷三十三《年谱二》）

人生不可能不遇到风浪，在风浪中，如若你能"致知"，能凭着自己的良知看清方向，把稳舵，你就可避免在风浪中"没溺"。

例如，在"修例风波"中，有人组织非法集会，并以钱诱惑他人参加。面对此诱惑，你可能出现一种意念，去参加吧，有钱拿为什么不去。你如果能在这个地方"致知"，唤醒心中的良知来判断，良知可能会告诉你，这不是善念。你把致知落实在行为改正上，依照良知不去参加。你就避免了在风浪中"没溺"。

总而言之，对于经营者的人生而言，学习"阳明心学"，掌握"致知格物"的功夫，能让你拥有"稳当快乐"的人生，避免在人生的路上翻车。

第二节　面对公司治理，修炼"万物一体之仁"

一、"阳明心学"对社会治理的意义

王阳明提出：作为治理者，在教育上要"推其天地万物一体之仁以教天下"；在用人上要"举德而任""视才之称"；在处事上所言所行要"致其良知"，取信于民。

（一）在教育上要"推其天地万物一体之仁以教天下"

王阳明认为，天下之人心，原本与圣人无异，因"间于有我之私，隔于物欲之蔽"，导致人各有心，甚至视其父、子、兄、弟如仇雠者。为此，圣人"推其天地万物一体之仁教天下，使之皆有以克其私，去其蔽，以复其心体之同然"，使得天下之人有"万物一体之仁"，而无"人己之分，物我之间"。（《王阳明集》卷二《答顾东桥书》）

（二）在用人上要"举德而任""视才之称"

王阳明在《答顾东桥书》中指出，三代之时，天下之人所以能够和谐相处，如一家之亲，是因为在用人上做到"举德而任""视才之称"。

用人者"惟知同心一德，以共安天下之民，视才之称否，而不以崇卑为轻重，劳勉为美恶"；而被用者"亦惟知同心一德，以共安天下之民，苟当其能，则终身处于烦剧而不以为劳，安于卑琐而不以为贱"。由于社会的治理者"举德而任""视才之称"，当时的农、工、商、贾，各勤其业，各效其能，相生相养。（《王阳明集》卷二《答顾东桥书》）

（三）在处事上要"致其良知而言""致其良知而行"

王阳明在答聂文蔚书中写道："世之君子惟务致其良知，则自能公是非，同好恶，视人犹己，视国犹家"，"尧、舜，三王之圣，言而民莫不信者，致其良知而言也。行而民莫不说（悦）者，致其良知而行之也"。王阳明发出感叹："圣人之治天下，何其简且易哉！"（《王阳明集》卷三《答聂文蔚书其一》）

王阳明认为，社会的治理者在处理政务的过程中，如果能克制自己的私意和物欲，说话做事都能够致其良知，依着良知实实落落去做，该行则行，该止则止，当说则说，不当说的不说，整个社会的治理将简单得多，容易得多。今天的社会之所以难以治理，重要原因之一，在于有一些治理者所言所行不是出于良知，而是出于个人私欲，导致老百姓不满意。

王阳明还指出：后世，良知的学问未能得到推广，天下之人各用自己的私心巧智彼此倾轧。阴险诡诈的手段不计其数。一部分人以仁义为招牌，在暗处干着自私自利的事。他们用狡辩来迎合世俗，用虚伪来沽名钓誉；掠他人之美来作为自己的长处，攻击别人的隐私来显示自己的正派；因为怨恨而压倒别人，还要说成是追求正义；阴谋陷害，还要说成是疾恶如仇，妒忌贤能，还自认为是主持公道；放纵情欲，还自认为是爱憎分明。人与人之间彼此蹂躏，互相迫害，即使是骨肉之亲，互相也有争强好胜的心思，彼此间隔膜丛生，更何况对于广大的天下，众多的百姓，纷繁的事物，又怎么能把它们看作一体呢？如此，难怪天下动荡不安，战乱频繁而没有止境。（《王阳明集》卷三《聂文蔚书其一》）

二、"阳明心学"对公司治理的意义

王阳明以上所述，主要是针对社会的治理而言，我们把它引申到公司的治理，仍然有它的现实意义。企业组织的经营者如能修炼"万物一体之仁"，视经营者和员工为"命运共同体"，在教育上，倡导"利他之心"，在用人上，坚持"举德而任""视才之称"，在处事上，所言所行"致其良知"，这个企业就有可能和谐稳定，持续发展。

经营者学习"阳明心学"要把握的第二个要点是：面对公司治理，修炼"万物一体之仁"。何谓"万物一体之仁"？对于企业而言，讲"万物一体"，首先要视经营者与员工为一体，视本企业与上下游企业为一体。"仁者爱人"，经营者爱员工，员工才会爱经营者；本企业爱上下游企业，上下游企业才会爱本企业。

稻盛和夫在公司的治理上，视经营者和员工为"命运共同体"，对企业的和谐稳定与持续发展起了重要的促进作用。

（一）在教育上，倡导"利他之心"

稻盛和夫提出的"利他之心"，实际上就是"万物一体之仁"的另一种表述。这使经营者与员工之间，各部门之间心心相连，相互信任，相互依赖，形成了同伴意识、合伙人意识，从而保持了公司的和谐稳定。

（二）在用人上，坚持"举德而任""视才之称"

稻盛和夫在书中提道："我选择下任领导者，判断他是否适合的基准，就是看他拥有怎样的心根。所以，我所选拔的对象，既不是头脑清晰的人物，也不是知识丰富的秀才，而是根据我的判断，具备了优良人性的人。""不管才华多么出众,只要表现出'只为自己'的、野心式的人物,我是敬而远之的。我所推举的是多少有点愚钝,但既谦虚又勤奋的好人。"

(三)在处事上,所言所行"致其良知"

成立京瓷不久,他就将"作为人,何谓正确"当作经营判断基准。他对员工说:"作为经营者,如果我说了、做了作为人不正确的事情,请大家不要客气,直言相谏,纠正我。但是,当你们认为我的言行符合正确的为人之道时,就请大家一定要跟随我。"

第三节 面对市场变化,修炼"此心不动,随机而动"

王阳明不仅是一位杰出的哲学家、政治家,还是一位杰出的军事家。在征讨宁王的过程中,充分展现了王阳明的军事才能。平定宁王叛乱后,在谈到自己的用兵之道时,他总结了一句话:"此心不动,随机而动。"

为了领会王阳明的这句话,有必要粗略地了解一下这个平叛过程。

王阳明觉察到朱宸濠要攻占南京,再取北京,而南京和北京均未做好准备。为拖住朱宸濠,王阳明先是假造了一封总督两广军务的都御史杨旦发出的紧急公文,说奉命率领狼达士兵四十八万前往江西省府,后又亲自伪造了回复兵部的手抄文书,建议兵部的进攻方略是先发制人,只等朱宸濠率军离开南昌府,在前往南京的路上设下伏兵,攻其首尾,定能生擒朱宸濠。与此同时,王阳明派遣随员龙光前往吉安府安福县,将刘养正的妻女请到县城中款待,并让其家属把这个消息传达给刘养正,令朱宸濠对刘养正起疑。又派心腹拜访李士实家,迷惑其家人说,王阳明只是奉旨行事罢了,并非打算要与宁王为敌。就这样让朱宸濠疑心多日不敢出击。

王阳明利用拖住朱宸濠的这段时间,完成了各地队伍的集结。十多天后,在宁王率领大军刚刚攻下九江时,王阳明就一举攻下南昌。当宁王回军救援时,双方在鄱阳湖对峙,王阳明抓住叛军铁索连舟的弱点,使用火攻，将宁王的战船全都烧成渣，上演了明朝版的赤壁之战，还直接将宁王活捉。最终，这场宁王之乱被王阳明仅用三十五天就平定了。

在这个过程中我们可以看到，王阳明静观默察，看透了战局的趋势及背后各种力量的情况，看透了强大对手朱宸濠的心，因而能创造机会，抓住机会，取得胜利。这是"此心不动，随机而动"的一个生动的表现。

"此心不动，随机而动"指的是面对复杂多变的局势，能排除各种杂念，保持一颗平静的心，细致地观察各种相关因素的变化情况，并根据局势的变化采取相应的行动。

商场如战场，战场上需要"此心不动，随机而动"，商场上也需要"此心不动，随机而动"。

经营者学"阳明心学"应把握的第三个要点就是面对市场变化，修炼"此心不动，随机而动"。能修炼到"此心不动，随机而动"的境界，就能看清局势，就能看到机会，就能随机而动，取得胜利。

印度哲人克里希那穆提说："若想找到问题的答案，那么我们就必须要有平静的头脑，一个不编造思想、意象和希望的头脑。""如果一个人想要理解某个重要的问题，他应当将自己的倾向、偏见、恐惧、希望，以及他所受到的限制都置于一边，简单而直达地去觉察。"他的话，说得简单通俗一点，即是排除脑中浮现的各式各样的念头，专注于对当下之物的观察与倾听。这与王阳明说的"此心不动，随机而动"是相通的。

为什么要"将自己的倾向、偏见、恐惧、希望，以及他所受到的限制都置于一边"？因为这一切会影响我们对真相的认知。已经形成的"倾向、偏见"，会导致我们对事物做选择性的观察，只看到其中的某一方面，而忽略了其他方面，以偏概全。如对改革开放后中国经济发展的看法，有人看到了它带来的物质上的富裕，也有人看到了它带来的精神上的迷失。"恐惧、希望"也会影响我们对事物的客观认知。带着"恐惧"面对某一事物，你可能更多地看到事物中恐惧的一面，而带着"希望"面对某一事物，你可能看到事物中希望的一面。例如，对于体检中发现的一个肿物，有人看到了良性肿瘤，也有人看到了恶性肿瘤。

彼得·圣吉在《第五项修炼》中提到壳牌石油公司的案例，其企划部能提出新的经营发展战略，也是基于他们对整个市场的发展趋势和买卖双方的变化状况的静观默察。在石油输出国组织成立的前一年，也是能源危机开始的前一年。壳牌石油公司资深企划人员瓦克在观察分析石油生产与消费的长期趋势之后发现，当欧洲、日本与美国日益依靠石油进口时，伊朗、伊拉克、利比亚、委内瑞拉等石油输出国家的石油储备量正逐日下降。沙特阿拉伯甚至已达到石油生产的极限。这些趋势暗示历史上稳定成长的石油需求和供给，终将慢慢地转变为供给不足、需求过多，以及一个由石油输出国家控制的卖方市场。

为了说服公司的管理者，他们借助"情境企划技术"，设计出一套新的、未来可能的情境。他们先让大家明白，目前大家习以为常的"石油业将像往常那样继续下去"的看法，在不久的将来不可能站得住脚。再请这些管理者彻底思考，在未来新的情境中，必须如何处理可能的状况？譬如，如果价格上升，需求成长减缓，炼制厂的扩建就必须慢下来，同时长期的石油勘探必须扩展到新的国家。

当石油输出国组织突然在1973—1974年冬季宣布石油禁运政策时，壳牌石油公司与其他石油公司的反应不同。由于壳牌石油公司的管理者看清了自己进入一个供给不足、成长降低，以及价格不稳定的石油新纪元，由于他们已经预见20世纪70年代将会动荡不安，他们有效地回应了动荡。

第三部分

学习『稻盛心学』，修炼『六颗心』

稻盛和夫既是一个企业家，也是一个哲学家。稻盛和夫创立了两家世界500强企业，京瓷和KDDI（第二电电株式会社），被称为日本的"经营之圣"。稻盛和夫出版了《京瓷哲学》《活法》《心——稻盛和夫的一生嘱托》等哲学著作，在企业界和学术界产生了巨大的影响。任正非等企业家和陈春花等管理学者对稻盛和夫都怀有敬仰之心。

稻盛和夫在2020年出版的《心——稻盛和夫的一生嘱托》一书，是他80多年人生经验的总结，是他超过半个世纪经营实践的智慧结晶，是他全部心学理论的总结和提升，也是他留给新一代经营者的"嘱托"。

稻盛和夫的成功，根本原因在于他在经营中能够自觉地修炼"感谢之心""谦虚之心""利他之心""知足之心""强大之心""坚韧之心"，能够"贯彻正道""培育美好心根"。他在遇到灾难时能怀抱"感谢之心"，接受现实，跨出新的一步；在取得成就时能怀抱"谦虚之心"，想到自己能做的事情别人也能做，取得的财富也是由自己暂时存放而已；在面对利益时，他能怀抱"利他之心"，既考虑自身的利益，也考虑对方的利益；在面对欲望时，他能怀抱"知足之心"，节制自己的欲望，KDDI成立之后，作为公司创办者的他手上连一分股票都不持有，而是给一般的员工提供了购买股票的机会，让员工们从KDDI中获得资本收益；在遇到障碍时，他能怀抱"强大之心"，相信自己"一定能跨越"；在遇到挫折时，他能怀抱"坚韧之心"，"永不放弃"。为此，我们要学习"稻盛心学"，修炼"六颗心"。

第九章 一切始于心，终于心

第一节 稻盛和夫对经营者的"赠言"

稻盛和夫既是一个企业家，也是一个哲学家。国学大师季羡林曾说，根据自己七八十年来的观察，既是企业家又是哲学家，一身而二任的人，简直如凤毛麟角，有之自稻盛和夫始。

作为企业家，稻盛和夫创立了两家世界500强企业，京瓷和KDDI（第二电电株式会社），在2010年以78岁的高龄接手日航，仅用一年时间就让破产重建的日航扭亏为盈，成为2010年世界利润率最高的航空公司。因此，稻盛和夫被称为日本的"经营之圣"。

一、稻盛和夫是企业界的一位哲学家

和一般企业家不同的是，稻盛和夫不仅从事企业经营的实务，而且在经营中不断地进行哲学的追问和思考，如什么是宇宙之心，什么是人生的目的，经营的成败与人的心性有什么关系，面对经营中遇到的障碍和失败应该保持一种什么样的心态，对经营中各种事物的判断应该以什么为基准，如何培育美好的心性……他把这一连串追问和思考的结果记录下来，积累

起来，逐步形成自己的心学理论，从而成为企业界的一位哲学家。

作为哲学家，稻盛和夫出版了《京瓷哲学》《活法》等哲学著作，2020年又出版了《心——稻盛和夫的一生嘱托》（以下简称《心》）。这本书是他的全部心学理论的总结和提升。

二、稻盛和夫写《心——稻盛和夫的一生嘱托》一书的目的

他在书的"中文版序"中说明了写这本书的目的。他说，写这本书是为了将自己"在迄今为止的人生中""体悟出来的"一个"不会随时代变迁而变化的真理""告诉肩负下一时代使命的人们"，"让我们的人生变得更加美好"，"让这个纷乱的社会变得更好一点"。

三、稻盛和夫给经营者们留下的"赠言"

稻盛和夫给新一代的经营者们留下什么样的"赠言"呢？用一个字来概括是"心"，用他的一句话来概括是"一切始于心，终于心"，用通俗的一句话来概括是人生成败的根本原因在于"心"。

"稻盛心学"告诉我们，经营者要获得成功，一是要领悟人生成败的根本原因在于"心"，二是要修炼"六颗心"（感谢之心、谦虚之心、利他之心、知足之心、强大之心、坚韧之心），三是要解决两个重要问题（"贯彻正道""培育美好心根"）。

第二节 一切始于心，终于心

稻盛和夫的人生与事业并非一帆风顺，在《心》一书中，他是这样说的："从少年时代起，经历青年时代，一直到踏入社会，我做什么事情都不顺利，我的人生是挫折和失望的连续：小学考初中两次没考上，患肺结核卧病在床，高中考大学失利，此后的就职也很不如意。"就是在这种情况下，

他创办了一家街道小厂（即后来的京瓷）。

稻盛和夫之所以能够从创办一家街道小厂，发展到成功创立两家世界500强企业，成为日本的"经营之圣"，与他在"心学"上的修炼有着密切的联系。他从自己的经营实践中体会到，人生成败的根本原因在于"心"，在于能不能"提高心性"，"让它变得更纯粹，更美好"。

一、人生成败的根本原因在于能不能"提高心性"

稻盛和夫在"中文版序"中提出，人生中的成功或者失败，归根结底，取决于"能不能提高自己的心性，让它变得更纯粹，更美好"，或者说，"能不能把自己的利他之心发挥出来"。

他在"前言"中又提出，"人生的一切都是自己内心的投射"，犹如电影放映机将影像投映到屏幕上一样；"心灵驱动现实"；"人生由心开始，到心终结，这是我八十多年的人生中证得的至上智慧，也是度过美好人生的究竟秘诀"。

何谓"心灵驱动现实"？"心灵驱动现实"并不是说你心里想什么，就能得到什么，那是吸毒品可能产生的幻觉，而不是现实。"心灵驱动现实"指的是你的心灵专注于某一件事情，你在行动上会为这件事付出更多的时间和精力，从而推动这件事的实现。有人说，"你的时间和精力在哪里，你的人生就在哪里"。这是有道理的。

在书的结尾部分他又进一步提出，"一切始于心，终于心"，回顾过去，在超过半个世纪的岁月里，他将自己奉献给了企业经营这项工作，这条道路绝不是轻松的安全的道路。回顾来路，犹如走在那悬崖峭壁之上，不由得脊背发凉。尽管如此，他还是抱着一种安静的平稳的心走到了今天，这是因为他有一种信念："只要怀抱纯粹而美好的心灵去面对现实中的问题，就没有任何过不去的坎。只要时时磨炼心性，不断自我提升，那么不管遭遇怎样的苦难，命运之神一定会回报温暖的微笑。"

稻盛和夫一再强调，"一切始于心，终于心"。"一切"指的是人生或经营中的一切行为；"始于心"指的是一切行为的发动都是源之于心，有什么样的心态就会有什么样的行为，用阳明先生的话说是"心为身之主宰"；"终于心"指的是一切行为的终局也是源之于心，源之于做事的动机和做事的心态。经营者的行为源于美好的心灵，所做的事情就比较容易成功，经营者的行为源自不纯的心灵，所做的事情会比较难推进，即使一时成功，也难以持久。

稻盛和夫提出"一切始于心，终于心"，与他小时候的人生体验有关系。

当稻盛和夫还是小学生的时候，不幸患上了肺浸润，那是肺结核的初期症状，对于幼小的他来说，那种体验如同凝视黑暗的死亡深渊。他苦恼自己的不幸，想到父亲与哥哥，觉得他们又是那么的"幸运"。因为在他自己的家族中有两个叔父、一个叔母都死于肺结核，所以由于害怕被传染，每次经过患病卧床的叔叔的小屋时，总是飞快地跑过。

父亲与哥哥却有不同的想法和经历。父亲毫不畏惧地决定由他一个人来照顾患病的亲人，哥哥则认为哪有那么容易感染呢，因此他根本不把这件事放在心上。结果父亲和哥哥都没被传染，只有年幼的稻盛和夫被病魔击倒了。这件不幸却又万幸的事，在他幼年以及后来的成长岁月中，留下了有关"心"的哲学理念。

他在中学时期"纸袋行商"的成功，又为他上了一课。他在多年后回头看这件事时，体悟到这次成功的根本原因也在于"心"，在于"动机良善"。

他认为，企业的成功，决定于企业的领导者，而领导者的成功决定于个人的"心根"，决定于个人的"性格与思维方式"，决定于个人在经营管理过程中面对各种事物所持有的"心态"。稻盛和夫带领两个企业进入500强，源于稻盛和夫自己有纯洁美好的心灵，且能让员工的心灵变得更加美好。

在重建日航期间，他不是靠金钱的刺激，而是超越经营战略战术的层次，在哲学的高度上，从提升全体员工的心性着手，把企业几万人的力量和智慧充分调动并发挥起来，使宣布破产重建的日航在短短一年的时间内，将业绩从谷底飙升到顶峰，在全世界航空业内名列第一，且遥遥领先，十年来持续保持世界第一高收益。稻盛和夫重建日航成功的秘诀同样在于"心",在于使员工的心灵变得更美好,在于发挥心的力量。

二、如何"提高心性","让它变得更纯粹,更美好"

(一)什么是"纯粹而美好的心灵"

稻盛和夫提出,"纯粹而美好的心灵"就是一颗"为他人着想,为他人努力的善良之心,我们可以用'真善美'三个字来表达"。具体来说,就是他在书中提到的"感谢之心""谦虚之心""利他之心""知足之心""强大之心""坚韧之心"。就是面对人生中经营中遇到的各种问题应该持有的正确心态。其中核心的是"利他之心"。

稻盛和夫提出的"善良之心",就是中国老百姓日常所说的"良心",一个人的良心体现在为人处事的方方面面,也是多侧面的,核心是"利他之心"。

(二)如何让心灵"变得更纯粹,更美好"

所谓"更纯粹,更美好",指的是通过心灵修炼,不断减少心灵中不美好的成分,不断增加美好的成分。比如,不断减少抱怨之心、骄傲之心、利己之心、贪婪之心、脆弱之心;不断增加"感谢之心""谦虚之心""利他之心""知足之心""坚韧之心"。

稻盛和夫提出,"反省自己的思想,反省自己的行为举止,由此尽力抑制利己心,抑制充满欲望的那个恶我,让那个充满利他心和关爱之心的善的我呈现"。"这样的努力可以磨炼灵魂,提高心性,也可以陶冶情操,让人生变得更为丰富、美好"。

稻盛和夫是这样说的,也是这样做的。例如,他也有过傲慢之心,认为自己是公司的创始人,对公司发展有重大贡献,因此,拿现定年薪的几倍也不过分,但他很快就意识到那是一种傲慢心态,并进行深刻的自我诫勉。

事实表明,人的心灵中有不同的成分,有美好的,也有丑陋的,减少丑陋的,增加美好的就是"心性的提高";而在这个过程中,丑陋的和美好的会同时存在,是美好的战胜丑陋的,还是丑陋的战胜美好的,这就需要"灵魂的磨炼"。

王阳明先生提出"去人欲、存天理",教导弟子不断减少私欲,不断存养天理,也是为了让心灵变得更纯粹,更美好,为了修炼至纯至善之心。英国思想家埃伦提出:"出色的园艺师会翻耕庭院,除去杂草,播种美丽的花草,不断培育。"他说的是同样的道理。

第十章　经营者要构筑人生的基础

第一节　面对逆境，修炼一颗"感谢之心"

稻盛和夫提出，人生旅程都是一出波澜万丈的戏剧，其中既有充满荣光、极尽欢喜的时光，也有遭遇苦难、咬牙忍受的日子。我们应该如何度过这样的人生呢？

他认为，构筑人生的基础，就是要修炼"感谢之心""谦虚之心"，全神贯注投入工作是"心灵修行"的最好方法。

一、修炼"感谢之心"对人生有极其重要的意义

稻盛和夫提出，"无论何时何事，都以感谢之心应对——这其中实际上隐含着极其重要的意义"。

他在一次接受采访时说，人类生存于森罗万象的大千世界当中，只有当我们对所有事物都怀有感恩之心时，我们才能够得到救赎。因为产生了感谢之心，就可以自然地感受到幸福。

他还指出，感谢的情绪能够美化心灵，从而使命运本身变得光明，总是心怀不满、满腹牢骚，就会使人生陷入黑暗和不幸。要坦诚地对目前拥

有的东西表示感谢，不要徒劳地抱怨、不满，这样做可以使自己和周围的人更加平和，更加幸福。

柯云路在《与你的身体对话》一书中介绍了一种"大爱健身法"，说明以感谢之心对待人生的疾病，能改变你的心态，能缓解甚至治好你的某种病痛。他讲了这么一件事：一位朋友多年胃病，尝试过多种治疗方法还是时好时坏。一次一起吃饭时他又胃痛了，而且痛得厉害。他说："我的胃真是很糟糕。"我问他经常这么讲吗？他说经常这样讲。我说，能不能换个讲法呢，比如你对它说："几十年让你辛苦，真对不起。你其实很了不起，我得感谢你呢。等等之类的话。"朋友说："这样讲有用吗？"我讲了我的研究结果。他摇头说，自己这会儿正胃痛得厉害，说不出来。我说，你不妨试着说说吧，别管胃有多痛，你说你的，尽量笑着对它说。在我的劝导下，朋友捂着胃忍着痛开始讲了。第一遍似乎没有什么效果，我告诉他其中的技术要领，他按我的指导再做，奇迹发生了，胃痛竟然消失了。朋友一时有些不敢相信，摸了又摸，体会了又体会，觉得"真怪了！"于是，我将这套"大爱健身法"传授给他。之后他每天认真操练，胃痛不但再没犯过，还用这个方法对待自己的眼睛、颈椎，一段时间后，多年的视疲劳、颈椎痛也不治而愈了。

二、如何修炼"感谢之心"

在人的一生中如何修炼"感谢之心"？稻盛和夫认为，只要活着，就必须感谢，对苛刻的客户要心怀感谢，遇到灾难时也要以感谢之心应对。

（一）只要活着，就必须感谢

稻盛和夫认为，"只要活着，就必须感谢"，这是因为"周围的一切都在支撑和帮助我们"。

他对员工说，我们能有今天，能尽情工作，离不开顾客、供应商、同事以及家人等周围人的支持，仅凭我们自己是不可能做到的。不要忘记周围人的帮助，对他们怀抱感恩之心，彼此成为互相信赖的伙伴，一起推动事业的发展，这才是最重要的。

他在八十多年的人生中一直坚持这么做。在各种时候，比如在早上洗脸时，有一种莫名的、美妙的幸福感突如其来时，或者在品尝到美味实物时，在诸如此类的情景下，稻盛和夫的耳边都会响起"南曼，南曼，谢谢"这句话。

（二）对苛刻的客户要心怀感谢

稻盛和夫认为，困难能使我们得到锻炼，因此，"对苛刻的客户要心怀感谢"。

京瓷从松下集团得到的订单，无论交期和品质方面的要求，都有十分严格的规定，除此之外，每年都有苛刻的降价要求。

稻盛和夫对松下每年都能给订单心存感激，依对方的价格照单全收，为了挤出利润，绞尽脑汁，拼命努力。不久之后，京瓷进入美国市场，从美国半导体公司获得了订单。原因是京瓷的产品与当地同行相比，不仅品质远远超越同行的产品，而且价格低廉。想到这一切，稻盛和夫从心底升起了对松下的感谢之情，"感谢您锻炼了我们"。

同样，从松下集团那里获得零部件订单合同的同行中，有些人总是愤愤不平，一味抱怨松下"欺负供应商"。这些企业很多都消失了。

（三）遇到灾难时也要"以感谢之心应对"

稻盛和夫提到，遇到灾难时要感到高兴，要乐于感谢。

当灾难到来时，"如果我们的心态不对，就可能招来更大的灾难"。避免这一点的方法就是"愉快"地接受灾难。

现实中有不少这样的例子，有的人在面对逆境时，因为不能坦然接受，并跨出新的一步，结果导致更大的灾难。例如，有的人因高考落选或恋爱失败，就抱怨命运不好而走上绝路。

松下幸之助曾提到一件事。有一次招聘人才，他面试时对其中的一位应聘者很满意。没想到人事部门根据各项考核分数的统计确定的录取名单中没有这位应聘者的名字。他交代人事部门查一下具体情况，这才发现原来是分数统计错了。松下要人事部门赶紧把这个人找回来，意想不到的是，这位应聘者因没有被录取就自杀了。人事部门为这件事感到惋惜，松下却说，好在这个人没有招进来，这么脆弱的人难有什么作为。

最近，瑾一在"北驿"公众号上发了一篇原创文章，题目为《29岁硕士为情自杀》，其中描述了这么一件事：七夕过去没多久，就传来一条令人痛心的消息，2020年6月的一天，一位刚被资助上完学的29岁硕士毕业生，因受不了女朋友与其分手的打击，留下18篇感情日记后，爬上××大桥的桥栏，几乎没有犹豫，纵身跳入漆黑一片、深不见底的珠江……由此看出，这位硕士毕业生在面对逆境时未能接受现实，跨出新的一步，结果不仅给自己，也给生他养他的父母招致更大的灾难。这也告诉我们，在人生的路上，单懂得专业知识技能还不够，还要懂得心灵的修炼，懂得在什么情况下应该持有什么样的心态，并在所遇到的不顺心不如意的"事"上磨炼自己，以理性化的自己战胜情绪化的自己。

第二节　面对顺境，修炼一颗"谦虚之心"

人生的路上，可能遇到逆境或遭受灾难，也可能遇到顺境或取得成就。在遇到逆境或遭受灾难时，要修炼"感谢之心"；在遇到顺境或取得成就时，要修炼"谦虚之心"。谦虚之心能让你在顺利发展或取得成就时，没有傲慢姿态，因而能获得别人的帮助，而不致因别人的嫉妒怨恨而受到伤害。

一、谦虚是幸福人生的"护身符"

稻盛和夫提出，"谦虚是幸福人生的护身符"，抱有谦虚之心就能远离灾难。人的一生中，当事情进行得顺利，加上周围人的吹捧，内心就会飘飘然，如同断了线的风筝一样，到处乱飞，这就是一些人的本性。如果这种情况持续，就会在不知不觉中变得傲慢，对别人也会采取蛮横无理的态度。其结果，必然招来别人的怨恨，给自己带来祸害。

他还指出，随着社会的发展，持有"自我中心"价值观的人越来越多，这种人总是沉醉于自己微不足道的成功之中，并骄傲自满，这样就得不到周围人的帮助，并且妨碍自己的进步。

稻盛和夫说："年轻的时候，我知道了中国的一句古话，'惟谦受福'。不谦虚就不能得到幸福，能得到幸福的人都很谦虚。从京瓷公司还是中小企业的时候起，我就崇尚谦虚。公司经营顺利，规模扩大，人往往会翘尾巴，傲慢起来，但我总是告诫自己，绝对不能忘记'谦虚'二字。"

二、如何修炼"谦虚之心"

稻盛和夫曾经也产生过骄傲之心，认为"靠我的才能创建了公司，创造利润也是凭了我的才干，因此就是拿现在几倍的年薪也无可厚非吧"。但是，他很快就意识到那是一颗正在变得傲慢的心，因而进行了深刻的自我诫勉。他从以下两个方面告诫自己。

第一，自己拥有的才能和能力，绝不是自己的私有物，那不过是"偶然被赐予的"。自己所扮演的角色，由其他人来承担，也丝毫没有不可思议之处。

事实上也是这样，一个人能够坐上高位，并在这个位置上通过无数的历练，提升自己的才能和能力，其原因，一方面离不开自己的努力，一方面也离不开某种机缘巧合，或者说是运气。换另外一个人，是不是就胜任不了这个职务，做不出这样的业绩，也不一定。因此稻盛和夫才说，由其他人来承担，也不是不可思议。

稻盛和夫说："自己拥有的才能和能力，绝不是自己的私有物。"这话也是有道理的，因为一个人的成长离不开所在组织为他提供的资源和条件。离开了所在组织这个平台，个人的成长就失去了土壤，在这个意义上讲，"自己拥有的才能和能力，绝不是自己的私有物"。

第二，金钱、地位和名誉，不过是"现时一世寄存在我们这里的东西"，而当这一世的生命终点来临时，我们应该毫不留恋地"将这些寄存之物还给上天"。

稻盛和夫认为，既然金钱、地位和名誉，不过是"现时一世寄存在我们这里的东西"，终究要"还给上天"，所以金钱、地位和名誉也不应作为骄傲的资本。

他在修炼中体悟到，在生活和工作中抱这样的想法，骄傲自大就会在心中消失，内心就会充满感谢和谦虚。

华为的任正非也是一个善于自我诫勉的人。他说："人感知自己的渺小，行为才开始伟大。""也许是（感觉）自己无能、傻，才如此放权，使各路诸侯的聪明才智大发挥，成就了华为。""业界老说我神秘、伟大，其实我知道自己，名实不副。我不是为了抬高自己而隐起来，而是因害怕而低调的。真正聪明的是十三万员工，以及客户的宽容与牵引，我只不过用利益分享的方式，将他们的才智黏合起来。"

第三节　在工作中全神贯注是"心灵修行"的最好方法

稻盛和夫认为，心灵纯洁的人更能获得成功，在工作中全神贯注是"心灵修行"的最好方法，当心灵处于纯粹的状态时，就可能突然冒出不知来自何处的智慧的语言（灵感）。

一、心灵纯洁的人更能获得成功

稻盛和夫在讲话和文章中多次引用英国思想家詹姆斯·埃伦的一段话：有一种倾向，"不管是眼前的目标，还是人生的目的，心灵纯洁的人总是远比心灵肮脏的人更容易达成"。（《原因与结果法则》）

稻盛和夫认为，以纯粹的动机发起挑战，不懈努力，持之以恒，就能顺利完成大家都认为难以完成的工作。

二、在工作中全神贯注是"心灵修行"的最好方法

稻盛和夫提出："认真努力，指的是全身心投入某项工作的态度，而这种努力的态度能够完善一个人的人格和人性。或许正因为如此，释迦牟尼佛祖才把'精进'作为修行的首要法门。"

他反复强调，净化心灵、美化心灵的最好办法，就是全力以赴，全神贯注地投身于眼前应做的工作。全身心投入工作时，各种杂念就不会浮现，犹如禅僧坐禅一样，当下的心灵会变得纯洁美好。只要将全部精力投入眼前的工作，"在当下这个瞬间极度认真，极度专注，就是任何方法都无法替代的精神修行"。

他还提出，我们从心底品尝到的真正的快乐，就在工作之中。只有在认真努力、埋头苦干并有所成就时，我们才能体味到其他任何东西都无法替代的、真正的欢喜和快乐。对工作漫不经心，而想从娱乐和兴趣中寻求快乐，结果可能会有一时的快感，但绝不会获得真正的喜悦。如果不能从占人生比重最大的工作中获得充实感，那么，我们必将感到空虚和不足。

他指出，名家达人不仅专业水准高超，其心灵及精神状态也达到了崇高的境界。如果一个人只是能够制造出一流的物品，我们只能说他技艺精湛，还不能称其为名家。不仅技艺高超，还能把自身的心灵状态反映到精美的作品中，让人感动和触动。这样的人才算是名家达人。要想达到这样的境界，只能通过认真努力、埋头苦干。

他讲了自己的真切体验："当我这样全神贯注地投入工作时，杂念从心中消失了，我甚至接近了无我的状态，就如同修行僧在坐禅中达到了无的境界，思想中的杂念从头脑中被清除，心灵进入了纯净状态"。"当心灵处于纯粹的状态时，就会突然冒出不知来自何处的智慧的语言，也就是好的想法"，即我们常说的灵感。

有一次，为了看清楚陶坯究竟是怎样翘曲的，他在炉子后面开了个小孔，透过小孔窥探炉内的情况。他认真观察陶坯的一系列变化，包括其翘曲程度与烧制温度的关系。结果发现，翘曲程度果然会随着温度的升高而

加剧。不管重复多少次实验，它都像个活物一样，在炉中蜷曲变形。他看着看着，实在沉不住气了，突然产生了一股冲动，想将手通过小孔伸进去，从上面把陶坯压住。就在他想把手伸进炉内将陶坯压住的瞬间，突然灵感闪现——"在高温烧制时，只要从上面将它压住，不就翘不起来了吗？"全神贯注引发的灵感又一次帮他解决了研发中的难题。

他还讲了一位木匠的故事。这位木匠从事庙宇神社的修建工作长达数十年，整天与树木相对，与树木交流，为修造卓越的建筑倾注精力，一心一意。稻盛和夫说："这种行为本身，就是在提升人格。"

稻盛和夫提到的修行僧的生活方式，除了念经，就是砍柴、挑水、做饭等，这一切都是精神修行，都是在修炼一颗净化的心。有人问，修行前和修行后有什么不一样？修行僧的回答是：修行前，往往是砍柴时想着挑水，挑水时想着做饭；修行后，砍柴时想着砍柴，挑水时想着挑水，做饭时想着做饭。

稻盛和夫教员工在全神贯注投入工作中修行与王阳明教弟子静坐的修炼功夫有相通之处，其基本方法都是"专注当下，排除杂念"。

第十一章 经营者要"动机良善"

第一节 面对利益,修炼一颗"利他之心"

稻盛和夫认为,经营者要获得成功,首要一条是动机良善。经营者要修炼利他之心、知足之心,要将自己的财富和才能回馈社会。

稻盛和夫从自己的经营实践中体悟到,如果动机是利己的,或邪恶的,那么不管多么努力,事情就无法顺利推进。如果动机是良善的,事情自然就会朝好的方向发展。

一、利他之心能结出善果,并返回自己身上

(一)"利他之心"符合宇宙的意志

稻盛和夫认为,"宇宙之心"是利他的,"宇宙中有一种意志在发挥作用,它引导一切事物走向幸福,它促进一切事物不断成长发展"。"当我们拥有帮助一切事物向着更好的方向前进的愿望,拥有帮助他人获得幸福的美好心灵时,就与宇宙之心产生了和谐共鸣,就能自然而然地将事物导向更好的方向"。

稻盛和夫还说："世界上有许多的企业家，无论你的规模有多大，无论你积累了多少财富，无论你信奉何种宗教，你的境界在哪层最为重要。企业家的最高境界就是敬天爱人。'敬天'就是尊重自然、尊重科学、尊重法律和社会伦理办企业；'爱人'就是办企业要造福人类，促进人类的进步和发展，要至善，要利他。"

在他看来，"敬天"首先是要尊重自然，尊重宇宙的意志；而"爱人"则是要造福人类，要"至善"（儒家学说提出"止于至善"）。"敬天爱人"，即是要尊重宇宙的意志，"将利他之心发挥出来"。

"稻盛心学"与"阳明心学"有许多相通之处，王阳明倡导"致良知"的目的在于"为善去恶"，稻盛和夫倡导"敬天爱人"的目的在于"至善""利他"；王阳明认为，人有"良知"也有"私欲"，要去除私欲的遮蔽，使良知"发用流行"，稻盛和夫认为人有"利他之心"和"利己之心"，作为常人要减少利己之心，增加利他之心，将利他之心"发挥出来"。

（二）"利他之心"能使"燃烧的斗魂""变得坚定而不可动摇"

稻盛和夫提出，想要成就某项事业，不是只用亲切的关爱之心就能顺利推进，还必须具备"无论如何非达成目的不可的燃烧般的热情"和"不惧任何困难，果敢突进的强大意志"，而正是基于善良的利他之心，这种"燃烧的斗魂"才会变得"坚定而不可动摇"。

（三）"利他之心"会结出善果，并返回自己身上

有人提出："在严酷的商业社会，靠利他之类的东西，能经营好企业吗？"

稻盛和夫的回答是，正因为是在剧烈竞争的商业社会，利他之心才特别重要，这是因为，利他的行为会让自己受益，以利他之心发起的行动，早晚会结出善果，并返回自己身上。

稻盛和夫讲起在30年前的一件事，当时，京瓷出手救助了一家陷入经营困境的风险企业，他把心血倾注在这家企业的重建上，使其扭亏为盈，成为京瓷机器制造业的一部分。十几年后，京瓷又吸收合并了一家濒临倒闭的复印机公司，而承担重建工作的核心人物，就是当年那家风险企业的原厂长。他在就职词中说："我曾经是被救助的一方，现在站在了救助别人的位置上，我禁不住产生这种感觉，命运是多么不可思议啊！"

微信公众平台上有一篇文章，题目为《一个真实的故事：善有善报》，其中讲述了这样一个故事：100多年前的某天下午，在英国一个乡村的田野里，一位贫困的农民正在劳作。忽然，他听到远处传来了呼救的声音，原来，一名少年不幸落水了。农民不假思索，奋不顾身地跳入水中救人。孩子得救了。后来，大家才知道，这个获救的孩子是一个贵族公子。几天后，老贵族亲自带着礼物登门感谢，农民却拒绝了这份厚礼。在他看来，当时救人只是出于自己的良心，自己并不能因为对方出身高贵就贪恋别人的财物。老贵族因为敬佩农民的善良与高尚，感念他的恩德，于是，决定资助农民的儿子到伦敦去接受高等教育。农民接受了这份馈赠，能让自己的孩子受到良好的教育是他多年来的梦想。农民很快乐，因为他的儿子终于有了走进外面世界、改变自己命运的机会；老贵族也很快乐，因为他终于为自己的恩人完成了梦想。多年后，农民的儿子从伦敦圣玛丽医学院毕业了，他品学兼优，后来被英国皇家授勋封爵，并获得1945年的诺贝尔医学奖。他就是亚历山大·弗莱明，青霉素的发明者。那名贵族公子也长大了，在第二次世界大战期间患上了严重的肺炎，但幸运的是，依靠青霉素，他很快就痊愈了。这名贵族公子就是英国首相丘吉尔。

故事告诉我们，农民与贵族，都在别人需要帮助的时候伸出了援手，却为他们自己的后代甚至国家播下了善种。人的一生往往会发生很多不可思议的事情。我们帮助别人，结出的善果迟早会返回自己身上。

无数事实证明，以利他之心做利他之事迟早会结出善果，并返回到自己身上，以损人之心做损人的事迟早会结出恶果，并返回到自己身上。夫妻之间、朋友之间、邻居之间、企业之间、国家之间，莫不如此。企业的经营者与员工之间，微信群的群友之间，军队的官兵之间，国家的统治者与老百姓之间，也莫不如此。这就是说稻盛和夫所说的，"利他之心"有强大的力量，能推动事业走向成功的道理。

二、"利他之心"的修炼

（一）稻盛和夫作为经营者的原点蕴含着善良的动机

稻盛和夫作为经营者的原点，是他在读高中时的一次纸袋生意的体验。多年后他回顾当时的情况，思考成功的理由时，忽然悟到了一个道理：其他的事情，几乎全都是为了自己，满足自己的欲望，自我保护，或者是获得别人的好评，因此都不顺利。与此相反，只有纸袋行商出于帮扶家计，守护家人的目的，是从关爱他人出发的行为，"其中蕴含着善良的动机"。

稻盛和夫在书中这样回忆他高中时代所从事的"纸袋行商"是如何获得成功的。他们家本是以印刷业为生的，但是在第二次世界大战（以下简称"二战"）的空袭中，家和工厂都被烧毁。一直辛勤工作的父亲，因失去房屋而失魂落魄。母亲卖掉自己的和服等物品，辛苦筹措，支撑贫困的家庭，养活家人。但是上高中的他依然放学后和同学去打棒球，直至母亲发火，对他说："你跟那些和你玩的同学不一样，我们家境不宽裕。上了高中，你还只顾着玩耍……"看到母亲悲伤的表情，大受刺激的他开始了"纸袋商行"之路。正是这突如其来的困难，磨炼了他的意志和心性，让他在高中时代就经历了纸袋行商"拯救"家庭和作为成功经营者的傲人经历。多年后，他回顾当时的情况，思考成功的理由时感悟到：帮扶家计、守护家人是他做"纸袋商行"的初心。也就是说，其中蕴含着"善意的动机"，因此，他走向了成功。

（二）从"利己"转变为"利他"是他作为经营者的重生

京瓷创建之初，稻盛和夫的经营动机是把个人的技术发扬光大，是为了实现自己作为一个技术人员的个人梦想，但是在创业的第三年发生了一件事，使他不得不重新思考公司存在的意义。十余名上一年录用的高中毕业的员工，递交了一纸要求书，罗列了加薪、奖金额度等待遇改善及未来保障等要求，且态度强硬。他们说，如果不答应这些要求，就全体辞职。经过三天三夜的促膝长谈才算解决了这一问题。

经过彻底思考，稻盛和夫得出一个结论：公司的存在，不是为了实现自己的个人抱负，而是为了守护员工的生活，给他们带来幸福的人生，这才是公司的使命。他深有感触地说："将京瓷的存在意义从利己转变为利他，可以说，那是我作为经营者重生的瞬间。"

京瓷后来的急速成长，就建立在追求全体员工的幸福这一坚实的利他基础之上。

（三）实现全体员工的幸福是经营者"根本的利他精神之所在"

稻盛和夫提出，公司首先是为了在其中工作的员工而存在的，企业经营的目的就是要实现全体员工的幸福，"这是企业经营中根本的利他精神之所在"，用这样的理念去经营企业，就能与员工产生共鸣，获得他们的认同，他们会不惜一切努力予以协助。

（四）经营者要在经营中磨炼心性，提升人格

稻盛和夫提出，在我们每个人的心里，既有"只要对自己有利就行"的利己心，也有"即便牺牲自己也要帮助他人"的利他心。仅凭利己之心判断事物，因为只考虑自己的利害得失，所以无法得到别人的帮助。以自我为中心，视野狭窄，容易做出错误的判断。相反，以利他之心做判断，因为是"为他人好"，所以能够获得周围人们的帮助。同时，因为视野开阔，所以就能做出正确的判断。

他指出，不论遇到什么事，人最初反应往往出于本能，要停一停思考"作为人，何谓正确？"才能以真我做出判断。当面对"买不买""卖不卖""是否该答应帮忙"等问题时，我们总是会瞬间做出判断，这种判断是我们本能做出的。在判断前，我们可以先深呼吸一下，把这"本能判断"暂且搁一边，然后想："等一下。稻盛和夫先生说过，要以利他之心做出判断。我不能只想着自己是否能赚钱，还要考虑对方的利益得失。"在得出结论前设置一个"缓冲器"，在真正确信自己的想法能够"利己悦人"后，才允许自己做出最终判断。在"思考"这一过程中预设一个"理性的程序"，是非常重要的。

何谓"利己悦人"？笔者认为，经营者是商人，是做生意的，难免要考虑自己能不能赚钱，企业不赚钱，做亏本生意，企业根本活不下去，更不要说发展。从这个角度讲，要求经营者毫不利己、专门利人是行不通的。然而，经营者过于利己，只考虑自己的利益，不考虑客户和相关方的利益也是行不通的。你不能取悦客户，不能满足客户的诉求，不能为客户创造价值，你是赚不到客户的钱的。因此，经营者要做到"利己悦人"，只想着自己怎么赚钱，不想着怎么去取悦客户的企业是活不长久的。

他还指出，如果在思考问题时仅仅基于本能，就可能会做出损人利己的事，而这会成为日后发生严重问题的导火索，相反，如果以利他心进行思考判断，对客户说，"我不会让你买贵了的，我会给你提供合理价格的"，这么做似乎有点吃亏，但日后势必能给双方带来共赢的结果。

他一再教导自己的员工，在经商时，要摒弃"自己好才是真的好"的利己之心，应该考虑周围人及买卖双方的利益，从而得出理想的结论，实现"大家都好"的共赢局面。在做生意时，一定要遵循该原则。"在让自己活下去的同时，也给予对方生存空间"。这便是地球上所有生物共生共存的理念，而这种理念便是利他的体现。

何谓"共生共存"？稻盛和夫认为，买卖双方构成一个共生共存的生态系统，因此，"在让自己活下去的同时，也给予对方生存空间"。

任正非在华为创业 20 周年时对运作与交付体系讲的"深淘滩，低作堰"就体现了共生共存的理念。他说，李冰留下"深淘滩，低作堰"的治堰准则，是都江堰长盛不衰的"诀窍"。其中蕴含的智慧和道理，远远超出了治水本身。华为公司若想长存，这些准则也是适用于我们的。深淘滩，就是不断地挖掘内部潜力，降低运作成本，为客户提供更有价值的服务。低作堰，就是节制自己的贪欲，自己留存的利润低一些，多一些让利给客户，以及善待上游供应商。将来的竞争就是一条产业链与另一条产业链的竞争。从上游到下游的产业链的整体强健，就是华为生存之本。

稻盛和夫还特别指出，利他之心存在于我们的灵魂之中，利己之心也存在于我们的灵魂之中，而我们凡人能做的，就是尽可能降低自我，即利己之心所占的比例，尽可能地增加真我，即利他之心所占的比例，而这正是磨炼心性，也就是提升人格的过程。

第二节　面对欲望，修炼一颗"知足之心"

稻盛和夫提出，具备知足之心，人生就能变得幸福美好。管理者修炼知足之心，组织和社会变得更加和谐。经营者要节制欲望，避免走向崩溃。

一、具备知足之心，人生才能变得幸福美好

稻盛和夫提出，不管物质条件如何充裕，如果无限度地追求欲望，就会感觉不足，心中就会充斥着不满，就无法感受到幸福。相反，即便是在物质匮乏、一贫如洗的状态下，如果具备知足之心，就仍能感受到幸福。

他还说，生活中的困难并不可怕，有能够感受到幸福的心灵，这才是最重要的。不要贪得无厌，不要怒火中烧，不要牢骚满腹，重要的是努力培育一颗仁厚充裕的心灵。每天带着知足之心去生活，我们的人生就能变得幸福美好。

二、经营者修炼知足之心，企业和社会才能变得更加和谐

稻盛和夫讲了一个故事，西乡隆盛触怒藩主后被流放到南方遥远的小岛上。在岛上，他给当地孩子教授学问时，有一个孩子问道："一家人如何才能和睦相处？"西乡的回答是，"大家各自减少一点欲望就行"。比如，有好吃的，不是一个人独占，而是和大家分享；遇到高兴的事情，和大家分享快乐；遇到悲伤的事情，大家一起悲伤，相互安慰，相互支持。

他指出，保持和谐，对企业而言，首先就要努力追求员工的幸福。这一点实现以后，就要将贡献的对象扩展到客户和供应商，扩展到当地社会，

最终竭尽努力，谋求社会整体的幸福。

三、经营者要节制欲望，避免走向崩溃

稻盛和夫指出，宇宙的大原则在于成长发展，宇宙的能量一刻不停地推动一切事物进化发展。宇宙还有一个原则是保持整体的平衡，保持和谐的力量会使变得庞大的事物走向崩溃。不管个人还是企业，一时风生水起，发展惊人，以迅猛势头走上了成功之路，却以某个时间为界，转向衰落之路，就是因为宇宙的这一机制在起作用。

稻盛和夫还指出，自然界的动物和原始环境中生存的人们都懂得知足和节制，文明社会的人们反而失去了这一点。

百兽之王狮子在一次捕猎成功，填饱了肚子之后，在一周左右的时间里，即使猎物就在身旁，它们也不会发起袭击。因为狮子本能地知道，如果贪得无厌，为了满足欲望而肆意捕杀，那么猎物减少就会危及自己的生存。

在烧荒农业模式下，非洲村落的村民也不会为了多产粮食而无限制放火烧林，因为那样会破坏大自然的再生能力，等于给自己套上绳索。

在文明社会，经济是以欲望和利己为杠杆发展的，到了今天，环境污染、贫富差距等弊病日益突出。因此，稻盛和夫特别提出，时至今日，我们或许已到了这样的时期，即必须再次学习并掌握知足的思维方式。

第三节 上天赐予的财富和才能要回馈社会

稻盛和夫认为，基于利他之心生活，就是祈愿他人好，就是为社会、为世人尽心尽力。

一、以自己的财富回馈社会，创设"京都奖"

稻盛和夫把自己因京瓷股票成功上市而获得的"出乎意料的巨大财富"，

视为不过是社会暂时委托自己保管的东西而已,他认为自己获得的"技术开发贡献奖"应该颁发给别人,因而创设了"京都奖"。

他用自己的私有财产设立了稻盛财团,以财团的基金为基础,开始了"京都奖"的运营。

"京都奖"的颁奖对象为尖端科学、基础科学和思想艺术三个领域的杰出人才。他认为,在科学技术进步的同时,人类精神层面的进化也非常重要,这两者可以说是人类文化的表与里,抑或说是阴和阳,只有这两个方面平衡进步,才称得上是人类真正的进化。

二、以自己的才能回馈社会,创办"盛和塾"

稻盛和夫把自己多年积累的经验也回馈给社会。他创办了"盛和塾",35 年来不断向年轻的经营者讲述、传授自己的经验和思想。

在他看来,很多中小企业的经营者和自己当初一样,不知道什么是经营,也不知道到哪里可以学到经营的本领。"在大学里可以学习经营理论,有些学校或许还会传授经营者的经验和窍门;但是,对于经营来说,非常重要的心灵应有的状态是什么,却没有地方可以学"。

为此,他在日本创办了"盛和塾",为经营者提供了一个学习经营哲学和具体经营方法的场所,让大家在这里聚集一堂,坦诚交流。"盛和塾"的活动,始终是义务举办的。

"盛和塾"后来扩展到中国、巴西和美国,塾生总人数达到 13 000 人左右。日本"盛和塾"在 2019 年终止活动。

总而言之,稻盛和夫认为,经营者要获得成功,首要一条是"动机良善",要修炼"利他之心""知足之心",要"将自己的财富和才能回馈社会"。

第十二章 经营者要以强大心灵成就未来

第一节 面对障碍，修炼一颗"强大之心"

稻盛和夫提出，不是只用"亲切的关爱之心"，一切就能顺利推进。想要成就某项事业，就必须具备不惧任何困难、果敢推进的强大意志，以及无论如何非达成目的不可的燃烧般的热情。

他认为，经营者要取得事业上的成功，必须具有"强大的心灵"，在遭遇巨大障碍时，要相信自己"一定能跨越"。

一、想成就一项事业，内心深处必须有"强烈的愿望"

（一）人的一切行动都产生于愿望

稻盛和夫提出，"人的一切行动都产生于愿望，或者说想法"，如果不想，任何事情都不可能在现实中出现。他还指出，这种想法必须是"从内心深处产生的强烈愿望"。

（二）强烈愿望是各项事业发展的原动力

稻盛和夫以人类文明的进化，说明心中的强烈愿望是各项事业发展的原动力。"想要更快到达目的地"催生了蒸汽火车；"想要飞上蓝天"，促使飞机飞上了天空；抱有"想去宇宙旅行"梦想的人类，终于飞到地球以外的宇宙空间。

（三）要怀抱强烈的愿望，并让这种愿望持续

稻盛和夫特别指出，"只要怀抱强烈的愿望，并让这种愿望持续，那么，即使当时被认为根本做不到的事情，最终也能变为现实"。

二、遭遇巨大障碍时，相信自己"一定能跨越"

（一）一步之差，命运就迥然不同

稻盛和夫指出，"成功人士与非成功人士只有毫厘之差"。关键在于，当遭遇前所未见如同绝壁一样的障碍时，在那一瞬间你能不能对自己说，"一定能跨越"，并走出第一步。就这一步之差，命运就迥然不同。

（二）带着强大心灵前进，就能看到前进道路

稻盛和夫说，带着"一定能跨越"的强大心灵不断前进时，"我们逐渐就能看到以前无法看到的前进道路，理清走向成功的种种线索，曾经看起来远在天边的成功，不知不觉间就变得唾手可得"。

举世闻名的万里长征，靠的就是强大的心灵。毛泽东《长征》诗中的"红军不怕远征难，万水千山只等闲"就是强大心灵的展现。面对长征途中将会遇到的高山、河流、雪山、草地，路在哪里，也许一开始无法看到；但敢于走出第一步之后，就能逐渐理清走向成功的种种线索，最终得到的是成功的喜悦，正如《长征》诗中最后两句所言，"更喜岷山千里雪，三军过后尽开颜"。

笔者在希腊的圣托里尼岛爬山时也有这方面的体验。这是屹立在海边的一座陡峭的石头山，由火山喷发而成，远看根本无路可走；但是，当你敢于走出第一步之后，你就能从乱草中逐渐看出上山的小路，最终爬到这座山的山顶。

（三）带着"一定能跨越"的信念去开拓新客户

在京瓷创业初期，为了开拓新客户，稻盛和夫带着部下到处闯，去各

家企业做上门销售。然而，没有实绩、没有信誉、没有名气的小企业去拜访客户，十有八九要吃闭门羹。尽管如此，他也决不放弃，不断低头恳求，想尽办法与对方见面。

因反复遭到拒绝，年轻员工未免意气消沉，有时还因太过委屈而落泪。为了鼓励部下，稻盛和夫对他们说："一两次碰壁就打退堂鼓，那怎么行？不管看起来眼前的壁障有多高，首先要想一定能跨越。这个壁垒如果是纸糊的，戳破它就行了，如果是石头做的，只要思考如何攀登就可以了。不思考这些，说一声做不到就止步不前，那只能说是怠惰了。"

稻盛和夫鼓励员工说：在面对命运投来的困难时，首先要坚定地相信自己"能行"，相信光明的未来必定到来。同时迎头碰击困难这一壁障，不气馁，不放弃，正面对抗。

在稻盛和夫的领导下，京瓷凭着这种"一定能跨越"的强大心灵力量，战胜了无数的障碍，发展成为世界500强企业。

第二节　面对挫折，修炼一颗"坚韧之心"

稻盛和夫提出，开展一项新的事业，往往会出现反对意见和各种阻力，一遇到这种情况，有人就会轻易放弃；而在工作中取得卓越成就的人，都是把崇高的理想作为信念，击破一切障碍的人。

他还说，能否成功，很大程度上取决于当事人的热情和信念。做什么事都不成功的人，就是因为缺乏热情和执着的信念。他们总是寻找适当的借口，自我安慰，然后很快放弃。做成一件事，就要学习狩猎民族捕猎的方法，一旦发现猎物的足迹，就提枪连日追踪，不管狂风暴雨，还是遭遇强敌，也一定要找到猎物的巢穴，不获猎物决不罢休。

事实证明，坚韧之心能让你在遭遇挫折和失败时永不放弃，避免销售项目或研发项目半途而废。

一、研发成功的秘诀就是"永不放弃"

稻盛和夫从京瓷的研发实践中体悟到，研发成功的秘诀就是"永不放弃"。

京瓷从一家小小的街道工厂起步，最后实现了飞跃性发展，其契机是从IBM那里拿到了一份大型通用计算机中枢部分零件的订单。就当时京瓷具备的条件而言，完成这份订单难度非常大。产品规格书上的品质标准与京瓷当时的技术水准相比，高出了一个数量级，尺度的精度要求也超出京瓷当时标准的十倍以上。面对困难，稻盛和夫想到的是，这是让京瓷技术提高到世界先进水平的一个绝好机会。他立誓，"无论如何一定要成功"。

他搬进工厂与员工同吃同住，经常工作到深夜，甚至在拂晓前才回到工厂附近的宿舍。意想不到的是，吃尽苦头好不容易才交付的试制品全部被打上不合格的标签退了回来。在不断试错的过程中，员工们甚至因为实在想不出办法而流下眼泪，但仍然坚持努力。最后终于开花结果，在接到订单7个月后，拿到了无数次在梦里见到的合格证书。

有了这次代表世界水平的计算机公司提供的锤炼机会，稻盛和夫与京瓷都找到了巨大的自信。他说，即使遭遇未曾预料的艰难险阻，即使已经被困难击倒，感到绝望，也要奋力爬起，拍拍灰尘，继续朝着成就事业的方向，镇定地、反复不断地发起努力。人必须具备这种不达目标誓不罢休的决心和永不放弃的精神。

从那时起，京瓷通过持续研发，接连不断地推出新产品。每当被问到产品研发的成功率是多少时，稻盛和夫会毫不犹豫地回答："一旦开始研发，就一定会让其成功。"当被问到成功的秘密，他说，"答案只有一个，就是永不放弃。""对待任何一个研发项目，京瓷的态度都是'不成功决不罢休'，所以基本没有以失败而告终的项目。"做到成功为止"是我们京瓷人的研发精神"。

稻盛和夫也清醒地认识到，为了"坚持到底"，在资金上必须"有余裕"。他说，企业家不能任凭经济形势的变动而随波逐流，而应该像水库蓄水一样贮备资金，按需使用。倘若无法做到"留有余裕的经营方式"，"不成功决不罢休"也只能沦为空谈。研发工作亦是如此，倘若资金捉襟见肘，就无法坚持数年不放弃。"不成功决不罢休"可谓是成功的本质，而其前提便是留有余裕，从而为实现成功的奋斗过程提供支撑和保障。

稻盛和夫虽强调经营企业需要余裕，但也认为，即便成了身无分文的"光杆司令"，也仍然应该不放弃，努力到底。在变卖了住房和汽车后，"还可以骑自行车，甚至坐电车去争取订单"。

二、"永不放弃"成就了"再结晶宝石"的研发

"永不放弃"成就了"再结晶宝石"的研发。京瓷自创业以来，以精密陶瓷技术为核心开展事业，在思考多元化战略时将再结晶宝石作为切入点，而上手后才发现，这个领域虽处在已有技术的延长线上，但难度很大。尽管他们夜以继日投入研发工作，但只能形成显微镜才能看到的超细微结晶，继续努力才做出比米粒还小的结晶颗粒。稻盛和夫不断鼓励员工："虽然现在只能制造出很小的结晶体，但如果我们最后成功了，就能成就世界上前所未有的创举。人的能力是无限的，让我们用将来进行时看待自己的能力，持续迎接挑战吧。"最后终于让结晶体"长大了"。现在稻盛和夫左手无名指戴着的戒指上镶嵌指尖大小的祖母绿宝石，就是最早研制出来留作纪念的美丽大结晶。

三、"永不放弃"可能触发解决难题的灵感

稻盛和夫还提出，在永不放弃的研发过程中可能听到"神灵的私语"，即触发灵感。他说："抱有燃烧般的强烈的意志，心怀光明的希望，一步不停，踏实前行，那么，看起来山穷水尽之路，也会有登高望远、豁然开朗之时。"他称这为"神灵的私语"，是上苍对扎实向前的人的一种褒奖。

他在研发镁橄榄石这种材料时，就听到了"神灵的私语"，从而解决了研发中遇到的难题。要让陶瓷原料的粉末成型，需要类似黏剂的材料像搅

拌面粉一样让粉末成型，但他怎么找都找不到不含杂质的优质黏合材料。有一天，他不知被什么东西绊了一下，一看鞋底，发现有东西粘在上面，那是实验的石蜡。他正想大喊是谁放的，就在那一瞬间，他的眼睛紧紧盯着鞋底，屏住气，脑海中闪过一个念头，用石蜡和原料粉末混合，再成型会怎么样？他把这种成型的材料放在高温下烧制，因为用作黏合剂的石蜡被烧尽，不含杂质的成品便做成功了。

四、"永不放弃"不限于研发

稻盛和夫还提出，"永不放弃"不限于研发，在各种情况下，这种"不成功决不罢休"的思维方式都是至关重要的。关键在于"坚持努力，决不放弃，直到自己的目标实现"。

稻盛和夫在《阿米巴经营》一书中提道："在京瓷还是一个零散企业的时候，我就开始向并肩奋斗的伙伴们描绘我的宏伟梦想：'现在要把京瓷建设成原町第一的企业，当成为原町第一后，就要成为西京第一，然后成为中京区第一、京都第一。当成为京都第一后，就要成为日本第一。成为日本第一后，就要成为世界第一的企业。'"

稻盛和夫一直强调："今天竭尽全力了，就能看到明天；这个月拼命工作，就能看到下个月；今年竭尽全力，则能看到明年。所以每天都必须全力以赴。"京瓷朝着远大目标，兢兢业业地付出不懈努力，终于成就了今天的全球性企业。

第三节　企业实现高目标，要使员工"想法一致"

稻盛和夫提出，作为公司、集团或组织，如果设定了高目标，并想动员全体人员实现高目标，那么，大家拥有共同的愿望和想法就非常重要。关键在于，要让员工具备和企业主及管理者相同的主人翁意识。如果全体员工能做到与公司领导上下一心，那就是一股无可比拟的强大力量。

一、满怀热情地向员工讲述自己的想法

从公司规模还很小的时候开始，稻盛和夫就经常会在一天的工作结束后，把在场的干部员工召集起来，满怀热情地向他们讲述自己的想法，内容包括公司的使命，对事业的思考，工作的意义，劳动的价值，如何度过人生，等等。

为了让部下理解自己的思维方式和哲学，他绞尽脑汁，竭尽全力，不惜唠叨，细心说服，态度诚恳。在有些场合，甚至不惜与员工争吵，展开激烈的辩论。但他绝不玩弄权术，哄骗糊弄，而是从正面说服，反反复复，决不放弃。如果对方还是理解不了的话，他不会提一个简单的妥协方案，而会选择请对方辞职。

二、以"人心"为本去经营企业

稻盛和夫之所以这样做，是出于创办京瓷时自己抱有的一种信念。当时京瓷不足 30 名员工，没有资金、实绩，也没有信用，是一个弱不禁风的小微企业。在这种情况下，以什么去经营企业？经过反复思考之后，他做了一个决定，以"人心"为本去经营企业。他认为，人心这个东西确实易变，然而，一旦人心凝聚，就能发挥出强大的力量。这是其他任何东西难以替代的。他要使整个公司像一个家庭一样，或者说大家都像共同经营的伙伴一样，具备共同的想法，一起鼓起热情，相互帮助，共同前进。

稻盛和夫特别注重个人成长对组织成长的意义，提出"如果员工本身未被充分激励去挑战成长目标，当然不会成就组织的成长、生产力的提升，以及产业技术的发展"。

稻盛和夫特别善于营造一种员工可在其中修炼"自我超越"的公司氛围。
（1）以公司愿景激励员工"挑战成长目标"。

在京瓷还是一个零散企业的时候，他就开始向并肩奋斗的伙伴们描绘

出自己的宏伟梦想：要让京瓷成为世界第一的企业。他利用一切机会灌输"终有一天会成为世界第一"的想法，其结果就是大家都朝着这个远大目标倾注了全力。

（2）以公司理念激发员工服务公司的"意愿"和"服务世界的真诚渴望"。

他把京瓷经营理念定为"应在追求全体员工的物质与精神两方面幸福的同时，为人类和社会的进步与发展做出贡献"，正是为了激发员工的"意愿"与"渴望"。公司能为员工谋幸福，员工才有"意愿"为公司竭尽全力。能归属于一个伟大的组织，为社会进步做出自己的贡献，是每一个有良知的人的真诚渴望。

（3）以"成功方程式"推动员工成长。

他提出，人生和工作的结果由思维方式、热情和能力这三个要素的乘积决定。能力和热情，分别可以从0分达到100分，因为是相乘关系，所以与自以为能力强、骄傲自满、不肯努力的人相比，那些认为自己能力平平，但比任何人都努力的人，反而能够取得更为出色的成果。在这基础上，再乘以思维方式。所谓"思维方式"就是人生态度。可以是负100分到正100分。思维方式不同，人生和工作的结果就会发生180度的转变。能力和热情固然重要，但最重要的是，具备作为人应该有的正确的思维方式。

（4）激励员工拓展新领域，挑战高目标。

他对员工讲，开拓无人问津的新领域并非易事，如同在没有航海图和指南针的情况下在茫茫大海中航行一样，能够依靠的只有自己。开拓创新伴随着巨大的艰辛，但反过来说，挑战成功时的喜悦，也是其他任何东西都无法替代的。通过开拓无人涉足的领域，就可以展开辉煌的事业。不管公司发展到多大的规模，我们都要不断描绘未来的梦想，胸怀强烈的愿望，保持开拓者的进取精神。

他还说，人往往乐于维持现状而不喜改革；但如果只安于现状，不向新的事物或困难的事情发起挑战，就意味着已经开始退步。所谓挑战，就是制定高目标，在否定现状的同时不断创造新事物。"挑战"一词听起来似乎勇猛而豪爽，令人振奋，但在它的背后，必须有与困难正面对峙的勇气，必须有不辞劳苦的忍耐力，必须付出非凡的努力。

（5）激励员工制造完美无瑕的产品。

稻盛和夫提出：我们所制造的产品，必须是"完美无瑕的产品"。就像崭新的钞票一样，看上去就能让人感觉到舒服。

（6）激励年轻员工在人生的道路上努力攀登。

他对年轻员工说："孩子们，你们也抱有'想实现伟大事业'的希望和梦想吧。但是，我希望你们要懂得，实现这样的梦想，只能靠一步一步、踏踏实实地努力。没有努力，只一味描绘你的梦想，那么无论到何时，梦想仍不过是梦想而已。人生的道路上没有自动扶梯那样便捷的工具，必须靠自己的双脚步行，必须靠自己的力量攀登。"

三、以"员工心变"推动"公司巨变"

在参与重建日航的时候，他所做的最主要的事情，就是改变全体员工的"心"，让大家拥有同样的思维方式。

他抱定信念，三年一定要干成。首先要做的就是在极短的时间内，培养出能在一线执行重建计划的干部。为此，他制订计划，实施为期一个月的领导者教育，并每周一次，亲自讲课。

在学习会上，他讲的既不是组织管理的方法，也不是技巧手段，而是自己一贯珍视的思维方式，理念和行动规范，即是他在经营中领悟、记录、积累形成的京瓷哲学。其中，要正直，不说谎，不忘感谢之心，保持谦虚坦诚之心，等等，都是孩提时代父母或老师教导的东西，是以道德为基础的理念。对此有些人表示不满，"为什么这些连小孩子都懂的东西，现在还要让我们来学？"稻盛和夫回答得非常好："大家都说这些道理非常幼稚，理所当然，十分简单，但是，这些道理或者说思维方式，作为知识，大家或许具备，但根本没有把握，更没能实践，这就是招致公司破产的元凶。"经过不断诉说，表示理解的人不断增加。

值得注意的是，稻盛和夫在这里提到了知识的"具备""把握"与"实践"的问题。这是一个具有普遍意义的问题。"具备"某种知识，指的是有了某种知识的概念，比如说"要正直，莫说谎"，我们可能都听父母或老师讲过，有一定的概念；而"把握"（掌握）某种知识，则是在形成某种概念的同时，懂得其中所蕴含的道理，比如，懂得人生为什么"要正直，莫说谎"；"实践"某种知识，指的是按照某种知识的要求去做事，不能说一套做一套。现实中，不少人对知识的学习还停留在第一个层面（具备），而没有进入第二层面（把握），第三层面（实践）。自己对相关知识的学习，究竟处于哪个层面，值得每个人深思。

稻盛和夫还经常访问工作现场，与员工直接交流，要求空乘人员"以利他之心服务客户"。他说，如果你们的服务足够贴心，乘客就会选择再次乘坐；如果你们服务马虎，乘客就会离去，你们直接左右公司的命运。

正是由于稻盛和夫与整个重建团队的不懈努力，日航员工的心灵变得更加美好，从而推动了整个公司的巨变。

总而言之，经营者要取得成功，必须具备强大的心灵。必须对想成就的事业有"强烈的愿望"，遇到巨大障碍时相信自己"一定能跨越"，面对挫折和失败"永不放弃"，且能使员工"想法一致"。

第十三章 经营者要"贯彻正道"

第一节 面对生意买卖,坚持"贯彻正道"

在稻盛和夫看来,经营者要取得成功,不仅要修炼"六颗心"(感谢之心、谦虚之心、利他之心、知足之心、强大之心、坚韧之心),还要解决两个重要问题:一是贯彻正道,二是培育心根。

一、为何将"作为人,何谓正确"作为判断基准

稻盛和夫从自己的经营实践中体会到,作为一个经营者,不管愿意与否,都要对所有情况做出判断。"如果按照与我们通常所拥有的伦理观和道德观背道而驰的标准,是不可能长期维持下去的。因此要以'作为人,何谓正确'这一基准对所有事情做出判断"。

稻盛和夫特别提到,京瓷成立之初,自己很不成熟,也没有任何经营知识和经验。在这种情况下,企业以什么立足呢?经过追问和思考,他想到了"正确的为人之道"可以作为企业经营立足的基础。他说:"除此之外,没有可以借以立足的基础。"

他说的"正确的为人之道",指的就是小时候父母和老师教给的极其

简单的道德，或者说是伦理。稻盛和夫指出，所谓"正确的为人之道"，就是"要正直""要诚实""要关爱他人"，"莫贪心""莫欺骗""莫说谎"，等等。

稻盛和夫之所以一直坚守这个判断基准，是因为母亲有一段话刻在他的心中。母亲一有机会就教育他们几个兄弟姐妹："不管什么时候，都要记住'举头三尺有神明'。所以，独处的时候，没有任何人看到的时候，也要知道'神佛'正在看着自己，所以行为要端正。一时心智迷乱，想要做坏事时，就要在心里念诵'神在看我'，'神在看我'。"这段话中的"举头三尺有神明"其实是出自《增广贤文》。该书中有这么一段："为善积福，不昧己心，万事劝人休瞒昧，举头三尺有神明。但存方寸土，留与子孙耕。"

稻盛和夫认为，以"作为人，何谓正确"为基准，即是以"正确的为人之道"为基准，以道德观、伦理观作为基准。以这样的基准对一切事物做出判断，看起来过于单纯，但它正是能够看清事物本质、做出正确判断的方法。其适用范围不局限于日常的工作及经营，而且适用于人生中的万事万物，可谓是"放之四海而皆准"的原则。

二、如何领会"作为人，何谓正确"这个判断基准

成立京瓷不久，稻盛和夫就将"作为人，何谓正确"当作商业的判断基准。

他对员工说："我要求大家放在心上的是，这个判断基准不是'作为公司'是否正确，也不是'作为我个人'是否正确，而是'作为人'，是否正确。所以，作为经营者，如果我说了、做了'作为人'不正确的事情，请大家不要客气，直言相谏，纠正我。但是，当你们认为我的言行符合正确的为人之道时，就请大家一定跟随我。"

在他看来，公司对事物做出判断的基准，不是公司的得失，也不是个人的得失，而是"正确的为人之道"。凡是符合"正确的为人之道"的，可

以去做，凡是不符合"正确的为人之道"的，不能做。

尼采在谈"道德的约束力"时提出："如果没有道德观念，不受道德约束，人类与动物无异。"稻盛和夫以"作为人，何谓正确"为商业判断基准，实质上是以人类的道德观念来约束自己的商业行为。现实社会中，有一些人的商务行为是不受道德约束的，这些人的行为，用尼采的话来说，"与动物无异"。

三、"作为人，何谓正确"的判断基准对公司发展起了什么作用

稻盛和夫特别指出："正是因为有了如此明快的判断基准，在过去的半个世纪里，我才能在经营京瓷、KDDI 以及日本航空的过程中做到判断正确，从而使各公司发展成长。"

在重建日航期间，稻盛和夫坚持以'作为人，何为正确'为基准对事情做出判断，发挥了主导的作用。

在受命重建日航后，相关人员中发出了很大的呼声，认为日航应该脱离原来的"寰宇一家"联盟，加入规模更大、优势更大的其他航空联盟。稻盛和夫从听说这件事情开始就觉得不妥。他对相关人员说："因为我是航空业的门外汉，所以不懂具体的事务，但不管发生什么事情，重要的是以'作为人，何为正确'为基准对事情做出判断。联盟中有我们的伙伴公司，也有接受我们服务的客户，所以，不单是考虑对我们是得还是失，也要把他们的立场和心情考虑进去。"

他督促大家，不要仅仅依照"是得还是失"这一经济原理，而且要在道义上看"是好还是坏"，要按照这一基准，再次思考这个问题，要追问到底，"这是作为人的正确行为吗？"

最终，相关人员接受了稻盛和夫的意见，不为其他航空联盟的邀请所动，继续留在"寰宇一家"联盟。这对原有的客户和相关方产生了积极影响，反过来也促进了日航的发展。

第二节 "贯彻正道"也是一种人生哲学

稻盛和夫指出,把"作为人,何谓正确"作为基准对一切事物进行判断,这是一种经营哲学,也是一种人生哲学,它能成为使众人度过幸福人生的精神食粮。

一、人生成功方程式

稻盛提出,人生和工作的结果由思维方式、热情和能力这三个要素的乘积决定。思维方式不同,人生和工作的结果就会发生 180 度的转变。能力和热情固然重要,但最重要的是,具备作为人应该有的正确的思维方式。

稻盛和夫说,能力平平者,若想在工作中取得出色的成绩,应该具备什么特质呢?对于这个问题,他想到的第一个答案是"热情"。他举例说:"在小学时,或许是叔叔更聪明,可他恃才傲物,懒惰懈怠,结果一事无成;而那个原本才智不如他的人,却通过拼命努力而出人头地。"

他特别指出,思维方式不同,人生和工作的结果会发生 180 度转变。可以把方程式中的"思维方式"看成是"人生之路的方向"。人生的方向是一条直线,要么向着"正值"前进,要么向着"负值"前进,只能是两者选其一。

他认为,对于人生而言,向着"正值"前进就是走正道,向着"负值"前进就是走歪门邪道。

二、善念与恶念

他说,在人生方程式中,"思维方式"从一个数值为 0 的基点出发,沿着一条直线,向两个方向延伸,从而形成正负两极,最大的绝对值皆为 100。那么,何为"正极"呢?对于这点,不用想得太复杂。所谓"正极",便是人的善念;反之,"负极"则是人的恶念。

他指出,所谓善念,首先要拥有乐观向上的态度和富有建设性的思想,其次是具备能和他人一起工作的协调性。性格要开朗，待人接物时，要抱有肯定的态度，且充满善意，体谅他人，温文尔雅；态度要认真，要正直谦虚，努力奋斗。不自私自利，不贪得无厌，学会知足，懂得感恩。所谓恶念，便是消极否定、拒绝合作的态度。心里阴暗，充满恶意，心术不正；有企图陷害他人的想法；做事马虎，满嘴谎言，态度傲慢，懒惰懈怠；自私自利，贪得无厌；心怀不满，愤愤不平，怨恨他人，嫉妒他人。这样的精神状态和处事态度便是恶念，即恶劣的思维方式。

他不断强调，学习哲学思想是为了让大家能够拥有正确的思维方式。如若仅仅把它看成"认知型"的认识，则还远远不够，必须伴随着实际行动，要把习得的知识融入自己的血肉之中。换言之，必须达到"在任何场合都能灵活运用"的境界。

三、大善与小善

稻盛和夫认为，人生应循善念行事。值得注意的是要区分大善与小善，有些事表面上看是小善，实质上是大恶。

他以父母溺爱孩子为例说明"小善乃大恶"。他说，由于太过疼爱孩子而对其溺爱纵容，孩子由于被宠爱，自然感到幸福愉快，结果却使其成为任性蛮横、恣意妄为之人，最终害其误入歧途，陷入不幸。像这种为了满足对方一时之需的善行便是"小善"，是只顾眼前的浅薄之举。俗话说："小善乃大恶。"

他以《五体不满足》（日本畅销书）作者的故事说明何谓大善。他说，作者在书中讲到他的父母是如何养育他的。虽然无手无脚的身体缺陷让他的生活充满了辛苦与不便，但父母为了培养他的自理能力，只是在一旁默默地守护他，什么事都要他自己独立完成，从不出手相助。在周围人眼中，这样的做法或许如魔鬼般残酷，但正是这样的教育方式，使作者成长为优秀的人才，换言之，他父母的所作所为才是真正的大善。

稻盛和夫提出的"循善念"行事，与王阳明提出的"循良知"行事一脉相承。

第三节　正确的商业判断源自"灵魂"中的"真我"

稻盛和夫指出，不以得失而以善恶来判断事物，把善心作为判断决策的标尺，要做到这点，需要在平日里严加注意，否则很难付诸实践。

一、以"善恶的规范"作为判断标尺

稻盛和夫经常告诫部下，某个问题发生后，寻找解决方法时，立即在头脑里浮现的想法，几乎都是基于自我、基于欲望或感情的，只要不是圣人君子，就不能以善恶直观地做出判断。所以，不能把最初冒出来的念头作为结论，而是要等一下，暂且将最初的判断放一放，用善恶的标准好好对照衡量，然后重新对问题进行思考。为了防止做出错误的决定，这种缓冲是十分必要的。

二、作为判断标尺的"善恶的规范"是从哪里来的

稻盛和夫指出，比什么都重要的是心中是否持有成为判断标尺的善恶的规范。这个规范是从哪里来的？是从心灵深处的灵魂中来。他认为，心这个东西，中心的部分存在着包含着真我的灵魂，在灵魂的外侧则包裹着本能、感性、知性，就像洋葱的皮层层包裹。

王阳明认为人的心灵活动涉及"身、心、意、知、物"五个方面，稻盛和夫则认为人的心灵活动涉及"真我、灵魂、本能、感性、知性"五个层次，虽然论述的角度有所不同，但其中也有相通之处。稻盛和夫所说的"真我"，其实就是王阳明所说的"良知"。

对于在判断事物时人的心灵结构如何发挥作用这个问题，稻盛和夫认为，基于本能做出的判断，得失就成为基准。比如，人会把是否赚钱，对自己是否有利作为基准，做出判断。依据感性做出的判断，比如讨厌这个做法，喜欢这个人，等等，这样的判断，即使一时行得通，也不一定带来

好的结果。基于知性做出的判断，思路清晰，逻辑流畅，看起来很有道理，但是，这个逻辑实际上往往还是基于本能和愿望做出的判断。

由此稻盛和夫得出结论，用本能、感性、知性，并不一定能做出正确的判断，越是人生中重要的局面，越是决定公司走向的关键问题，就越是需要发自基于真我的灵魂。发自灵魂的判断，归根结底，就是以"作为人，何谓正确"为基准做出的判断，就是对照单纯的"道德和伦理"，以"善恶"为标尺做出的判断。

稻盛和夫指出，让这样的规范在心中深深扎根，这样的人，即使碰到未曾经历的局面，或是遇到必须迅速做出判断的事态，不管在什么时候，都能做出正确的判断，把事业引向成功。

稻盛和夫告诉我们，平时所要做的，就是尽可能努力磨炼自己的灵魂，让自己的心灵变得更加美好。稻盛和夫所说的"磨炼自己的灵魂"的意思，和王阳明所说的"在心上用功"的意思是相通的。

总而言之，经营者在面对各种事物做出判断决策时，要坚持以'作为人，何为正确'作为基准，而不是以公司的得失和个人的得失作为基准，这样才能保证公司的长期发展。

在这里，我们不妨把稻盛和夫的"贯彻正道"与王阳明的"致良知"加以对照。按稻盛和夫的说法，做出正确的判断，就是以"作为人，何谓正确"为基准做出的判断。这个规范是从哪里来的？"是从心灵深处的灵魂中来"，"发自基于真我的灵魂"。平时所要做的，就是"尽可能努力磨炼自己的灵魂"。按王阳明的说法，判断的基准是善恶的规范，是善念可为之，是恶念不可为之。这个善恶的规范来自哪里？来自"良知"，来自"天理"，心即理，天理与良知是一致的。平时所要做的，就是"去人欲，存天理"，就是在良知上用功，"在理的发见处用功"。

上述可见，稻盛和夫的"贯彻正道"与王阳明的"致良知"是一脉相承的。

第十四章 经营者要"培育美好'心根'"

第一节 面对干部选用，注重"美好心根"

经营者想获得成功，要修炼感谢之心、谦虚之心、利他之心、知足之心、强大之心、坚韧之心；而要修心，就必须在心上用功，培育美好"心根"。

一、组织的成长无法超越其领导者的"器量"

稻盛和夫指出，组织的成长无法超越其领导者的器量，因为领导者的人生观、思维方式和思想理念，会原模原样地决定组织和集团的存在方式。

俗话说，近朱者赤，近墨者黑。就像把一滴墨水滴到水里一样，领导者很快就会让整个集团染上自己的色彩。从这个意义上讲，思考事物时的思维方式，哲学和信条，人生态度，这都不是领导者一个人的东西，它们将决定整个集团的性质。

不难看出，任正非的风格影响着整个华为的风格，张瑞敏的风格也影响着整个海尔的风格。更有甚者，据说有个公司的领导者在会议上讲话时总喜欢闭着眼睛，久而久之，参加会议的人讲话时也都闭着眼睛。

二、领导者最重要的资质是"深沉厚重的性格"

稻盛和夫说:"什么才是领导者最重要的资质,我会毫不犹豫地回答,那就是心。换一种表达方式的话,也能用人格、人性来表达。"

他认为,不管是大集团还是小集团,只要身处领导者的立场,就必须努力精进,让自己拥有一颗美好高尚的心灵。这一点比什么都重要。

他还说,比起能言善辩或聪明才智,他更看重的是,如同岩石般沉稳不动的厚重人格。他认为,这种厚重人格,才是领导者最需要的人格。他的这个观念来自中国明代的著名思想家吕新吾的政治学论著《呻吟语》,书中提出,"深沉厚重是第一等资质"。稻盛和夫接受了吕新吾的说法,并进一步加以阐述。他明确地提出,领导者的首要资质是"具备时常深入思考事物本质的厚重性格"。

人们常说"透过现象看本质",说起来简单,做起来并不简单。这里所说的"现象",指的是事物的表象,是人的感官可以直接感受到的东西;这里所说的"本质",指的是表象背后隐藏的规律、原理、原因、结构、动机等。人们常说,"只知其一,不知其二",其一指的是现象,其二指的是本质。

领导者的第一等资质,就是要善于从现象中看出事物的本质。说白了就是比别人看得更深,看得更透,别人只看到第一层,具备深沉厚重资质的领导者能看到第二层、第三层,甚至最底一层。熊向青在其前沿讲座中把看清事物的根本性原因称为"第一性原理"。他举了一个案例:三国时期,袁绍由于家族势力大,很快成为最大的割据力量,但是在如何夺取天下的认知上,他最看重的是土地和军事力量,这比同时代的枭雄曹操要落后不少。在曹操看来,取天下最为重要的是人才。相比之下,在对夺天下这个问题的认知上,袁绍只是看到了第一个层面和第二个层面(土地和军事力量),而曹操看到了更深的层面(人才和人心),这就决定了袁绍在官渡之战中惨败的结局。

任正非就是一位"具备时常深入思考事物本质的厚重性格"的领导者。

很多人到过都江堰，但只是以游客的眼光去看都江堰。任正非与常人不一样，他站在都江堰边，在惊叹古人的伟业的同时，也在吸取古人的管理智慧，也在系统地思考华为20年的成败得失，于是，"深淘滩，低作堰"成为华为经营管理的核心理念之一。挖掘内部潜力，降低运作成本，为客户提供更有价值的服务。节制自己的贪欲，自己留存的利润低一些，多一些让利给客户，善待上游供应商。从上游到下游的产业链的整体强健，就是华为的生存之本。

都江堰已存在2000多年了，李冰父子的治水理念沉睡了2000多年，为什么独有任正非将其纳入企业管理实践？重要的原因就在于任正非"具备时常深入思考事物本质的厚重性格"。

三、选择领导者的主要依据是"埋头工作，不断提高心性"

稻盛和夫提出，选择下任领导者，判断他是否适合的基准，就是看他拥有怎样的"心根"。

稻盛和夫说："不管才华多么出众，只要表现出'只为自己'的、野心家式的人物，我是敬而远之的。我所推举的是多少有点愚钝，但既谦虚又勤奋的人。"

他认为，人的性格绝不是一成不变的东西，具备了优良的人性，获得了杰出成就的经营者，因为接受周围人的吹捧和奉承，真的相信杰出成就的取得全是靠自己的实力，这样的人，在不知不觉中会傲慢起来，甚至营私舞弊，导致企业无法顺利经营，玷污了晚节。因此，一个人将来会怎样，仅看他现在的性格，无法做出透彻的判断。

那么，什么样的人才适合当领导者呢？他的结论是："就是那些一贯勤奋埋头工作、不断提高自己心性的人。这样的人，即使手握权力，也不会心生傲慢，不会堕落。"

第二节　经营者只有提高人格，才能驱动人心

经营者要经营好企业，必须经常向员工阐述自己的想法，而说话的人假如不具备优秀的人格，他的话就进不了听者的心。因此，作为领导者，必须为提升自己的人格而"修心"。

一、经营者必须经常向员工阐述自己的想法、愿景

稻盛和夫提出，要经营好企业，就必须经常向员工阐述自己的想法、愿景等，比如，我想把公司经营成这个样子，将来想建成这样一家公司，必须努力寻求他们的理解。

二、说话的人不具备优秀人格，他的话就进不了听者的心

稻盛和夫认为，不管话说得多么好听，如说话的人不具备优秀的人格，他说的话就是进不了听者的心里。比起说什么，由谁来说更为重要。如果说话人的人格不被认同，那么，无论他的话讲得多漂亮，也完全没有说服力。

稻盛和夫以自己的体验说明这个问题。他说，为了让大家理解他提出的愿景，以及为了拥有工作必需的思维方式，他经常会组织称之为空巴的酒会，在席上劝酒时，对方会说，"酒我喝了，但你叫我敞开胸襟我还做不到……"之类的话，反应依然冷淡。原因就在于公司创立初时，他的人格还没有被认同。

三、为提升自己的人格而"修心"

稻盛和夫意识到，当初自己说的话员工听不进去，问题出在自己身上，如果自己不能成长为一个受尊敬的人，那么，不管口头上如何强调"让我们共同努力吧"，这种热情也根本无法传递。当他想到这一点以后，就开始

为提升自己的人格而"修心"。

随着心性的提高，他的人格被认同后，他说的话，员工都能听得进去。

第三节　经营者无论何时都要"修心"

如何通过"修心"提高自己的人格，稻盛和夫谈到了如下方式。

一、读书学习

为了提升人格，稻盛和夫坚持每天读书学习。上班没时间，就在下班后的有限时间里读书。他在枕边堆放了很多与哲学及宗教相关的书籍，不管多少忙碌，多么疲劳，在每天入睡前，都会拿起书本，哪怕只读上一两页。读到有感触的地方，就会用红笔画线，反复咀嚼。

二、自我反省

稻盛和夫指出，不管是成功、名望和赞誉等荣光也好，还是挫折、失败和苦难等逆境也罢，都是上天所赋予的考验。正因为如此，不管是一帆风顺之时，还是人生事与愿违之时，我们都"必须不断自我反省，绝不能忽略了对心灵的修持"。

为了强调自我反省，他引用了英国思想家詹姆斯·埃伦的几段话："人的心灵像庭院，既可理智地耕耘，也可放任它荒芜，不管是耕耘还是荒芜，庭院都不会空白。""如果自己的庭院里没有播种美丽的花草，那么，无数杂草的种子将飞落，茂盛的杂草将占满你的庭院。"

"出色的园艺师会翻耕庭院，除去杂草，播种美丽的花草，不断培育。同样，如果我们想要一个美好的人生，我们就要翻耕自己心灵的庭院，将不纯的思想一扫而光，然后种上清澈的、正确的思想，并将它们培育下去。"（《原因与结果法则》）

稻盛和夫在工作和生活中特别注重自我反省。他始终不忘却自省之心，以谦虚的心态，每天检点自己的行为。如果出现了轻浮的举止或傲慢的态度，一个人在家里或宾馆的时候，他会对此进行深刻的反省。他会对着镜子里的自己斥责"你这个蠢货"，然后，另一个自己会责骂，"你小子真是一个恬不知耻的家伙"。到了最后，他会说出反省的语言。稻盛和夫说："在这样持续反省的过程中，人格就会发生转变。"

他还提出，即使很勤奋，但人有时总会偷懒，加上小人奉承，人还是会禁不住傲慢，还会发脾气。坚持每天反省，就不会让自己变得更坏。在企业规模较小时，要以节俭为本，脚踏实地地奋斗；之后，不管自己变得多么富有，不管企业变得多么优秀，都必须做到"不忘本，不变质"。这就需要企业家常怀自省之心，常思克己之道。

三、修炼"静心"之功

稻盛和夫多次讲过，凡人要达到觉悟的境界是不可能的，我们所能做的，只有磨炼自己的心灵，哪怕是一小步，也要向觉悟的状态靠近。这种持续的努力，可以说是人生本身。

他说，要做到这一点，可以采用一个方法，就是在一天当中，腾出一段时间，哪怕很短的一段时间，让自己的心静下来，保持平稳的状态。

他提出，在现代社会当中，当海量的信息不断涌入时，当紧张的工作不断逼迫时，头脑中波涛起伏，思绪万千，无法保持心灵的安宁。在这种情况下，要将躁动的心灵之波一时镇住，制造一种机会，进入心如止水的状态。可采用冥想等方式，每天用很短的时间就行，让自己的心平静下来。每天获得这片刻的平静，就能够一点点地接近真我（心的本来面目）的状态。这么做，就能帮助我们在人生的各个方面收获丰硕的成果。

四、听从"明师"教诲

稻盛和夫指出，为了度过美好的人生，努力磨炼和提高心性这种自助努力当然是必需的，但另一方面，与明师相遇也不可或缺。这样的人能引导我们的人生走向更好的方向。

遇到这种被称为命运之师的人，该怎么做才好呢？这完全取决于自己具备的心根。稻盛和夫说："即使与帮助自己开拓人生的老师相遇，但如果缺乏接受对方建言与支援的诚心，缺乏积极的纯粹的愿望，就结不了善缘。"

稻盛和夫说，回顾过去，他也是靠了与各种各样的人命运般的相遇，才得以度过非常幸福的人生。搭起桥梁，帮他进入中学的老师；劝他考大学的老师；帮他找工作的老师；给他宝贵的忠告，让他没走错路的老师……每一位老师都没有自己的算计，而是像亲生父母一样，担心他的前途，向他伸出援助之手；而他遇见的这些老师，是因为看到了他不管什么事情都能正面面对、极度认真、一心一意、全力以赴的姿态，才给出了发自内心的意见和建议。

总而言之，经营者为了"提高心性，拓展经营"，必须在心上用功，"培育美好心根"，具体方式包括读书学习，自我反省，修炼静心之功，听从明师教诲，等等。

第四部分

学习『圣吉心学』，进行『五项修炼』

彼得·圣吉告诉我们，"唯一持久的优势是比你的竞争对手学得更快"。为了做到这一点，经营者要立志改造自己的企业，把传统的"权威控制型组织"改造为"学习型组织"；而建立学习型组织的实务是经营者及管理者要通过"五项修炼"，实现"心灵的转变"。一是要修炼"系统思考"，由看部分转为看整体；二是要修炼"自我超越"，由满足现状转为超越自我；三是要修炼"心智改善"，由固守既有认知转为改变既有认知；四是修炼"共同愿景"，由个人持有愿景转为共同持有愿景；五是修炼"团体学习"，由以个人为学习单位转为以团体为学习单位。为此，我们要学习"圣吉心学"，进行"五项修炼"。

第十五章 建立"学习型组织"的意义

"学习型组织"是彼得·圣吉在《第五项修炼》一书中提出来的。作者被《商业周刊》评为世界十大管理大师之一,该书被《金融时报》评为"伟大的五部工商管理巨著之一"。总裁读书会推荐:"《第五项修炼》被誉为是新时代的管理圣经,它的成功和卓越之处不仅在于理论,而且在于它的可操作性和对实践的有效指导。"

第一节 "学习型组织"的提出与发展

一、"学习型组织"的提出

彼得·圣吉在《第五项修炼》中提出:"九十年代最成功的企业将会是学习型组织,因为未来唯一持久的优势,是有能力比你的竞争对手学习得更快。""学习型组织的真谛:活出生命的意义。"

二、"学习型组织"的发展

美国排名前25家企业中有80%的企业按照学习型组织模式改造自己;世界排名前100家企业已有40%的企业按学习型组织模式进行彻底改造;

MIT（麻省理工学院）学习班中 1/3 的学员来自日本；

荷兰成立"组织学习研究中心"；

新加坡提出创建"学习型政府"，国防部开设"系统思考研习营"；

欧洲提出"学习型社会"5 大特征；

瑞典的一些企业已在努力实践中；

……

三、中国企业建立"学习型组织"遇到的问题

"学习型组织"的理念和方法引入中国后，不少企业提出要建立"学习型组织"，有些政府部门也提出要建立"学习型政府"。实践结果表明，有些组织取得显著成效，有些组织则流于形式，未能取得成效。

流于形式，未能取得成效的主要原因在于，这些企业组织的领导者与管理者只是跟风赶时髦，既没有充分理解建立"学习型组织"的意义，也没有掌握建立"学习型组织"的实务与技巧。

某投资集团曾想引进"学习型组织"的理念与方法，在上海召开年度会议期间，专门请高校的名教授为全体参加会议人员做了"学习型组织"的专题报告，但是没有后续动作，这件事就停下来了，没有取得实际成效。还有一家装修集团，已经给每位高中层管理人员发了《第五项修炼》这本书，请咨询顾问讲了"系统思考""心智改善"等专题，最终也不了了之。假如企业的领导人没有做好改造企业组织的思想准备，也不愿改变已经形成的权威控制型的管理模式，这项工作虽意义重大，但很难进行到底。

第二节　建立"学习型组织"的实务与技巧

学习型组织的建立，实际上就是对传统权威型组织的改造。传统组织靠权威控制企业的运行，而"学习型组织"则是靠共同学习、共同成长，

共创未来来激活员工、激活组织，从而获得"唯一持久的优势"，推动企业持续成长，成为业内最成功的企业。

一、建立"学习型组织"的实务

建立"学习型组织"的实务，是彼得·圣吉在《第五项修炼》中提出的"五项修炼"及企业改造中相关难题的破解。企业的经营者及管理者要通过"系统思考""自我超越""心智改善""共同愿景""团体学习"这五项修炼实现"心灵的转变"，并综合运用五项修炼的方法去破解企业改造中的难题。

二、建立"学习型组织"的技巧

"五项修炼"中的每一项修炼都涉及一系列的技巧，破解企业改造中的每一道难题也涉及一系列的技巧，这是我们在学习中必须充分注意的。

三、"学习型组织"的学习

"学习型组织"的"学习"是一种"开创性的学习"，是一种"真正的学习"。这种学习不同于我们日常工作中所说的学习，它不仅注重学习"知识技能"，更注重学习"心灵的根本转变与运作"。

透过这种学习能够"重新创造自我"，能够"做到从未能做到的事情"，能让大家"在组织内由工作中活出生命的意义"。

"重新创造自我"指的是通过"心智改善""系统思考"等修炼实现"心灵的根本转变"，意味着自我的"重新创造"。

"做到从未能做到的事情"指的是能重新创造自我，能重新认知这个世界，就能扩展创造未来的能量，做到从未能做到的事情。

"活出生命的意义"指的是能够"重新创造自我"，"做到从未能做到的事情"，自然也就能"活出生命的意义"。

《第五项修炼》中，壳牌石油公司的案例、汉诺瓦保险公司的案例都说明了上述观点。

第三节　建立"学习型组织"的意义

建立学习型组织，对公司而言，能使企业拥有唯一持久的竞争优势，成为行业内"最成功的企业"；对员工而言，能使员工完全发挥生命力，"活出生命的意义"。

一、对公司发展的意义

对公司而言，学习型组织能使企业拥有唯一持久的竞争优势，成为行业内"最成功的企业"。

（一）就学习方式而言

竞争对手是个人在学习，学习型组织不仅是个人在学习，还有团体在学习。团体学习能通过深度汇谈，汇集众智，达成共识，转化为行动，因而可以比竞争对手学得更快、更好。《第五项修炼》中美国电脑资讯公司的故事就是有力的证明。

（二）就学习内容而言

竞争对手是学习专业的知识技能，学习型组织不仅注重学习专业的知识技能，更注重学习"心灵的转变与运作"。"系统思考"使你从看部分转变为看整体，能更好地解决运营中遇到的复杂问题；"心智改善"使你改变既有的认知，能够更好地做出判断与决策，因而更能获得成功。《第五项修炼》中壳牌石油公司的故事、啤酒购销系统的故事充分说明了这一点。

（三）就实现愿景而言

竞争对手是领导者个人持有愿景，学习型组织是组织成员共同持有愿景。领导者个人持有愿景带来的是员工的遵从，甚至冷漠，组织成员共同持有愿景带来的是员工的投入与奉献，因而企业的愿景更易于实现。《第五项修炼》中约翰的故事（创新性配销系统）、波尔顿的故事（电脑网络的建立）都能说明这个问题。

二、对员工成长的意义

对员工而言,"学习型组织"能使员工共同学习,共同成长,共创未来,完全发挥生命力,活出生命的意义。

(一)在员工学习方面

竞争对手鼓励员工参加专业知识技能的培训,学习型组织还鼓励员工参加"心智改善"的培训。

彼得·圣吉指出:"透过学习,我们重新创造自我。透过学习,我们能够做到从未能做到的事情,重新认知这个世界及我们跟它的关系,以及扩展创造未来的能量。事实上你我心底都深深地渴望这种真正的学习。"汉诺瓦保险公司"管理研习会"的故事能说明这个问题。

(二)在员工激励方面

竞争对手激励员工挑战业绩目标,学习型组织还激励员工"挑战成长目标"。

学习型组织的员工能确立愿景,能保持创造性张力,能破除习惯性防卫,能运用潜意识,自然成长更快。第十七章中关于修炼"自我超越"对此有具体阐述。《第五项修炼》中京瓷公司的故事、汉诺瓦公司的故事、赫门米勒公司的故事都可证明。

(三)在员工管理方面

竞争对手要求员工接受命令控制,学习型组织要求员工"心手相连,共创未来","活出生命的意义"。

竞争对手的员工在权威控制型的组织环境中往往不敢想,不敢说,不敢做,生命力得不到充分发挥;学习型组织的员工能够在一种开放的环境中完全发挥自己的生命力,因而能够活出生命的意义。第二十一章中"超越'权威控制'的办公室政治"对此有具体阐述。《第五项修炼》中波士顿一家科技公司"重拾人类基本价值"的故事,"大墙"的故事都能说明这个问题。

三、学习型组织与权威控制型组织的对比

（一）权威控制型组织

管理体制：中央集权，命令层层下达，情况层层上报。

管理方式：命令控制，领导者一个人说了算。

组织氛围：死气沉沉，员工不敢想，不敢说，不敢做。

对员工成长的影响：未能完全发挥生命力，活出生命的意义。

对组织发展的影响：比对手学得慢，缺乏唯一持久的竞争力，在竞争中迟早会被竞争对手打败。

（二）学习型组织

管理体制：地方为主，下属机构拥有决策权。

管理方式：借助建立共同愿景、心智改善和团体学习等方式对下属机构进行协调与控制。

组织氛围：共同学习，共同成长，共创未来。

对个体成长的影响：使生命力完全发挥出来，活出生命意义。

对组织发展的影响：比对手学得更快，获得唯一持久的竞争力，成为最成功的企业。

权威控制型组织与学习型组织的对比，如表15-1所示。

表15-1　权威控制型组织与学习型组织的对比

组织类型 对比内容	权威控制型组织	学习型组织
管理体制	中央集权，命令层层下达，情况层层上报	地方为主，下属机构拥有决策权
管理方式	命令控制，领导者一个人说了算	借助建立共同愿景、心智改善和团体学习等方式对下属机构进行协调与控制

续表

组织类型 对比内容	权威控制型组织	学习型组织
组织氛围	死气沉沉，员工不敢想，不敢说，不敢做	共同学习、共同成长、共创未来
对员工成长的影响	未能完全发挥生命力，活出生命的意义	使生命力完全发挥出来，活出生命意义
对组织发展的影响	比对手学得慢，缺乏唯一持久的优势，在竞争中迟早会被竞争对手打败	比对手学得更快，获得唯一持久的优势，成为最成功的企业

（三）两类不同组织的典型案例

1. 权威控制型组织典型案例：某汽车公司

（1）汽车公司的管理体制：中央集权，各管理中心，各分子公司均需层层上报，等待指令层层下达。

（2）汽车公司的管理方式：命令控制，领导者个人说了算。做定价决策时，总经理与分管财务的副总经理有意见分歧。总经理提出，按他的测算方法，这个定价还是有利润的；财务副总经理提出，按财务的测算方法，这个定价是亏损的。总经理直接把财务副总经理的意见否定了。结果表明，总经理在定价上的决策是错误的。做组织设计决策时，总经理与分管人事的副总经理也发生了意见分歧，总经理在放弃了阿米巴的部门核算制以后，仍坚持保留阿米巴组织设计，人力副总经理提出采用流程型组织设计，总经理同样直接把人事副总经理的意见否定了，结果流程设计的梳理陷入困境。

（3）汽车公司的组织氛围：员工不敢想，不敢说，不敢做。管理团队的成员明知总经理的提案行不通也不提出不同意见。他们的想法是，"等他自己撞墙后回头吧"。

(4) 对汽车公司员工成长的影响：未能完全发挥生命力，活出生命的意义。中高级技术人员因工作价值得不到尊重而纷纷选择跳槽。

(5) 对汽车公司组织发展的影响：缺乏唯一持久的优势。2015 年在风口时业绩有了大的发展，2016 年后连续几年一直处于亏损状态，2019 年报的财务数据表明，公司已经资不抵债。该公司的总经理已被撤换。

这家企业的总经理曾在会上公开提出，"为什么工程部的管理者不能为公司多负点责任？为什么机器一出故障就申请花几万元购买新机器，而不是想办法把机器修理好？"他没有明白，原因出在自己的管理方式上。

2. 学习型组织典型案例：京瓷公司

稻盛和夫在企业发展中遇到一个问题：如何控制越来越大的组织，如何才能运营一个持续成长的公司？他在思考中闪现了一个想法：为何不把公司分成若干小集体呢？为何不让这些人担任小集体的领导，放权让他们管理呢？为何不让这些组织独立核算呢？他决定实施阿米巴经营，目的是确立与市场挂钩的部门核算制度，培养具有经营者意识的人才，实现全体员工共同参与经营。

(1) 京瓷的管理体制："地方为主"，各级阿米巴拥有决策权。稻盛和夫在京瓷实行阿米巴经营，把制造、营销等职能部门转变为独立核算的经营部门，以此培养经营者，并实现全员参与经营。各级阿米巴均拥有经营决策权。

(2) 京瓷的管理方式：借助建立共同愿景、心智改善和团体学习等方式对各阿米巴进行协调与控制。一是建立"共同愿景"。在京瓷还是一个零散企业的时候，稻盛和夫就开始向并肩奋斗的伙伴们描绘公司的宏伟梦想：使京都成为世界第一的企业。当时，这显然是一个不切实际的远大梦想，即便如此，他还是利用一切机会灌输"终有一天会成为世界第一"的想法，其结果就是大家都朝着这个远大目标倾注了全力。二是修炼"心智改善"。推广"阿米巴哲学"，包括"做人何谓正确""成功方程式""销售最大化，费用最小化"等，并强调"哲学共有""以心为本"。三是修炼"团体学习"。为了凝聚人心，稻盛和夫还把经营哲学学习会和聚餐会结合起来。学习会上，先听稻盛和夫演讲，之后就是聚餐会。每个人每次交1000日元的参加费用，一边喝着罐装啤酒，一边与稻盛和夫先生讨论。目的就是把干部和员工的心凝聚在一起。每个人都敞开心扉，真诚地交换意见和想法，激烈地进行讨论。

（3）京瓷的组织氛围：京瓷确立了新的经营理念，"应在追求全体员工的物质与精神两方面幸福的同时，为人类和社会的进步与发展做出贡献"。京瓷营造了开放的环境：玻璃般透明，公开公司情况，提高员工参与意识。员工把京瓷当"自己的公司"，员工由此萌生"真正的伙伴意识"。

（4）对京瓷员工成长的影响：完全发挥生命力，活出生命的意义。

（5）对京瓷组织发展的影响：获得唯一持久的竞争力，经营几十年没有亏损过，进入世界500强，成为"最成功的企业"。

3. 华为的企业改造

2019年11月5日华为创始人任正非在深圳接受《华尔街日报》采访。记者问任正非："面向未来，华为在管理方面面临的最大挑战是什么？未来您真正退出华为舞台后，您希望华为成为一家怎样的公司？"

任正非表示，华为公司30年来从小公司走向大公司，走的是中央集权管理的道路。这样的做法会使机关总部结构庞大，越来越官僚主义，那么公司迟早会由于不堪重负而垮掉。我们在阿根廷召开"合同在代表处审结的试点会议"，改革的要点就是把决策权力交到最前方，让前方的人员职级、能力都得到大幅度的提升。如果前端确实有很多能担负起责任的高级干部，那么往公司后端的流程就可以大幅度缩短，机关就不需要这么多干部。机关就会精简，减少官僚主义，减轻供养负担。为在代表处完成合同审结这样的改革，我们计划用五年或更长的时间来改变。机关会变小，办公室里没有那么多高级干部，多数是一些职员。这样把顶上重重的帽子卸下来，华为公司的管理倒转180度，就会获得新生。

任正非的想法与彼得·圣吉在《第五项修炼》中提出的"地方为主"，保持对自主经营体的"协调控制"的看法相通。

总而言之，对公司而言，学习型组织能使企业拥有唯一持久的竞争优势，成为行业内最成功的企业；对员工而言，学习型组织能使员工共同学习，共同成长，共创未来，完全发挥生命力，活出生命的意义。

第十六章 面对复杂问题，修炼"系统思考"

第一节 修炼"系统思考"的目的

我们习惯的思考方式是看局部，我们看到的因果关系是线段式的。例如，家庭不和，认为问题在对方；销售不畅，认为问题在销售部；股价下跌，认为原因是媒体上的一条消息；军事竞赛，认为问题在敌对国家……结果是找不到有效的解决办法，使自己陷入困境之中。

学会系统思考，能够改变我们的思考方式，使我们从看局部转变为看整体，找到复杂问题背后的结构性原因和根本性的解决办法。

一、"系统思考"的定义

彼得·圣吉提出："系统思考是一项看清复杂状况背后的结构，以及分辨高杠杆解与低杠杆解差异所在的一种修炼。为了达成这个目标，系统思考提供一种新的语言，以重新建构我们的思考方式。"

（1）系统思考是面临复杂状况（问题）的一种思考方式。

系统思考面临的问题不是简单问题，而是动态性复杂问题（复杂状况）。神奇科技公司销售状况出现复杂变化（从不断增长到不断下降）不是简单的销售问题，而是各种关键因素互动的动态性复杂问题。

某汽车配件公司大起大落，不是某个部门的问题，而是总经理缺乏领导力导致的整体性管理混乱问题。

（2）系统思考的目的在于看清复杂状况背后的"结构"，找出"高杠杆解"。

"结构"，即结构性原因，指"关键因素的互动关系及变化形态"。"高杠杆解"，即省力而有效的解决办法，指在"杠杆点"上用力，撬动整个运行结构的改善。

神奇科技公司的故事：结构性原因是销售增长过快；产能跟不上；欠货量大，交货期长，销售难度大，导致订单量下降。省力而有效的解决办法（高杠杆解）是八周交货期标准，行动方案是制订实施产能扩大计划。

某汽车配件公司的故事：结构性原因是总经理缺乏领导力，公司管理流程混乱，导致：销售部门产品定价过低，合同工期过短；研发部门设计流程未能严格执行；采购部门采购速度跟不上，原辅料质量不合格；生产部门产品质量不合格，交期过长；最终导致产品和原辅材料大量积压，连年亏损。省力而有效的解决办法是撤换总经理。

（3）系统思考的方法是提供一种新的语言来描述问题背后的"结构"（结构性原因），并引导对"高杠杆解"（省力而有效的解决办法）的思考。

新的语言："结构"的运行是一个因果环，最合适的描述语言是环路图。假如用习惯性的语言描述，可能说了一堆还是说不清楚。

对神奇科技公司销售下滑问题背后的"结构"进行描述，用的就是"环路图"这种新的语言（参见图16-17对神奇科技公司"成长上限"环路的描述）。

二、修炼"系统思考"的目的

学会系统思考是为了使我们的思考方式从看部分转变为看整体，从整体动态运行的"结构"中找到复杂问题的"高杠杆解"。

神奇科技公司的故事：对销售下滑问题，如果只看销售部门的运行，不看公司的整体运行，肯定找不到问题背后的"结构"，也找不到"高杠杆解"。

某汽车配件公司的故事：对连年亏损问题，如果只从生产基地的运行找原因，不从公司的整体运营找原因，同样找不出问题背后的"结构"，也找不到"高杠杆解"，只能陷入困境。

（1）企业管理中会遇到很多动态性复杂问题。

彼得·圣吉提出：任何企业必须花费许多人力才能制造一些成品，要花费许多星期才研拟出新的促销办法，要花费许多个月才训练好新进人员，以及要花费许多年来发展新产品、培养管理人才、建立品质声望……，而且所有这些过程不断在互动，其动态复杂可想而知。

如何在快速销售成长与扩充产能之间取得平衡，是一个动态的问题。

改善品质，降低总成本，使顾客满意，以取得持久的竞争优势，更是个动态的问题。

（2）看部分的思考方式会使我们陷入困境。

看部分的思考方式会使我们陷入困境，会出现这样的情况：这边的问题解决了，那边的问题又冒出来；问题短期解决了，长期却使问题恶化。

神奇科技公司的故事：只看销售部，增加销售人员，加大奖励力度，仍然不能从根本上解决问题，上来一点又滑下去，最终清算倒闭。

某汽车配件公司的故事：销售部埋怨生产部，生产部埋怨研发部，研发部回头又埋怨销售部，都看不到自己的行为对整体运行结构的影响，导致连续几年严重亏损。

某汽车配件公司陷入困境的根本性原因在于原总经理没有学会系统思考。原总经理亲自负责市场销售，签订销售合同时，只考虑把这个订单签下来，不考虑技术部门技术开发的时间，也不考虑制造部门能否按期交付。

导致工程样机未出，就要求生产基地大批量生产；按生产周期需一个月交货的产品，逼迫制造部门 10 天交付。最终结果，交期与质量都发生问题。

（3）系统思考能帮助我们找到问题背后的"结构"和"高杠杆解"，从而摆脱困境。

神奇科技公司的故事：系统思考者模拟该公司的销售运行，在找出"杠杆点"和"高杠杆解"之后，坚持八周的交货期标准，并继续在产能上投资，其结果是"十年期间从头到尾都保持快速地成长"。

某汽车配件公司的故事：在找出"杠杆点"和"高杠杆解"之后，已撤换了总经理，能否起死回生，还有待观察，毕竟积重难返。

第二节　修炼"系统思考"的方法

修炼系统思考，一是要学习系统思考的特殊语言，二是要学习系统思考的基本方式，三是要学习系统思考者的开放心态。

一、学习系统思考的特殊语言

我们在工作和生活中会遇到许多"动态性复杂"问题（佛睿思特称为"复杂变化"）。

"动态性复杂"问题的因果关系是微妙的，这种因果关系不是"线段"式，而是"因果环"式，因此，需要一种"环状相连的语言"（环状图）来"描述各种不同的环状互动关系及其变化形态"（结构），来"引导思考"省力而有效的解决办法（高杠杆解）。

用"环状相连的语言"描述"环状互动关系"的例子，如图 16-1 所示。

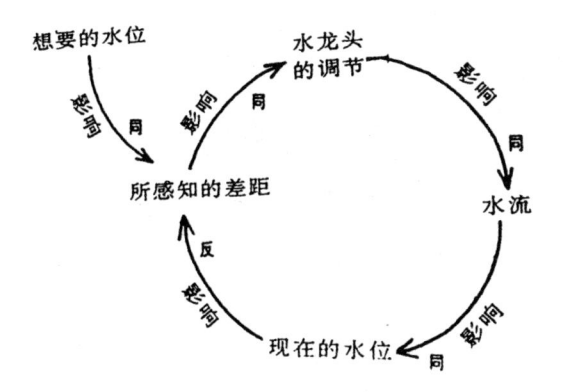

图16-1 注满一杯水的动环式思考

在图 16-1 中，每一线段连接起两个要素，其中箭头表示前一项因素对后一项因素的影响。如"水龙头的调节"箭头指向"水流"；任何对水龙头调节所做的改变，将使水流改变。箭头从不单独存在。

（一）"系统思考"语言的"基本元件"

在一个因果环中，各关键要素的相互影响，有的可能形成"增强环路"，有的可能形成"调节环路"，在相互影响过程中可能还会出现"时间滞延"。

1. "基本元件"之一：增强环路

对一个好产品而言，更多的销售会带来更多满意的顾客，更多满意的顾客会带来更多良好的口碑，这将带动更多的销售，更多的满意顾客，更多的良好口碑……，依此循环。在另一方面，如果产品有缺陷，良性循环会转向恶性循环：满意的顾客减少，好的口碑减少，销售量减少，因而好口碑更少，销售更加减少。由口碑促进销售状况的反复增强环路，如图 16-2 所示。

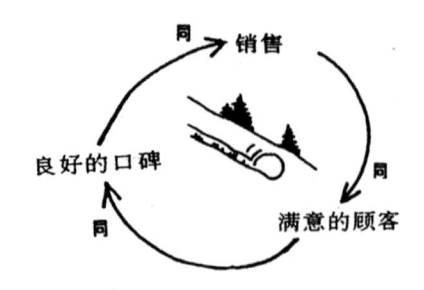

图16-2　由口碑促进销售状况的反复增强环路

不断增强的变化形态有如"滚雪球",因而图中有滚雪球的符号。

在环状图中,"同"表示前后两个因素改变的方向相同,"反"表示前后两个因素改变的方向相反。如循环路绕一圈,"反"字符号的总数为零或偶数,则此环路为增强环路;如循环路绕一圈,"反"字符号的总数为奇数,则此环路为调节环路。上例中,"反"字符号之总数为零,故为增强环路。

2."基本元件"之二:调节环路

在环状图中更大的"差距"引发更大的"压力",更大的"压力"引发更多的"工作时数",更多的"工作时数"引发更小的"差距",从而接近"平衡"。工作时数的调节环路,如图16-3所示。

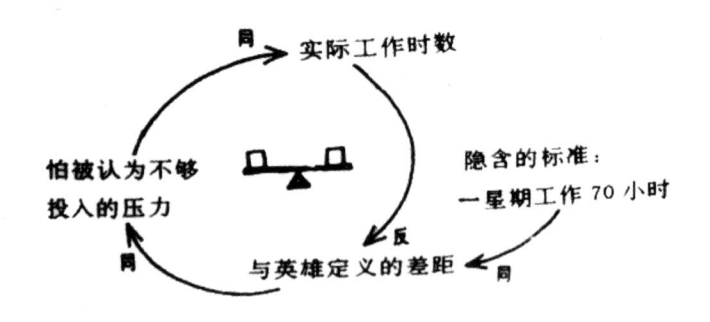

图16-3　工作时数的调节环路

反复调节的变化形态有如"平衡秤",因而图中出现了"平衡秤"的符号。

3. "基本元件"之三：时间滞延

具有时间滞延的调节环路：反应迟缓的淋浴设备，如图16-4所示。

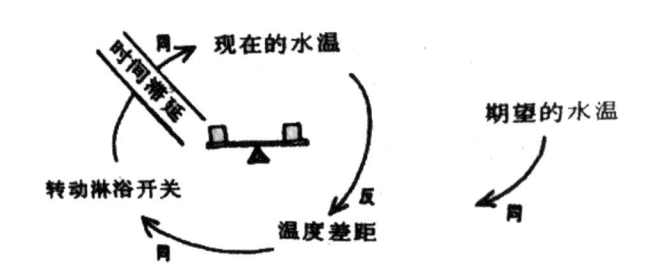

图16-4 具有时间滞延的调节环路：反应迟缓的淋浴设备

温差调节是个通过反复调节达到与"期望的水温"平衡的环路，因而图中有"平衡秤"的符号。

从"转动淋浴开关"到调节"现在的水温"，有时间上的滞延，因而图上有"时间滞延"的符号。"时间滞延"也是一种变化形态。

（二）由"基本元件"构成的"系统基模"（基础模型）

1. 什么是"系统基模"

"系统基模"指的是环状图的基础模型。它是用系统思考的语言（环状图）对一再发生的现象（问题）背后的"结构"进行描述。"系统基模"的内容是一再发生的现象（问题）背后的"结构"（各种关键因素的互动关系及变化形态）。"系统基模"的形式是系统思考的语言（环状图）。

我们在工作或生活中，会遇到一些一再发生的现象或问题，但我们往往看不清其背后运行的"结构"，不知道如何加以解释和说明。系统思考专家把一些一再发生的现象或问题背后的"结构"找出来，用"环状图"这种新语言描述出来，就成了系统基模。

当我们遇到某种一再出现的现象或问题时，可以参照专家为我们提供的"系统基模"来找出问题背后的"结构"，画出"环状图"，从而看清"结构"中的"杠杆点"，找出"高杠杆解"。

2. 学习每个"系统基模"须掌握的要点

以"成长上限"的基模为例。

(1)"成长上限"的基本结构。

"成长上限"系统基模的基本结构,如图16-5所示。

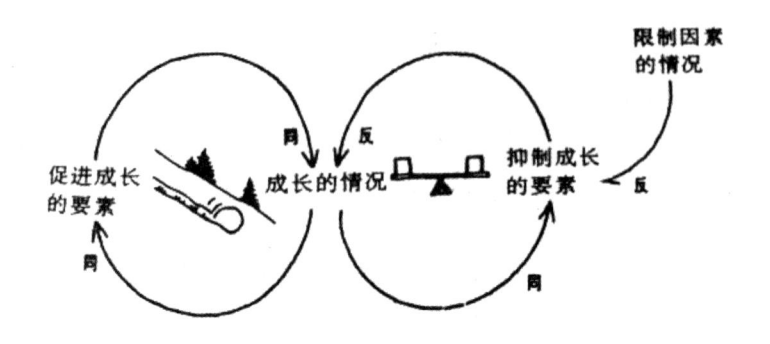

图16-5 "成长上限"系统基模的基本结构

(2)"成长上限"的状况描述。

一个不断增强的环路,会产生一段时间的加速成长或扩展。成长总会碰到各种限制与瓶颈,大多数的成长之所以停止,不是因为达到了真正的极限,而是由于在不知不觉中,触动一个抑制成长的调节环路开始运作,而使成长减缓、停顿,甚或下滑。

一位女士对"成长上限"的绝佳比喻:"那就像谈恋爱一样。邂逅之初,感觉很棒,因此你们花更多的时间在一起,沉浸在两情相悦的感觉中。你们一有余暇就在一起,然后你们彼此更加了解。渐渐地,他未必应允你每次的邀约,却恢复跟他的死党每隔一晚打一次保龄球;同时他也开始发现你个性上的缺点,例如爱吃醋,脾气不好,或不爱整洁。最后你们开始互相只看见对方的短处。当你们相识日深,了解对方的缺点后,情感成长终于停止,就像所有情况都会遇到成长上限一般。"

(3)"成长上限"的处理方法。

不要尝试去推动成长,要除掉限制成长的因素。

(4)"成长上限"的实际例子。

神奇科技公司的故事：公司的销售由快速增长到快速下滑，停顿。

某汽车配件公司的故事：公司的利润由快速增长到连年亏损，资不抵债。

3.九个"系统基模"的基本结构（环状图）。

系统基模有九个基本结构，如图16-6至图16-15所示。

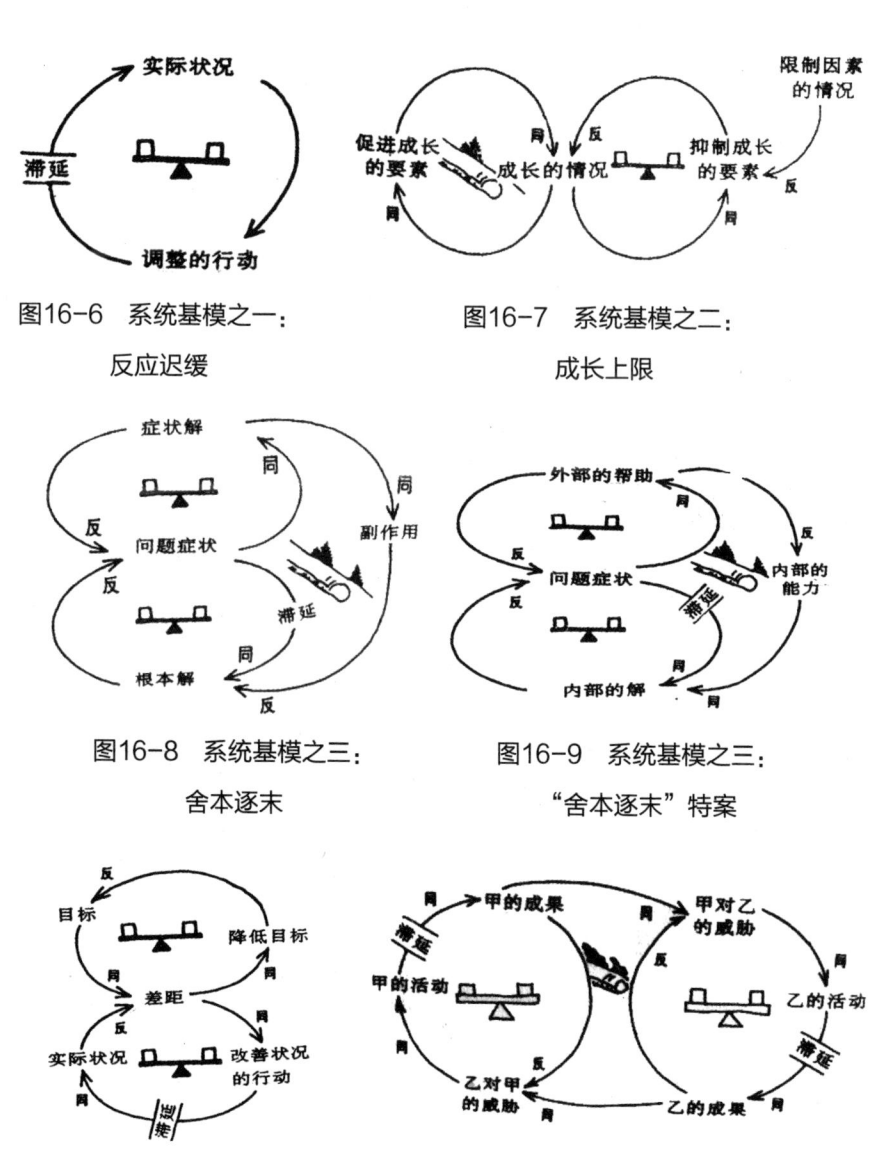

图16-6　系统基模之一：反应迟缓

图16-7　系统基模之二：成长上限

图16-8　系统基模之三：舍本逐末

图16-9　系统基模之三："舍本逐末"特案

图16-10　系统基模之四：目标侵蚀　　图16-11　系统基模之五：恶性竞争

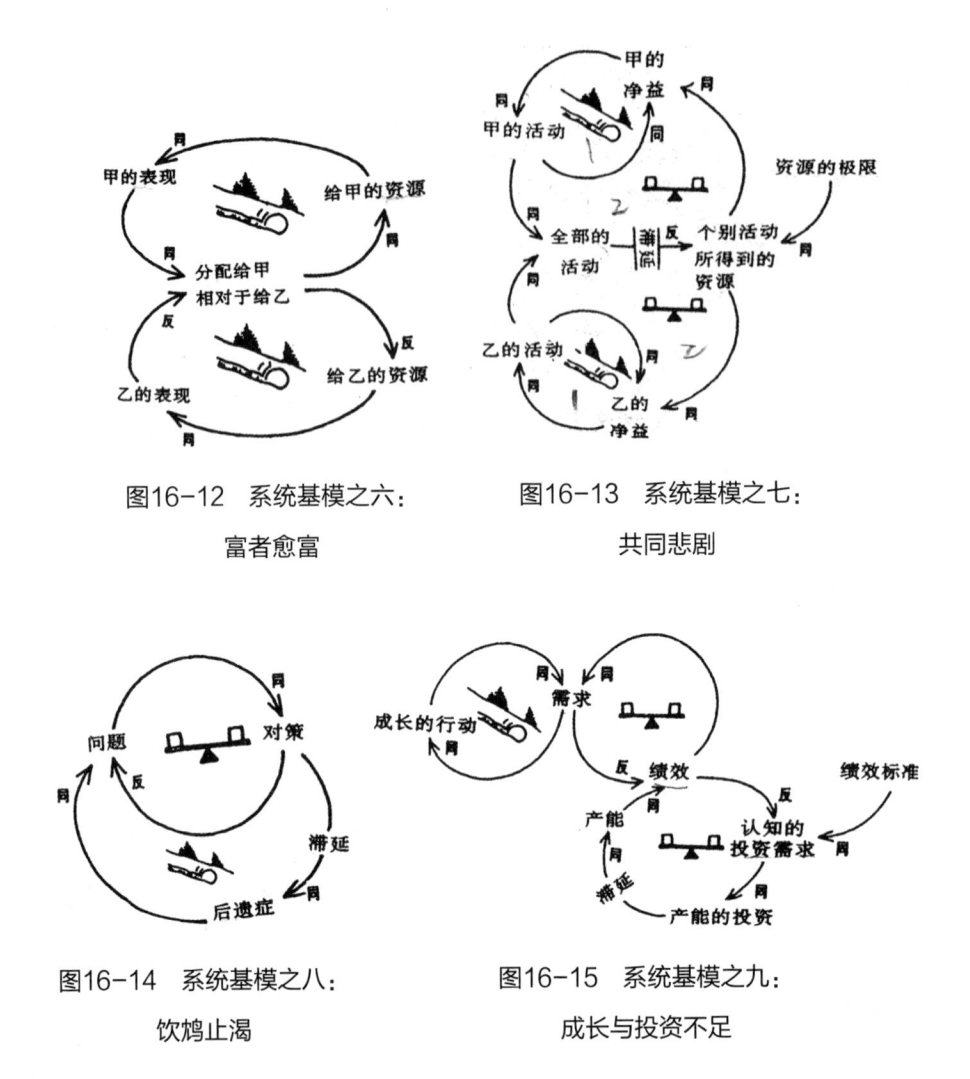

图16-12　系统基模之六：
富者愈富

图16-13　系统基模之七：
共同悲剧

图16-14　系统基模之八：
饮鸩止渴

图16-15　系统基模之九：
成长与投资不足

　　上列九个系统基模，为数虽只占系统思考的一部分，但已可以涵盖人类大部分的动态性复杂问题背后的"结构"：它们蕴含在小至个人、家庭，大至组织、产业、都市、社会、国家、世界，甚至民族、历史及生态环境的种种活动之中。

　　九个系统基模虽然已涵盖人类大部分的动态性复杂问题背后的"结构"，但并不是全部动态性复杂问题的"结构"。

当遇到的问题已有基模时，可以基模为参照，找出"结构"，画出"结构"，看清结构中的"杠杆点"，找出"高杠杆解"；当遇到的问题无基模可参照时，可按照系统思考的基本方式自己去找出"结构"，画出"结构"，看清结构中的"杠杆点"，找出"高杠杆解"。

在一个动态性复杂问题的背后，各要素的互动总是形成一定的环路，这个环路可能是"增强环路"，可能是"调节环路"，也可能是"增强环路"与"调节环路"的综合体，而在环路中的某个环节，可能出现"时间滞延"。

二、学习系统思考的基本方式

（一）辨认问题

要认清所遇到的问题是简单问题还是动态性复杂问题？是有现成的系统基模还是没有现成的系统基模，属于哪一类系统基模？

例如，神奇科技公司遇到的问题是动态性复杂问题，是属于一再出现的成长上限的问题。

辨认属于何种基模的方法：以问题最显著的变化形态为线索进行辨认。例如，神奇科技公司一开始成长便大幅蹿升，增强效果使成长不断上扬，但是成长渐渐慢下来，销售终于整个停止。这个变化形态是"成长上限"的典型表现（参见图16-5"成长上限"系统基模的基本结构）。

（二）寻找问题背后的"结构"，用系统思考的语言"描述结构"

1. 什么是结构

佛睿思特和彼得·圣吉有不同的表述，而实质内容是一致的。两相比较，彼得·圣吉的表述更为通俗一些。

佛睿思特提出，"复杂变化（问题）背后的本质"是"整体动态运作的基本机制"。这里所说的"整体动态运作的基本机制"讲的就是复杂问题背后的结构。

"整体"运作：不是单一因素的运作，而是多个因素的整体运作。

"动态"运作：各个因素的运作不是孤立的，而是互动的。一个因素的改变会影响另一个因素的改变，从而形成一个运行的环路。

彼得·圣吉提出，"结构"指的是"各种关键因素的互动关系及变化形态"。

从因素的数量看，复杂问题背后的因素不是单一的，而是多个的。每个关键因素都是一个变数，不同角色的行为也是一个变数。

从各个因素的关系看，各个关键性因素的运行是互动的。一个因素的改变会影响另一个因素的改变，从而形成一个运行环路。

从互动关系引发的变化形态看，互动关系引发了变化形态。增强环路中的互动关系引发的变化形态是不断增强，调节环路中的互动关系引发的变化形态是反复调节。

2. 如何寻找"结构"

寻找"结构"要以"系统边界原理"为指导。彼得·圣吉提出，如何判断整体，有一个很重要的原则，即我们应该研究的互动因素，应该是那些跟要解决的问题相关的因素，而不是以我们的组织或系统中，因功能而划分的人为界线为出发点。这个原则称为"系统边界原理"。

一般的操作方法：先找出与问题相关的重要因素，再找出各个重要因素的互动关系。（如对神奇科技公司销售下滑问题背后结构的寻找。）

"系统边界"有大小之分。就企业而言，一个部门内各岗位的互动构成一个系统，一个公司内各部门的互动构成一个系统，一个行业内各上下游企业的互动也构成一个系统。因此，有些问题背后的"结构"是公司内各部门的互动（如制造、行销与研究之间的互动），有些问题背后的"结构"是一个特定部门内各岗位的互动，有些问题背后的"结构"是一个行业内上下游各企业的互动。

3. 如何描述"结构"

已有现成系统基模的，可参照"系统基模"，找出问题背后的"结构"，画出"自己的版本"。每一个基模都是一个"通用的版本"。我们遇到类似的问题时，可以参照这个"通用的版本"，找出问题背后的重要因素及相互关系，把它添加上去，就可以把"通用的版本"改写成"自己的版本"。彼得·圣吉教我们做基模的填空练习，就是学习把"通用的版本"改写成"自己的版本"。没有现成系统基模的，可按系统思考的基本方式，自己找出问题背后的"结构"，并画出结构运行的"环状图"。

案例：神奇科技公司复杂问题背后结构的描述

已辨认出神奇科技公司的问题是一再出现的"成长上限"，专家通过对这类问题的研究，已提供了一个"成长上限"的基础模型，因而可以把"成长上限"的基模作为一个"通用的版本"，参照这个"通用的版本"，找出问题背后的关键因素及互动关系，把它添加上去，就可改写成神奇科技公司"自己的版本"。

第一步：参照"通用版本"的"增强环路"，寻找神奇科技公司销售成长背后的重要因素及相互关系，把它添加上去，改写成神奇科技公司的"增强环路"。

神奇科技公司销售成长背后的重要因素主要是增加销售人力。更多的销售人力带来更好的销售业绩，更好的销售业绩产生更多的收益，进而雇用更多的销售人员。把上述重要因素及其相互关系添加上去，可改写成神奇科技公司的增强环路，如图16-16所示。

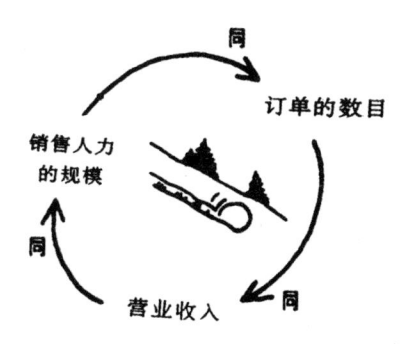

图16-16 神奇科技公司的增强环路

第二步：参照"通用版本"的调节环路，寻找神奇科技公司销售下滑背后的重要因素及相互关系，把它添加上去，改写成神奇科技的调节环路。

神奇科技销售下降的关键因素主要是交货期太长。原先订单数目过多，导致欠货数量过多，从而导致交货期过长；而交货期太长的结果，又导致销售困难度加大，从而导致销售下降。将上述重要因素及其相互关系添加上去，可改写成神奇科技的调节环路，如图16-17所示。

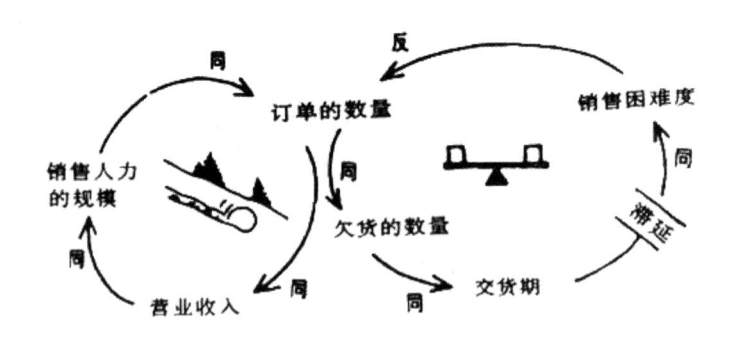

图16-17 神奇科技公司的调节环路

（三）看清"结构"中的"杠杆点"，找到"高杠杆解"

看清"结构"，主要是看清"结构"中的"杠杆点"。系统思考的关键在于看出"杠杆点"，亦即可引起结构重大而持久改善的点。能看清"杠杆点"，就能找到"高杠杆解"。

案例：神奇科技公司结构中的"杠杆点"与"高杠杆解"

一是要看清"结构"中的"杠杆点"。订单数目过多，导致欠货数量过多，从而导致交货期过长；而交货期太长的结果，又导致销售困难度加大，从而导致销售下降。杠杆点在交货期过长。

二是要找到"高杠杆解"。"高杠杆解"是坚持八周的交货期标准，行动方案是制订实施扩充产能计划。

整合"成长上限"与"舍本逐末"环路，如图16-18所示。

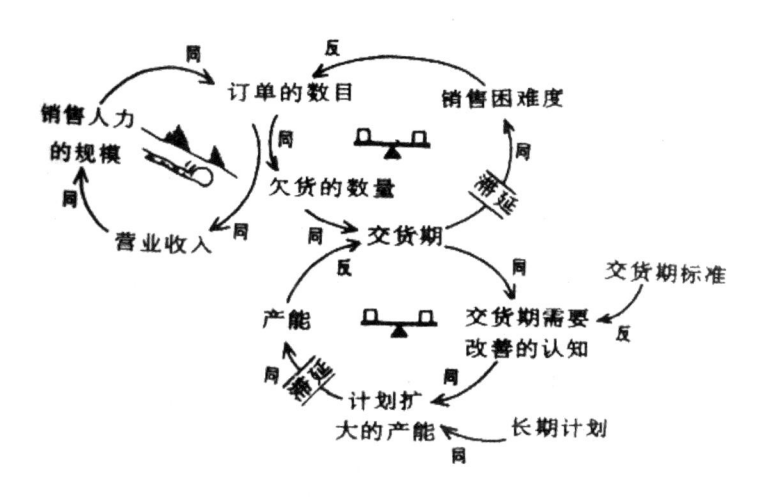

图16-18　整合"成长上限"与"舍本逐末"环路

实验证明，如果神奇科技公司坚守原来的交货期八周的目标，并继续在产能上大量投资，发挥自己应有的成长潜力，在第十年结束的时候，其销售比原来的情形会高出许多倍。

神奇科技公司的故事证明了许多有经验管理者的直觉，即尽一切可能地坚持某些关键性的标准是极为重要的。这些最重要的标准都是客户最关切的事情，例如产品品质（设计和制造）、服务品质、交货准时、信誉以及服务人员的友善与关心。模拟状况中神奇科技公司坚守交货期标准的成长潜力，如图16-19所示。

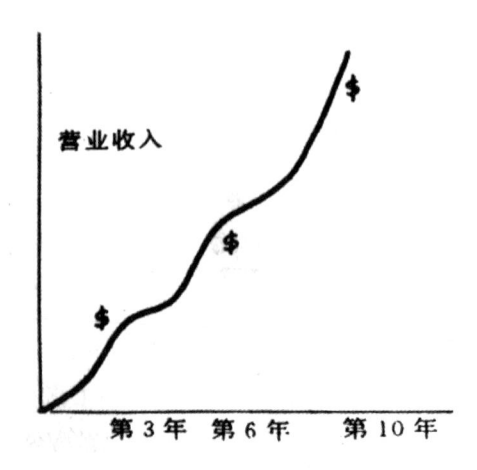

图16-19　模拟状况中神奇科技公司坚守交货期标准的成长潜力

三、学习系统思考者的开放心态

彼得·圣吉在《第五项修炼》中提到"大墙的启示"。他说，有一次，我们请大家运用系统图来思考怎样平衡工作与家庭责任。通常我们开始找出主要变数，如时间压力、自己的期望、责任、个人的兴趣、生涯目标、工作地点与住家的距离等，交错地写在墙上。然后我们开始提出这些变数的相互关系，如期望会影响生涯目标，上班通勤的时间会影响与家人相处的时间，个人所得会影响经济独立性和生活预算……不到一个半小时，我们已经以环路和箭头画满整片墙壁。

彼得·圣吉指出，这还只是在真实系统中许许多多的相互关联的极小部分。大家渐渐领悟到，没有人能够弄清这件事背后所有的互动关系。大墙的经验表明，你自己的任何"答案"，充其量不过是"近似值"，总还有改善的余地。因此，你在进行系统思考的过程中，应该保持一种开放的心态。

彼得·圣吉特别提到，在我们把"大墙"这项练习列入领导研习营以后没多久，一位波士顿的高科技公司副总裁，历历如绘地描绘出他参加的心境。他是一位很有成就和富于创意的工程师，在做过练习以后，他说：

"很多人会说，一旦看清自己永远无法理解生命后，会否定理性，这是不正确的。只要重新界定理性，即追求更深的理解，但是同时也知道没有最终答案；这会形成一种创造的过程——它包含理性，但是还有其他东西。"

四、"系统思考"与"结构化思维"的比较

"系统思考"是彼得·圣吉提出的解决动态性复杂问题的一种思考方式。其运作程序是：辨认问题；寻找问题背后的结构，用新语言画出结构；看清结构中的"杠杆点"，找到"高杠杆解"。

"结构化思维"是麦肯锡在解决重大管理问题过程中采用的一种思考方式。在界定问题阶段，用"情境结构图"和"诊断框架图"；在寻找解决办法阶段，用"逻辑树"和"决策树"；在求证解决办法可行性阶段，用"议题树"和"分析计划表"；在汇报解决方案阶段，用"金字塔结构图"。

第十七章　面对个人成长，修炼"自我超越"

第一节　修炼"自我超越"的目的

学会自我超越的意义："自我超越"是个人成长的驱动力，是组织生命力的源泉，是建立学习型组织的起点。

在大学读书时，同一个班的学友，学的是同样的知识与技能，而30年后，当大家再重新聚到一块时，很容易就发现，在人生的道路上，有的已经到了高山之巅，有的到了半山腰，而有的还在山脚下。这其中非常重要的原因，就在于一个人的生命中是否融进了"自我超越"的修炼，是否产生和延续了"创造性张力"。当然，这里也不否认有些"运气"的因素在起作用。

笔者接触过一位下属企业的HR，其做人事工作已有17年，凭资历已担任子公司的人事总监，然而从他的交流谈吐中可明显看出，他的能力水平仍停留在17年前。17年来，他原地踏步，年复一年，做着同样的工作。表面上看他有17年的工作经验，而实际上他只有一年的经验。这种人并不多见，而缺乏"自我超越"的修炼，个人成长不够快则有一定的普遍性。

一、"自我超越"的定义

彼得·圣吉说,"自我超越"是一项"个人成长的修炼","自我超越"的精义是"学习如何在生命中产生和延续创造性张力"。

"自我超越"是一项"个人成长的修炼",这项修炼包含两项动作:一是厘清到底什么对我们最重要(愿景),一是不断学习如何看清目前的真实情况(现况)。当我们将愿景(愿望的景象)与一个清楚的现况(相对于愿景的目前实况景象)同时在脑海中并列时,心中便产生一种创造性张力,一种想把二者合二而一的力量。"自我超越的精义便是学习如何在生命中产生和延续创造性张力"。

(一)"自我超越"是一项"个人成长的修炼"

彼得·圣吉指出:"自我超越是个人成长的学习修炼。具有高度自我超越的人,能不断扩展他们创造生命中真正心之所向的能力。"即是说,具有高度自我超越意识的人,他们的生命中有一个"真正心之所向"的愿景,他们会不断拓展创造这种愿景的能力。

假如说,你是一个企业的人事管理者,你的愿景是能一步一步往上走,直到进入企业管理团队的"金三角"(CEO/CFO/CHO),那么,你就要不断地去拓展创造这种愿景的能力,如本人在《超越——人力资源转型与思维框架突破》一书中提出的,为了实现职位上的超越,首先必须实现能力上的超越。

(二)"自我超越"的"两项动作"

彼得·圣吉指出:"当自我超越成为一项修炼,一项融入我们生命之中的活动,它的背后包含两项动作。"

首先是厘清到底什么对我们最重要。我们常花太多的时间来应付沿路上的问题,而忘了我们为什么要走这条路。结果对于我们真正重要的,反而模糊不清。

其次是不断学习如何看清目前的真实情况。人往往会在情况已经恶化的时候，自欺欺人地佯装每件事情都没有问题，最后一败涂地，或者当置身于一个人人都以为"我们正按照计划进行"的情况中，然而真实情况却未必尽然如此。

高度自我超越的人对愿景所持的观点和一般人不同。对他们来说，愿景是一种召唤及驱使人向前的使命，而不仅是一个美好的构想。另一方面他们把目前的真实情况，看作盟友而非敌人。他们学会认清影响变革的阻力，将事情的真相一幕幕地廓清。

高度自我超越的人永不停止学习。自我超越不是你所拥有的某些能力，它是一个过程，一种终身的修炼。高度自我超越的人，会警觉自己的无知、力量不足和成长极限，但这绝不会动摇他们高度的自信。

（三）"自我超越"的四个要素

彼得·圣吉指出："创造性张力是自我超越的核心原理，它整合了这项修炼所有的要素。"

(1) 愿景：到底什么对我们最重要。
(2) 现况：目前的真实情况。
(3) 差距：将愿景与现况同时在脑海中并列时产生的差距。
(4) 创造性张力：想把愿景与现况合二而一的正面力量。

二、修炼"自我超越"的目的

（一）自我超越对于个人成长的意义

学会"自我超越"能突破自己的极限，达到人格的完善和技巧的精熟。用有形的标准来看，它是指在专业上，具有某一水准的熟练程度。对一名技术精纯的艺匠而言，将其巧思融合熟练的手艺而形成浑然天成的作品，便是一种自我超越的实现。

在汉诺瓦公司，学会自我超越使个人成为"真正成熟"的人。汉诺瓦公司的总裁欧白恩在他的著述中提出："真正成熟的人能建立和坚持更高的价值观，愿意为比自我更大的目标而努力，有开阔的胸襟，有主见与自由意志，并且不断努力追求事情的真相。""真正成熟的人不在意短期效益，这使他们能专注于一般人无法追求的长远目标，他们甚至顾及自己所做的选择对后代子孙的冲击。""我们鼓励员工从事此项探索，因为对个人而言，健全的发展成就个人的幸福。只寻求工作外的满足，而忽视工作在生命中的重要性，将会限制我们成为快乐而完整的人的机会。"

在赫门米勒公司，学会自我超越使个人追求盟约关系的建立。传统组织的成员追求的是契约关系，是以一天的劳力交换一天的报酬。赫门米勒的组织成员追求的是盟约关系的建立。盟约关系建立在价值、目标、重大议题，以及管理过程的共同的誓愿上面。盟约关系融合了个人与组织的目标，使组织得到发展，个人得到成长。

欧白恩指出："这种盟约关系是有效的，你往往可从员工的成长得到验证。十年前到公司来的一名新人，在那时还摸不清自己，并对这个世界和自己的前途抱有极大的疑惑。然而，现在这个人领导着十多名员工；对于承担责任、整理复杂的概念、权衡不同的立场、研拟正确的抉择，他已游刃有余。他所说的话别人会留心聆听。他也因此对家庭、公司、社会有了更大的抱负。"

在万科，学会自我超越使个人拥有"丰盛人生"。王石是追求丰盛人生的榜样。他不仅把万科带到中国地产行业的龙头老大，而且体验了登山、跳伞、滑翔等人生的乐趣。万科集团的首席人才官解冻从人力资源基层员工开始，逐步成长为人事经理、人事总监，以及主管人事工作的执行副总裁，现任万科党委书记兼监事会主席。

笔者从实践中体会到，学会"自我超越"能在职业发展上取得更多的成果。笔者在广州中山大学工作期间，从事的是文学理论的研究与教学，1983年调深圳大学参加筹办工作后，改从事人力资源管理。后来有个机会到香港考察，购买了一批港台出版的人事管理书，边工作边研究，于1986年和几个同事合作，主编出版了《人事管理学》。1989年调到深圳市委组织部调研处工作后，结合实际工作研究相关资料，在中组部《组工通讯》《求是内部文稿》等重要刊物发表了《为特区经济腾飞提供组织保证》《谈企业经理外逃事件的原因与对策》等有一定影响力的文章。1994年转到中国宝安集团工作，又结合集团的工作实践，撰写了《价值观建设的关键点》《创立三力系统，推动企业发展》等论文，并获得"首届（2004年度）蒙代尔世界经理人CHO成就奖"和"第三届中国人力资源管理大奖——成果金奖"。2011年退休后，仍坚持学习和研究工作，由企业管理出版社出版了《"人事合一"与"胜任力管理"》和《超越——人力资源转型与思维框架突破》两本书。

（二）自我超越对于组织发展的意义

对于组织而言，个人的自我超越是"组织生命力的源泉"，员工个人的充分发展，对于企业追求卓越的目标至为重要。

日本京都陶瓷的稻盛和夫提出："不论是研究发展、公司管理，或企业的任何方面，活力的来源是'人'；而每个人有自己的意愿、心智和思考方式。如果员工本身未被充分激励去挑战成长目标，当然不会成就组织的成长、生产力的提升和产业技术的发展。"京都陶瓷从初创到30年后，销售额达20亿美元，几乎没有举债过，所达成的利润水准令许多公司钦羡。

美国汉诺瓦保险公司的总裁欧白恩指出："员工个人的充分发展，对于我们企业追求卓越的目标至为重要。"1969年当欧白恩的前任总经理亚当开始重建一套以人为核心的价值与信念的时候，汉诺瓦资产在保险业中仍然落在后面。今天，该公司利润的排名在此项产业所有同行中位居前1/4，且其过去十年中的成长比该产业的平均成长率高50%。

（三）"自我超越"对建立学习型组织的意义

彼得·圣吉指出："只有透过个人学习，组织才能学习。虽然个人学习并不能保证整个组织也在学习，但没有个人学习，组织学习无从开始。""从个人追求不断学习为起点，形成学习型组织的精神。""除非组织里每个层次的人都学习自我超越，否则无法建立学习型组织。"

上述表明，彼得·圣吉把个人的"自我超越"，把个人对"不断学习"

的追求作为建立"学习型组织"的起点。正是这个原因，彼得·圣吉把"自我超越"作为五项修炼中的第一项修炼。

第二节　修炼"自我超越"的方法

修炼"自我超越"包括个人如何学习"自我超越"、管理者如何激励员工学习"自我超越"、"自我超越"与"系统思考"的关系三个部分。

一、个人如何学习"自我超越"

（一）建立个人的愿景

1. 愿景有强大的力量

愿景是一种内心真正最关心的事。因是在做真正想做的事情，自然精神奕奕，并充满热忱，当面对挫折的时候，也会坚忍不拔。因为他们认为那是自己分内该做的事，觉得很值得做，意愿很强大，效率也自然提高。

愿景有强大的力量。萧伯纳说："生命中真正的喜悦，源自当你为一个自己认为至高无上的目标，献上无限心力的时候。它是一种自然的、发自内心的强大力量，而不是狭隘地局限于一隅，终日埋怨世界未能给你快乐。"

2. 愿景与上层目标的关系

愿景与上层目标有密切联系。上层目标与一个人对于自己为什么而活有关，实际上指的就是一个人的人生观。一个人具有什么样的人生观，决定了他具有什么样的愿景。上层目标（人生观）属于方向性的，比较广泛，比较抽象；愿景则是一个特定的结果，一种期望的未来景象或意象，比较具体。譬如，一个人的上层目标（人生观）是做一个有益于社会的人，而他的愿景是创建一家服务于中小企业的互联网公司。前者是方向性的，后者则有具体的指向。

3.愿景与阶段性目标的关系

愿景不同于阶段性目标。阶段性目标只是为了达成愿景的中间步骤。稻盛和夫的愿景是世界第一,而每个阶段的目标则是达成愿景的中间步骤。他说,在京瓷还是一个零散企业的时候,他就开始向并肩奋斗的伙伴们描绘他的宏伟梦想:要把京瓷建设成为世界第一的企业。

4.愿景的多个方面

一个人的愿景可以有多个方面。它可以是个人方面的,如教育、职业、家庭经济等方面;它也可以是贡献社会方面的,像是帮助他人,或对某一领域的知识有所贡献。这些都可以是我们心中真正愿望的一部分。

(二)保持创造性张力

1.什么是创造性张力

创造性张力是在我们认清一个愿景与现况之间有差异之时,产生的那股正面的力量。创造性张力的来源,如图17-1所示。

图17-1 创造性张力的来源

假想在你的愿景与现况之间有一根拉长的橡皮筋。拉长的时候,橡皮筋会产生张力,代表愿景与现况之间的张力。张力的缓解只有两种可能的途径：把现况拉向愿景，或把愿景拉向现况。至于最后会发生哪一种情形，在于我们是否对愿景坚定不移。

2. 什么是情绪性张力

创造性张力常常夹杂着焦虑、悲哀、气馁、绝望或担忧等感觉。因创造性张力而产生的负面情绪，是所谓的情绪性张力。

如果我们未能分清创造性张力与情绪性张力的不同，便会因深感气馁而降低愿景："算了，只得 75 分没什么好大惊小怪的，我以前也曾以 80 分风光过。""我真的不在乎能否在独奏会上演出，无论如何我必须教音乐赚钱。"

3. 如何保持创造性张力

如何保持创造性张力？一是要忠于愿景。美国波士顿赛尔提克篮球队的传奇灵魂人物罗素，有保留自己评分卡的习惯。他在打完每一场球之后，用一张满分为 100 分的评分表为自己评分。在他的篮球生涯中，他从来没有得过 65 分以上。依我们多数人以目标为终点的思考方式，我们会将他看作落魄的失败者，我们会说："可怜的罗素，打了 1200 多场的球赛，从来没有达到自己的标准！"然而，就因为他拼命要达到自己的标准，他成了杰出的篮球运动员。

二是要认清现况的真相。正确而深入地认清现况的真相，跟有一个清晰的愿景一样重要。大多数人习惯于在对现况的认知中，不自觉地加入自己主观的偏见。弗利慈（彼得·圣吉的同事）说："我们习于依赖自己心中认知的现况，甚于自己的观察。"

三是要冲破重重阻力。弗利慈说："真正有创造力的人，知道所有的创造都是通过（冲破）重重限制达成的，没有限制就没有创造。"

俗话说，"没有条件要创造条件上"，就是为了冲破实现愿景的重重阻力。

（三）应对结构性冲突

1. 什么是结构性冲突

在自我超越的过程中会遇到负面的力量，形成结构性冲突。有时连许多极为成功的人，也有一些根深蒂固的、与"自我超越"信念相反的成见，这些信念往往是隐藏在意识的底层。

我们可以做一个实验。请你大声地说出下列的句子："我能够创造我真正想要的生活，在每一方面，不论工作、家庭、人际关系、社区生活，以及其他更大的范围。"注意你内心对于这项宣示的反应，在你的心中有微弱的声音在说："你在开玩笑吗？你真的相信会如此吗？那是不可能达到的。个人或工作方面或有可能，至于更大的范围嘛……"

多数人心中都有限制自己创造力的声音。其中较为常见的是，认为自己没有能力实现真正在乎的事情。另一种阻碍自己发展的声音，是认为自己不够资格得到所想要的。我们应当时时警惕自己不要掉入这两个陷阱之中。

两种力量形成的结构性冲突，如图17-2所示。

图17-2 结构性冲突

弗利慈使用一个隐喻，描述潜在矛盾（拉向愿景与拉离愿景）如何发生结构性的作用。假想你向着自己的愿景移动，有一根橡皮筋象征创造性张力，把你拉向想要去的方向，也有第二根橡皮筋，被无力感或不够格的信念拉住，把你拉离你想要去的方向。弗利慈称这种系统为"结构性冲突"，它是一个两种力量互相冲突的结构，同时把我们拉向和拉离所想要的。

2. 应对结构性冲突的策略及方法

应对结构性冲突常见的策略是意志力的运用，也就是全神贯注击败达成目标的过程中所有形式的抗拒力。多数高度成功的人具有过人的意志力，因而许多人把这项特性看作与成功同义：愿意付出任何代价，以击败阻力，达成目的。

应对的具体方法是辨认冲突中的阻力及其运行模式，找出应对办法。在这一方面，彼得·圣吉有自己的切身体验。在实施重大计划时，他常觉得别人在紧要关头时不支持他。因此在发生这种情形的时候，他会勇往直前地孤军奋斗，来克服别人的不尽心尽力或能力不足。过了许多年他才看出其中的阻力及运行模式。阻力来自他的深层意识中，他总是觉得无法改变别人不尽心尽力的心态，有一种无力感，而这种阻力的运行，使他最后总是觉得好像所有的事情都非自己做不可（心智决定了他的行为模式）。他找到的应对办法是改善心智。改变了原先那种认知，就不用所有的事情都非自己做不可。

（四）运用潜意识

1. 将潜意识的运用当作一种修炼

自我超越层次高的人与一般人有所区别，一般人对潜意识的运用只是一种偶然短暂的感应，而他们将潜意识的运用当作一种修炼。这种修炼的方法就是不断发展有意识与潜意识的契合关系。

在我们学习的过程中，整个活动从有意识的注意，逐渐转变为由潜意识来掌管。譬如，在你初学开车的时候，需要相当大的注意力，甚至要和坐在你身旁的人谈话都有困难。然而，练习几个月后，你几乎不需要在意识上专注，就可做同样的动作。不久之后，你甚至可在车流量很大的情形下，一面驾驶，一面跟坐在旁边的人交谈。学钢琴、学绘画、学舞蹈、学打球、学太极拳都是如此，把熟练的部分交给潜意识来管，而让意识专注于其他部分或新的事物上。

对于如何熟练这些技能，如何能够精益求精，不断发展一般意识与潜意识之间的契合，多数人并不曾仔细考虑过。然而，这正是"自我超越"这项修炼最重要的部分。

2. 潜意识的培养与个人愿景的结合

发展有意识与潜意识的契合关系，即是潜意识的培养。潜意识的培养要与个人愿景结合起来才能显示出它的意义。

如何将潜意识的培养与个人的愿景相结合，卡普兰的故事是一个很好的例子。

卡普兰原是一家十分成功的大型投资期刊的发行人兼编辑。1965年卡普兰在一场排演中，第一次听到马勒的《第二交响曲》。他"发现自己感动得无法入眠。我再次去欣赏演奏，在走出演奏厅的时候，我感觉自己完全变成了另一个人。这是一段与音乐漫长爱情故事的开始。"由此他确立了学习指挥交响乐团的个人愿景。尽管他没有受过正式的音乐训练，他决心投入时间、精力和财力（他必须雇用一个交响乐团）来学习如何指挥交响乐团。在这个学习过程中，他发展了有意识与潜意识的契合关系，由有意识学习指挥技巧，到熟练掌握指挥技巧，到运用潜意识进行指挥。今天，他演出的交响曲获得世界各地评论家最高的赞美。《纽约时报》称赞他在1988年指挥伦敦交响乐团灌录的交响曲唱片，为"年度最佳五张古典唱片之一"，纽约马勒协会的理事长称之为"杰出的录音演奏"。

二、管理者如何激励员工学习"自我超越"

（一）自我超越是一种自我的选择

走上任何一条个人成长的路都是一种自我的选择。没有人能够强迫别人自我超越，如果这样做，保证一定会产生反效果。

像其他任何的修炼一样，自我超越必须成为一个持续不断的过程。

（二）管理者能够做的是营造一种自我超越的公司氛围

管理者对于培养自我超越能够做些什么？他们可以营造一种员工可在其中修炼"自我超越"的公司氛围。这样的组织氛围，将以两种方式增强自我超越。首先，它将持续强化个人成长对组织成长真正有益的理念。其次，根据组织成员的回应，组织可提供对员工自我超越有所助益的在职训练。

（三）核心领导必须以身作则

鼓励别人追求"自我超越"最大的力量，便是你自己先认真地追求自我超越。以文字或言辞宣扬自我超越的理念与方法，多少会开启人们的心灵，但行动永远比言谈的效果来得大。

（四）激励员工自我超越的故事

稻盛和夫特别注重个人成长对组织成长的意义，提出"如果员工本身未被充分激励去挑战成长目标，当然不会成就组织的成长、生产力的提升和产业技术的发展"。

稻盛和夫特别善于营造一种员工可在其中修炼自我超越的公司氛围。

一是以公司愿景激励员工"挑战成长目标"。在京瓷还是一个零散企业的时候，他就开始向并肩奋斗的伙伴们描绘出自己的宏伟梦想：要把京瓷建设成为世界第一的企业。他利用一切机会灌输"终有一天会成为世界第一"的想法，其结果就是大家都朝着这个远大目标倾注全力。

二是以公司理念激发员工服务公司的"意愿"和"服务世界的真诚渴望"。他把京瓷经营理念定为"应在追求全体员工的物质与精神两方面幸福的同时，为人类和社会的进步与发展做出贡献"，正是为了激发员工的"意愿"与"渴望"。公司能为员工谋幸福，员工才有意愿为公司竭尽全力。能归属于一个伟大的组织，为社会进步做出自己的贡献，是每一个有良知的人的真诚渴望。

三是以"成功方程式"推动员工成长。他提出，人生与工作的结果由思维方式、热情和能力这三个要素的乘积决定。能力和热情，分别可以从0分达到100分，因为是相乘关系，所以与自以为能力强、骄傲自满、不肯努力的人相比，那些认为自己能力平平，但比任何人都努力的人，反而能够取得更为出色的成果。在这基础上，再乘以思维方式。思维方式不同，人生和工作的结果就会发生180度的转变。能力和热情固然重要，但最重要的是，具备作为人应该有的正确的思维方式。

四是激励员工拓展新领域，挑战高目标。他对员工讲，开拓无人问津的新领域并非易事，如同在没有航海图和指南针的情况下在茫茫大海中航行一样，能够依靠的只有自己。开拓创新伴随着巨大的艰辛，但反过来说，挑战成功时的喜悦，也是其他任何东西都无法替代的。通过开拓无人涉足的领域，就可以展开辉煌的事业。不管公司发展到多大的规模，我们都要不断描绘未来的梦想，胸怀强烈的愿望，保持开拓者的进取精神。

他还说，人往往乐于维持现状而不喜改革。但如果只安于现状，不向新的事物或困难的事情发起挑战，就意味着已经开始退步。所谓挑战，就是制定高目标，在否定现状的同时不断创造新事物。"挑战"一词听起来似乎勇猛而豪爽，令人振奋，但在它的背后，必须有与困难正面对峙的勇气，必须有不辞劳苦的忍耐力，必须付出非凡的努力。

五是激励员工制造完美无瑕的产品。稻盛和夫提出，我们所制造的产品，必须是"完美无瑕的产品"。就像崭新的钞票一样，看上去就能让人感觉到舒服。

六是激励年轻员工在人生的道路上努力攀登。他对年轻员工说："孩子们，你们也抱有'想实现伟大事业'的希望和梦想吧；但是，我希望你们要懂得，实现这样的梦想，只能靠一步一步、踏踏实实地努力。没有努力，只一味描绘你的梦想，那么无论到何时，梦想仍不过是梦想而已。人生的道路上没有自动扶梯那样便捷的工具，必须靠自己的双脚步行，必须靠自己的力量攀登。"

三、"自我超越"与"系统思考"的关系

系统思考是一种思维上的自我超越。它彰显了自我超越更为精致的几个方面。

（一）融合理性与直觉

以往的思维习惯于单一的理性思考或直觉思考，因而难以找到问题的答案。系统思考融合理性与直觉，更容易找到答案。

有一个古代的故事是这么描述的：一个盲人迷失在森林里，被东西绊倒了。盲人在森林地面上摸索，发现自己跌在一个瘸子身上。盲人与瘸子开始交谈，悲叹自己的命运。盲人说："我已经在这个森林里徘徊很久了，因

为我看不见,所以找不到出去的路。"瘸子说:"我也躺在森林的地上很久了,因为我站不起来,无法走出去。"当他们坐着谈话的时候,瘸子突然大声叫起来,他说:"我想到了,你把我背在肩上。我来告诉你往哪里走,我们联合起来就能找到走出森林的路。"

这位古代说故事的人,将盲人象征理性,瘸子象征直觉。我们必须学会如何整合二者,才能找到走出森林的路。

伟大的思想家或发明家都注重直觉与理性的融合。爱因斯坦说:"我从来没有以理性的心发现任何事物。"他是通过想象自己跟着光束旅行,而发现了相对论。更重要的是,他能够将直觉转换成明确而且可以理性验证的定理。

系统思考的一项重大贡献是整合理性与直觉。许多管理者意识到销售业绩正在下降,但是无法解释市场成长困境的缘故。系统思考使我们能了解问题背后的结构,整合了直觉与理性。

彭尼·皮尔斯在《直觉力》一书中提道:索尼集团董事长的决策结合了理性与直觉。索尼集团董事长理性地提出解决问题的方案后,会把解决问题的可能性方案当成一种食物,并试图把它吞下肚。如果能轻易下咽,食物味道很可口,能让他感觉满足,他就把这当作真相信号;如果解决方案在喉咙里难以下咽,在胃里像一块石头,感觉难以消化,这绝对就是不可行的方案。

每次课后进行总结时,笔者会结合运用直觉和理性。当回顾整个授课过程时,如感觉哪一段不顺畅,不满足,听者反应不积极时,就会用理性对这些部分加以重新审视和优化。

(二)看清自己跟周遭世界是一体的

以往的思考习惯于局部思考,归罪于外,系统思考使我们看清目前情况与自身行动之间的关联性,看清我们与周遭世界的关联性。

彼得·圣吉说:"前几天,我刚出生六个星期的儿子怡安被一个可怕的增强回馈环困住了。他以左手抓住耳朵。你从他痛苦的表情和愈来愈用力的捶打，看得出他开始激动起来。但是，激动使他更用力拉。这样使他更加不舒服，导致他变得更激动，更用力拉。如果我没有拉开他的手使他静下来，可怜的小家伙可能会继续拉下去。"

怡安的动作使他开始思考个人成长中一个未被注意的方向——原本视为外部的力量，实际上是与我们自己的行动互相关联的。

以系统观点看，我们与周遭世界连成一体，在这个"一体"的结构中，"自身的行动"与"外部力量的行动"相互影响，自身行为影响外部力量行为，外部力量的行为反过来影响自身行为，是结构性原因引发了目前的问题或危机。

爱因斯坦说："人类以为自我是个独立个体，这是一种错觉。这个错觉对我们来说是一种束缚，使我们的愿望只限于自己及最亲爱的一些人。我们的任务是必须把自己从束缚中解放出来，以扩大与周遭的一体感，拥抱所有的生物与整个美丽的大自然。"

啤酒游戏提供了一个"自己跟周遭世界连成一体"的案例。参加游戏的人——零售商、批发商、制造商，每周只做一个决定，那便是订购多少啤酒。零售商是第一个突然增加订购量的角色。那样一个小幅的扰动，透过整个系统的加乘作用，竟使得大家的订购量大幅增加。结果是起先每个角色的订购量都不断增加，然后陡然下降。

家庭中夫妻关系的问题或危机，企业中劳资关系的问题或危机，国际政治中国家关系的问题或危机，均来自结构性原因，都可看出"自己与周遭世界连成一体"。要解决问题或危机，首先要看清"自身行动与外部力量行动"互动形成的运行结构，从中找出解决问题的最佳杠杆点。

王阳明提出"天地万物一体之仁"，稻盛和夫提出"利他之心发起的行动会结出善果，并返回自己身上"，其中都隐含着"我们与周遭世界连成一体"的理念。

（三）强化同理心

以往的思考，看不到我们自己与周遭世界连成一体，导致缺乏同理心。

系统思考看清我们自己与周遭世界连成一体，强化了同理心。

借着看见个人与外界的相互关联，我们开始看到所有的人都被困在结构中。这些结构存在于人与人之间，存在于各种社会环境中。这些结构常常是我们自己创造的，但多数人看不见身在其中的运作结构。

同理心是一种情绪状态，它基于我们与他人的关系。当人们对身在其中的运作结构看到的更多，对彼此如何互相影响也会有更清楚的了解，再经由设身处地地为别人着想后，他们也自然会发展出更多同理心。

（四）增强对整体的使命感

以往的思考习惯于局部思考，以自我为中心，因而缺乏整体使命感。系统思考注重整体思考，看清个人与外在连成一体，会自然而然地形成一个整体的使命感。

欧白恩说："真诚的誓愿是一种对于比自我更大的整体的使命感。"当人类所追求的愿景超出个人的利益，便会产生一股强大的力量，远非追求狭窄目标所能及。企业组织的目标也是如此。

稻盛和夫说："任何一个曾经对社会有贡献的人，都一定体会过一股驱策其向前的精神力量，那是一种来自追求更远大的目标而唤醒了内心深处真正的愿望所产生的力量。"

第十八章 面对经营决策，修炼"心智改善"

第一节 修炼"心智改善"的目的

在企业经营的过程中，为什么常常出现决策上的失误？原因在于外在的世界变了，而我们的心智没有相应的改变。

在管理的过程中，为什么管理团队的成员或下属员工有许多好的构想未能付诸实施？为什么上级机构有许多管理创新成果，而下属机构也始终无法全面地将此成果继续推广？原因在于它和相关人员深植心中，对于周遭世界如何运作的认知（看法）相抵触。

其实，无论是上级还是下属，我们"深植心中"的"既有认知"都只是一种假设，或者说是一种猜想，但我们往往把它当作真相。《列子》一书中有一个典型的故事：有一个人遗失了一把斧头，他怀疑是邻居孩子偷的，便暗中观察他的行动，怎么看都觉得他的一举一动像是偷他斧头的人，绝对错不了。后来他在自己的家中找到了遗失的斧头，他再碰到邻居的孩子时，便怎么看也不像是会偷他斧头的人了。

上述问题的解决，必须借助心智改善的相关技巧，使组织成员"深植心中，对于周遭世界如何运作的认知（看法）"能够摊开来，接受公开的检验，并加以改善，从而对某个特定的问题形成共同的心智模式（看法或信念等），并采取共同的行动。对于建立学习型组织而言，这是一项重大的突破。

一、"心智改善"的定义

（一）什么是心智模式

心智模式是苏格兰心理学家肯尼思·克雷克在1943年首次提出的。彼得·圣吉对心智模式的定义为："根深蒂固存在于人们心中，影响人们如何理解这个世界（包括我们自己、他人、组织和整个世界），以及如何采取行动的诸多假设、成见、逻辑、规则，甚至图像、印象等。"

（1）心智模式是人们"深植心中"的诸多假设、成见、逻辑、规则，甚至图像、印象等。简单地说，是人们"深植心中的既有认知"。

假设：个人在观察中产生的想法，未经验证。

成见：个人的信念、观念等。

逻辑：个人的逻辑推理、思维方式。

规则：个人信奉的一些规则、原则。

图像：个人看过的一些照片、绘画、影视。

印象：个人对周遭事物留下的各种印象。

每个人的心智模式都是有瑕疵的。一个人对周遭世界的既有认知，未经验证，可能接近真相，也可能远离真相；一个人的既有认知可能是片面的，因为他只看到事物的某一个侧面，没有看到其他侧面；一个人的既有认知可能是过时的，因为他只看到事物过去的状况，没有看到事物发生变化后的新的状况。

彼得·圣吉在书中指出：贝克特教授证明，如果你仔细研究东方与西方文化对基本道德、伦理、管理问题的处理方式，就会发现它们各有道理，却导出不尽相同的结论。为什么面对同样的事物，东西方的研究者"导出不尽相同的结论"，而又"各有道理"？因为东西方人看问题的角度不同，思维方式不同。汉诺瓦公司参加管理研习会的人员听了贝克特教授的课后，许多人说这是他们有生以来第一次看清自己所想的都是假设而不是真相。第一次认识到，"我们的心智模式总是不完全的，无可避免地会产生偏差"。

管理中常会遇到类似的情况：对同一件事，不同的角色站在不同的位置，看到不同的侧面，因而有不同的结论，且各有道理（都有片面道理）。每个人可能看到的只是真相的某一方面或某些方面，而不是真相的全部（如瞎子摸象）；也可能看到的是过去的真相，而不是现在或未来的真相（如壳牌石油和底特律汽车业的管理者）。这就是"不完全"，这就是"偏差"。

（2）心智模式的存在是根深蒂固的，它来自人的成长过程中的不断学习，不断积累，不断沉淀。

第一，来源于自己对生活的直接体验。

电视剧《都挺好》引发了一场热议：真正的亲人，是不是血缘决定的？有人提到，2020年8月，哈尔滨75岁的老人初女士，全然不顾儿子和女儿的阻止，决然把房子赠给了前儿媳。她认为："真正的亲人，不是靠血缘关系决定的，而是以待你的心决定的。这世上的亲人只有一种，那就是关心你、心疼你的人，不管和你有没有血缘关系，都是你的亲人。"

初女士的这种心智（看法）来自她的生活体验：这个前儿媳对她太好了。初女士的儿子婚后多次出轨且喜欢家暴，前儿媳忍无可忍跟他离了婚，但她依然把初女士当母亲照顾。2016年，初女士重病住院，要做心脏搭桥手术，儿子和女儿都不愿签字，最后是这个前儿媳签了字。初女士动完手术后，儿子女儿到医院看一眼就走了，只有前儿媳寸步不离，陪在身边端水喂饭。2018年，初女士两次病重住院，儿子女儿跑来看一眼就走了，寸步不离照顾她的还是前儿媳。

第二，来源于个人所受的教育，如家庭教育、学校教育、所在组织的教育、社会习俗的影响等。

笔者每逢清明节回老家时都看到一幅独特的画面：上山的小路上，祭拜先祖的人三五成群，有的挑着担子，有的提着袋子，有的还扛着锄头。他们的竹筐和布袋里面装的不仅有一包一包的香烛，一叠一叠的银纸，还有各色各样的饭菜和水果。这幅画面的背后，是人们有一个"深植心中的既有认知"：祭拜的物品越丰富，越能获得先祖的保佑；而这种认知是一代一代传下来的。爷爷辈传给父辈，父辈传给子辈，子辈又传给孙辈，如若没有政府部门发起移风易俗的行动，看来还会子子孙孙传下去。这就是社会习俗的影响。

第三，来源于逻辑推理形成的结论。

例如，有的女生得出男人不值得托付的结论，是因为看到父母不和，爸爸喝酒之后经常耍酒疯打她妈妈。她从自己看到的事件中，得出了上述结论。实际上，她的这种推理是一种跳跃性的思维，她这个结论并没有经过验证。

(3) 心智模式影响人们对这个世界的理解以及采取的行动。

彼得·圣吉说，心智模式就好像一块玻璃微妙地扭曲了我们的视野一样，心智模式决定着我们对世界的看法。

康德认为，人看到的是事物的映像，而不是事物本身。其理论被称为"康德的眼镜"，说的也是这个道理。

心智影响人们的观察（有选择的观察），影响人们的认知（观察不同带来认知不同），影响人们的所作所为（认知不同，所作所为也不同）。

（二）什么是心智改善

简单地说，"心智改善"即是运用"辨认跳跃性思维"等技巧，将"深植心中的对周遭世界的既有认知（看法与信念等）"摊开来，进行公开检验，并加以改善。

(1) 将"深植心中的对周遭世界的既有认知"摊开来。人的心智模式是"深植心中"的，要加以改善，首先必须摊开来，让隐藏在心中的看法或信念暴露出来。

(2) 对摊开的"深植心中的对周遭世界的既有认知"进行公开的验证，检验其与外部世界的真相是否相符。

（3）根据检验的结果加以改善。人的心智是有瑕疵的，既有认知很可能是片面的、过时的、有偏差的，因而有必要汇集众人之智加以改善。

桥水公司总裁瑞·达利欧提出的"创意择优"，就采用了上述做法。瑞·达利欧提出，"创意择优"有三个要素：第一，你必须要让大家的真实想法都能够提出来放在桌面上，大家一起来讨论（摊开来）。第二，要有一套深思熟虑的过程探索这种差异，要去思考"为什么别人会有不同的想法"，然后从别人那里去学习，而且还要有学习的技巧，这些都不是相互对立的（公开检验）。第三，要有办法超越这些分歧。知道自己的弱点和优点，了解对方的长处和短处，就可汇集大家的智慧，形成最优方案（得到改善）。

瑞·达利欧还指出，要在决策方式上做出这种改变，很多人难以做到。为什么难？因为人在做决策时，对于不同的意见，往往会情绪化地加以排斥，而不会理性化地进行分析思考。达利欧说："在你的头脑中有两个你：一个是深思熟虑、有逻辑的你，一个是情绪化的你，两者都在争夺对你的控制权。"实际上，人的行为更多的是受到情绪化的驱动。怎么办呢？达利欧认为："通过极度求真和极度透明，你就可以让理性的你占上风。通过不断训练，就可以适应这套机制。"

二、修炼"改善心智"的目的

管理者的心智模式会影响我们对周遭世界的观察，影响我们对环境和形势的认知，影响我们的经营管理决策，从而影响企业的未来发展。因此，企业的管理者要学会心智改善。

（一）心智模式影响我们对周遭世界的观察

两个具有不同心智模式的人观察相同的事件，会有不同的描述。因为他们看到的重点不同。譬如，你和我一起去参加一个热闹的宴会，我们的视觉所收到的基本资料相同，但是我们所留意的面孔不尽相同。正如心理学家所说的，我们做了选择性的观察。

（二）心智模式影响我们对周遭世界的认知

美国底特律三大汽车公司在以往市场调查中形成的看法影响了他们对市场趋势及未来情境的判断。他们仍然相信，人们购买汽车所考虑的是式样，而不是品质或可靠性。实际状况是，经过德国和日本的汽车制造业者的教育，人们购买汽车所考虑的已经不单纯是式样，而是品质与式样并重。

美国汽车产业一直把专注式样的原则当作在任何时候都会成功的神奇公式，最后却发现它"只在有限的时段内有效"。主观认知与外部世界的关系，如图18-1所示。

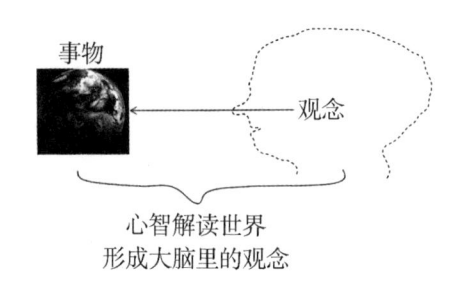

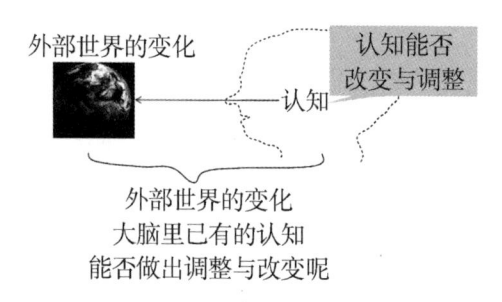

图18-1 主观认知与外部世界的关系

（三）心智模式影响我们的决策与行动

心智模式影响我们对环境形势的判断，势必影响我们的决策与行动，从而影响企业未来的发展。

当这个世界改变了，底特律的心智模式与真实情况之间的差距就会拉大，导致所采取的行动不能达到预期的效果。

壳牌石油公司的案例表明，公司的领导者原认为面临的市场和以前是一样的，供求关系是平稳的，自然不会改变原来的应对策略，而企划部的主管瓦克在分析石油生产与消费的长期趋势之后发现，壳牌石油公司的管理者所熟悉的稳定、可预期的市场情况正在改变，终将慢慢地转变为供给不足，需求过多，以及一个由石油输出国家控制的卖方市场。企划部的瓦克与公司管理者对趋势与未来的理解不同，提出的应对策略自然不同。

桥水集团总裁瑞·达利欧 2018 年在北京的演讲中谈到，管理者在进行决策的过程中会出现失误，失误的原因归根结底很多是出于管理者的心智模式。有些看法、信念是错的，但自己不会意识到。以这些错误的看法去理解世界并采取行动，必定带来判断决策的失误。

某企业公司的失败，主要原因在于核心领导的心智模式没有得到改善。在销售定价上，他认为，"为了拿到订单，亏本也要做"，其结果是做得越多，亏得越多，连亏两年，总共亏了 1 亿多元。在研发立项上，他认为，"只要销售部提出，技术部就必须立项，研发立项可以不经技术总监审批"。结果一年立项几十个项目，实际量产只有几个项目，一批技术骨干因价值得不到体现而选择离开公司。在原材料采购上，他要求"按客户预定计划采购"，而不是按订单合同采购，结果政策一变，原材料和配件大量积压，价值总共有两亿多元人民币。

学习心智改善，要解决的核心问题是：世界变了，心智模式必须跟着改变；否则，所有的决策和行动都会是错的。底特律汽车业的案例说明了这个问题，壳牌石油公司的案例说明了这个问题，桥水集团的案例说明了这个问题。

总而言之，人的心智模式是有瑕疵的，它可能未经检验，也可能是片面的、过时的。管理者的心智模式会影响他们对环境与形势的观察、判断和经营管理决策，影响企业未来的发展。要避免或减少决策失误，就得学会心智改善，学会将深植心中的既有认知"摊开来"，进行"公开检验"，并加以改善。

第二节　修炼"心智改善"的方法

学习"心智改善"要掌握相关的技巧。为了避免错误的推论导致决策失误，要学习"辨认跳跃性推论"的技巧；为了使"深植心中"的心智模式暴露出来，要学习"左手栏"的技巧；为了对心智模式进行公开检验，要学习"兼顾辩护与探询"的技巧；为了使心智模式的改善落到实处，要学习"区分拥护的理论与使用的理论"的技巧。

一、学习"辨认跳跃性推论"的技巧

学习"辨认跳跃性推论"的技巧，是为了避免错误的推论导致决策失误。

（一）推论的一般过程

推论的一般过程是从对外在事物的观察到形成结论的过程，即观察——假设——验证——结论。

（二）推论过程中出现的跳跃性推论

我们心灵活动的速度快如闪电，很快就从观察到的具体事项"跳跃"到概括性的结论，我们从来没想过要去验证它们。

例如，同事对亨利的概括性推论。他们观察到的"具体事项"只是"亨利在与别人交谈时不注视对方"。他们很快就从观察到的具体事项"跳跃"到概括性的结论，说"亨利不关心别人说什么""亨利是个不关心别人的人"。实际上亨利是个非常关心别人的人，之所以会给人错误印象，是因为他有听觉障碍，或者他非常内向害羞而不敢多注视别人。

（三）跳跃性推论可能导致决策的失误

跳跃性推论从对事物的观察直接跳到结论，由于没有经过验证，其结论可能是对的，也可能是错的。如果结论是错的，必然导致决策的失误。

有一家公司的高级管理者，因顾客不断施压要求更大的折扣，由此他推论"顾客购买产品时，考虑的是价格，服务品质不是一项重要因素"。他

的这个推论就是一个跳跃性推论。实际上，他的这个推论是错的，顾客要求折扣不等于不考虑服务品质。结果，当主要的竞争者逐渐进行服务品质的改善而拉走顾客时，该公司在那儿眼睁睁地看着市场占有率渐渐下滑。

苹果电脑公司根据一些企业的具体经验，认为只要抢先上市就能成功。这也是一种跳跃性推论。结果，在1982年推出第三代苹果电脑这个创新性产品时，为了抢先上市，有很多小毛病还未清除，导致潜在顾客纷纷转向其他品牌，该产品成为苹果电脑产品中的大败笔。

实践证明，抢先上市并不能保证成功，须有其他要素的配合才能保证成功。

（四）"辨认跳跃性推论"的技巧

辨认跳跃性推论技巧有以下几个方面。

（1）问自己对周遭的事物有什么样的看法或信念（如对企业应如何经营，或对于一般或特定人的看法）？

（2）质问自己某项概括性的看法所依据的"原始资料"是什么？

（3）问自己：我是否愿意再想想看，这个看法是否精确或有没有误导作用？如果你愿意质疑自己的某项概括性的看法，就应把它和产生它的原始资料分开，直接检验概括性的看法。

二、学习"左手栏"的技巧

学习"左手栏"的技巧，是为了将"深植心中"的想法摊开来进行验证，并加以改善。基本方法如下。

（1）自己选择一个特定的情况，在这个情况中，感觉自己当时与人交谈的方式好像没有达到什么效果，或是很不满意。

（2）以对话的方式写出当时交谈的过程。在一张纸的右手栏记录实际的对话，在左手栏写出交谈的每一阶段，以及心中所想的。

(3) 从左手栏中看出交谈中自己心中隐藏的对对方的看法（假设）；对这些看法进行验证，并加以改善。

练习"左手栏"实例。

实例背景：某部门做出的一个研究课题的简报，反应很差。部门领导（我）与课题负责人（老张）进行了一次交谈，但对这次交谈结果不满意。"我"选择这次交谈做了一次左手栏练习。在这个练习中，"我"在左手栏中摊开（暴露）自己在谈话过程中的想法，对自己的想法进行检验，并加以改善，如表18-1所示。

表18-1 "左手栏"练习实例

我所想的（左手栏）	我们所说的（右手栏）
每一个人都说这次简报是一个炸弹	我：简报进行得如何
难道他真的不知道这次简报有多糟，或者他不肯面对这件事	老张：嗯，我不知道。要下结论实在还太早。此外，这个案子以前没做过，我们这次的尝试有些新突破 我：那么，你认为我们应该怎么做？我相信你当时提出的课题很重要
他其实是害怕看见真相。只要他更有信心，他或许已从这个状况中学到东西了。我无法相信他不知道那次简报对我们日后的进展祸害有多大	老张：我也不太确定。让我们等等看事情如何进展
我必须设法让这家伙动起来	我：你或许是对的，但是我想我们可能需要有所行动，不能只是等待

从上述对话中可以看出："我"对"老张"有两点看法：第一，他缺乏信心；第二，他不够主动。因此，在谈话及回应方式上，我不直接告诉老张我认为有问题，也没有说出我们必须检讨该采取哪些步骤，才能使我们的专案能够顺利进行。结果是我对这次的交谈并不满意。经过检验，我发现自己对老张的看法是有错的，我的谈话及回应方式被这些有错的看法所障碍。改变对老张的看法可使交谈进行得更加有效。

三、学习"兼顾辩护与探询"的技巧

学习"兼顾辩护与探询"的技巧，是为了摊开心智、检验心智和改善心智。

（一）善于"辩护"，不善于"探询"，导致"两极化"

在企业组织中，当管理者晋升到更高层的职位，他们遭遇的问题比个人经验所能涵盖者更复杂，更多样化，他们更需要深入探询别人的想法。然而，大多数的管理者被训练成善于提出自己的主张，并为自己的主张辩护，探询的技巧被忽略。

两个善于为自己的主张辩护的人，即使在一起开放、坦率地交换看法，也不一定会有什么学习的效果。他们会说："我欣赏你的真诚，但是我的经验与判断让我得到的结论不同。让我告诉你，为什么你的建议行不通。"最初每一方都理性而心平气和地为自己的观点辩护，但只要辩护较为强烈一点，局面就会变得愈来愈僵。缺乏彼此探询的辩护过程，只会产生更强烈的辩护。

有些人因为发现对立情势只会愈来愈僵，愈来愈两极化，徒然耗人心力，伤人感情，以致此后他们避免公然表达任何不同意见。有些人则练就一身辩论功夫，认为"真理"愈辩愈明，像好胜的公鸡般愈辩斗志愈高昂，全心全意要辩到对方无话可说为止。然而除了"胜利"的快感外，毫无实质效果，反而愈来愈养成好辩的习惯，无法真正共同学习。

（二）兼顾"辩护"与"探询"能够产生最佳的学习效果

学会探询问题可以停止增强辩护的雪球效应。"是什么使你产生这个主张？""你可以提供一些支持它的原始资料或经验吗？"像这样的简单问题，可以把探询这项要素融入讨论之中。

将辩护与探询的技巧合并运用，通常能够产生最佳的学习效果。我们将这种方式称之为"相互探询"。它指的是每一个人都把自己的思考明白地说出来，接受公开检验。没有人隐匿自己的看法及背后的证据或推论。当探询与辩护兼顾的时候，我不会只是探询别人的看法及背后的原始资料与推论，而是先陈述我的看法并说明我的原始资料与推论，以这种方式来邀请他人深入探询。

在纯粹辩护的情形下，目标是赢得争辩。探询与辩护合并运用的时候，目标不再是"赢得争辩"，而是要找到最佳的论断。当我们运用纯粹辩护的时候，我们倾向于选择性地使用原始资料，只提出能印证自己论点的原始资料，或只采取较有利的推论来使我们的说法成立，而避开较为不利的推论。相反地，当辩护和探询的程度都很高时，我们开放地面对全部的原始资料，包括不同的人在不同侧面看到的原始资料，不同的人在不同时间看到的原始资料，经过验证的原始资料与未经过验证的原始资料。

（三）兼顾探询与辩护是具有挑战性的工作

如果你是在一个高度政治化的组织中工作，没有开放的环境来进行真正的探询，或者你碰到的是极度自以为是、完全抗拒学习的人，则此工作对你而言更加困难，只有耐心地做以及等待较为成熟的时机。

在政治化的环境之中，"是谁"比"是什么"更重要。公司中有人提出新构想，如果它是由老板提出的，每个人都会认真地考虑，如果它是由一名不见经传的小职员提出的，最后可能被束之高阁。

"自以为是"是普遍存在的问题，《CEO 的七宗罪》第一宗就是自以为是。其他管理者同样存在"自以为是"的问题，"自以为是"使相互探询、共同学习变得很难开展。

（四）兼顾探询与辩护的技巧

（1）兼顾探询与辩护的前提是，你真正愿意改变自己对于某些议题的心智模式，愿意承认自己思考上的缺陷，有知错必改的意愿。

（2）在辩护你的看法时，要使自己的推论明确化（例如，说明你如何产生这样的看法，以及所依据的原始资料），同时要鼓励他人探究你的看法（例如，"你看我的推论有没有破绽"）。

（3）在探询他人的看法时，要鼓励他人提供不同的看法（例如，"你是否有不同的原始资料或不同的结论"）。

彼得·圣吉在书中谈到的"反思与探询"的技巧值得我们好好领会。当一个团队出现不同意见时，领导者往往认为，自己的意见是对的，别人的不同意见是错的，因而千方百计为自己的意见辩护，对不同意见则采取一概排斥的态度，其结果，带来了决策上的极大风险。假如领导者有反思与探询的意识与技巧，他会想到，自己的意见可能是错的或不够周全，而别人的意见可能是对的或有可取之处，因此他会对自己的意见进行反思，检查有没有什么纰漏，对别人的意见会加以探询，看看有没有什么值得吸收，其结果是大大减少了决策的风险。

某企业家在达沃斯会议上提到的"死前验尸"方法，是兼顾辩护与探询的一种实际应用。其做法是，在做出某项决策、尚未实施之前，负责人对参与决策的人提出一个问题：假设这个决策已经开始实施，实施一年后，这个决策惨败，你认为问题和风险会出在哪里？每个人都要提出看法。采用这个方法对重要决策做一步验证，可避免减少决策失误。

瑞·达利欧提出的"创意择优"决策模式也应用了兼顾辩护与探询的技巧。其做法是：第一，你必须要让大家的真实想法都能够提出来，放在桌面上，大家一起来讨论。第二，要有一套深思熟虑的程序探索这种差异，要去思考"为什么别人会有不同的想法"，然后从别人那里去学习，而且还要有学习的技巧（相互探询）。第三，要有办法超越这些分歧。知道自己的弱点和优点，了解对方的长处和短处，就可汇集大家的智慧，形成最优方案。

相反地，自以为是，只为自己的主张辩护，不探询别人的想法并从中学习，往往导致决策失误。

某企业在做定价决策时，总经理与分管财务的副总经理（兼财务总监）有意见分歧。总经理提出，按他的测算方法，这个定价还是有利润的；财务副总经理提出，按财务的测算方法，这个定价是亏损的。总经理只对自己的意见加以辩护，而不对财务副总经理的意见及依据加以探询，就直接把财务副总经理的意见否定了。结果表明，总经理在定价上的决策是错误的。

某企业在做组织设计决策时，总经理与分管人事的副总经理（兼人力总监）也发生了意见分歧，总经理在放弃了阿米巴的部门核算制以后，仍坚持保留阿米巴组织设计，人力副总经理提出采用流程型组织设计，总经理同样只为自己辩护而不探询人力副总经理的意见及依据，结果流程设计的梳理陷入困境。

四、学习"区分拥护的理论与使用的理论"的技巧

学习"区分拥护的理论与使用的理论"的技巧，是为了使心智模式的改善落到实处。

当我们面对"拥护的理论"与"使用的理论"之间的差距时，首先应提出的问题是："我是否真正重视拥护的理论？""它是否真正是我愿景的一部分？"

如果真的是我愿景的一部分，愿景与现在行为之间有差距，说明自己的行为应进一步做出改变。

如果对拥护的理论存有怀疑，应进一步对所拥护的理论进行审视，并确定自己是否真正拥护这一理论，愿在这一理论的指导下去改变自己。

王石曾经谈到自己实施授权管理过程中所经历的痛苦。授权下属是他所拥护的理论，是他愿景的一部分；而在授权初时，愿景与他的行为之间存

在巨大的差距。他既想放权，又担忧放权后失去控制，内心处于挣扎之中。他自己曾说："有时痛苦到像要自杀一样。"经过一段磨炼之后，他还是按照自己拥护的理论去做，实现了授权管理的愿景。

新一佳是国内比较早导入阿米巴经营的企业，在用人上，其拥护的理论是阿米巴的"实力主义"，其使用的理论是"亲戚朋友才是靠得住的"。结果，重用的是没有实力的亲友，有实力的骨干纷纷退出，最终倒闭。

五、领导者推动"共同心智模式"形成的技巧

领导者推动"共同心智模式"形成的技巧如下。

（1）管理团队心智改善的目标是形成"共同心智模式"。

管理团队心智改善的目标是形成"共同心智模式"，促进有效决策。即是说，通过对不同意见的相互探询，在团队中形成共同的想法、信念，从而做出有效的决策。

（2）帮助关键的那个人，建立最佳的心智模式。

改善心智模式，以达到全体一致的想法为目标。如果未能达到全体一致，此时的目标是帮助对此一课题负最大责任或关键的那个人，去建立可能的最佳心智模式。

（3）不是"灌输"给别人，而是"摊出来"让别人去斟酌接受。

领导者要推动"共同心智模式"的形成，不是把自己的心智模式灌输给别人，而是把它摊出来让别人去斟酌接受。

（4）领导者要善于融合"心智改善"与"系统思考"。

麻省理工学院现行的研究焦点，大部分放在帮助管理者整合心智模式与系统思考技巧上。壳牌石油公司的企划部门提出未来情境，不仅使公司的管理者看到环境与形势的变化，也改变了管理者对变化的思考方式。大多数的石油公司，将石油输出国组织的兴起看作单一事件，壳牌石油公司的管理者看到的则是，供需互动基本模式发生转变的信号：一个由卖方市场主控、不安定、高价格，需求成长趋缓的年代即将来临。

总而言之，学习心智改善要掌握相关技巧，包括辨认跳跃式推论的技巧，练习左手栏的技巧，兼顾探询与辩护的技巧，区分拥护理论与使用理论的技巧，等等。作为领导者还要学习推动"共同心智模式"形成的技巧。

第十九章　面对未来发展，修炼"共同愿景"

第一节　修炼"共同愿景"的目的

从《斯巴达克斯》的故事说起。斯巴达克斯在纪元前七十一年领导一群奴隶起义，他们两度击败罗马大军，但是在被克拉斯将军长期包围攻击之后，最后还是被征服了。克拉斯告诉几千名斯巴达克斯部队的生还者："你们曾经是奴隶，将来还是奴隶；但是罗马军队慈悲为怀，只要你们把斯巴达克斯交给我，就不会受到钉死在十字架上的刑罚。"在这个关键时刻，每一个站起来的人都选择受死。这个部队所忠于的，不是斯巴达克斯个人，而是由斯巴达克斯所激发的"共同愿景"：有朝一日可成自由之身。这个愿景是如此让人难以抗拒，以致没有人愿意放弃它。从这个故事中我们可以看到"共同愿景"的强大力量。

值得思考的问题是，我们的很多企业都确立了公司的"共同愿景"，这个"共同愿景"不仅挂在墙上，写在员工手册里，还写在每个员工的工牌上，天天挂在脖子上。然而，它能否像"有朝一日可成自由之身"的愿景那样，激发出如此强大的力量？

我们很多企业所确立的愿景仅仅是领导者的"个人愿景",是"官方的愿景",而不是组织成员共同持有、愿意为它奉献的"共同愿景",因而缺乏强大的力量。

一、"共同愿景"的定义

（一）什么是共同愿景

彼得·圣吉对"共同愿景"的定义为,"共同愿景是组织中人们所共同持有的未来发展的意象或景象。它创造出众人是一体的感觉,并贯穿组织的各项活动,使各种不同的活动融汇起来"。

（1）"共同愿景"是组织成员共同持有的未来发展的意象或景象。它不只是个人的、官方的,而是组织成员共同持有的;它不是现在或近期的,而是未来发展的意象或景象,是企业发展的蓝图,是企业未来的样子。

（2）"共同愿景"创造出众人是一体的感觉。"共同愿景"是大家认同的,愿意为之奋斗的共同事业,每个人都感觉到自己处于一个整体之中,应为这个共同的事业做出自己的贡献。

（3）"共同愿景"贯穿于组织的各项活动。"共同愿景"是方向,是目标,因此,企业的各项活动都要围绕"共同愿景"的实现来开展,是"共同愿景"使各项活动融汇到一起。

（二）"共同愿景"的形成要经过真诚的分享

彼得·圣吉指出:"如果组织成员只是在心中分别持有相同愿景,彼此却不曾真诚地分享,这并不算共同愿景。"

事实证明,虽然大家脖子上挂的工牌对公司愿景的描述是一样的,但是,各人对文字的理解不一样,对未来发展的想象不一样,持有的态度也不一样。只有通过真诚地分享,彼此交换对"共同愿景"的理解、想象与态度,才能使人们真正共有愿景,这个"共同愿望"才会紧紧将他们结合起来。

个人愿景的力量源自个人对愿景的深度关切,而共同愿景的力量源自组织成员共同的关切。

(三)"共同愿景"为创造型学习提供理由与根据

在缺少"共同愿景"的情形下,充其量只会产生"适应性的学习",只有当人们致力于实现某种他们深深关切的事情时,才会产生"创造性的学习"。只有对真正想要实现的愿景感到振奋,通过创造性学习扩展自我创造的能力才显得有意义。

二、修炼"共同愿景"的目的

传统组织的愿景,实际上是领导者的"个人愿景",是官方的愿景,组织成员对这样的愿景,往往只是遵从,甚至表现出某种冷漠。

学习型组织的共同愿景,经过分享,使领导者的"个人愿景"变成大家共同持有的"共同愿景",组织成员对这样的愿景会投入自己的智慧和力量,为这个共同的事业做出奉献。

(1)"共同愿景"能引导企业组织取得非凡的成就。

福特的共同愿景:使一般人,不仅是有钱人,能拥有自己的汽车。

苹果电脑公司的共同愿景:使电脑能让个人更具力量。

贝特瑞公司的共同愿景:在新能源、新材料领域,成为"全球领导企业"。它引导公司首先聚焦于新能源材料中的锂离子电池材料,2011年实现了负极材料出货量全球第一的目标,现正在向正极材料出货量全球第一迈进。

上述公司的非凡成就,源于他们的共同愿景。正是在共同愿景的指引下,不同国别、不同种族、不同技能、不同性格的人汇集到一起,为了共同的事业努力奋斗,使愿景变为现实。

(2)"共同愿景"能唤起人们追求比工作本身更高的目标。

"共同愿景"使工作变成是在追求一项蕴含在组织的产品或服务之中,比工作本身更高的目标。万科集团经营的是房地产,而他们的共同愿景是"建筑美好生活";中深装集团主营业务是装修装饰,而他们的共同愿景是

"装点世界更精彩"。他们都是在追求蕴含在组织的产品或服务之中,比工作本身更高的目标。

(3)"共同愿景"能激发创新创造的勇气。

1961年肯尼迪总统宣示了一个愿景:在十年内,把人类送上月球。这个愿景引发无数勇敢的行动。

20世纪60年代中期,麻省理工学院的德雷普实验室,是太空总署阿波罗登月计划惯性导航系统的主要承制者。计划执行数年后,该实验室的主持人才发现他们原先的设计规格是错误的。虽然这个发现令他们十分困窘,因为该计划已经投入了数百万美元,但是他们并未草草提出权宜措施,反而请求太空总署放弃原计划,从头来过。他们所冒的险不只是一纸合约,还有他们的名誉,但是已经没有别的选择。他们这么做唯一的理由是基于一个简单的愿景:在十年内,把人类送上月球。

(4)"共同愿景"能引导人们将眼光放得更长远。

中世纪天主教堂建筑者便是一个动人的例子,他们将一生的力量奉献给一个百年后才能建筑完毕的愿景(引导人们看到百年后教堂的样子)。

日本人相信造就伟大的组织,就如同栽培树木,必须费时25～50年(引导人们看到25～50年后企业的样子)。

(5)"共同愿景"能改变成员与组织间的关系。

组织不再是"他们的公司",而是"我们的公司"。共同愿景使互不信任的人产生一体感。事实上,组织成员所共有的使命、愿景与价值观,是构成共识的基础。

心理学家马斯洛晚年从事杰出团体的研究,发现它们最显著的特征是具有共同愿景与目的。马斯洛观察到,在特别出色的团体里,任务(共同愿景)与自身已无法分开。当个人强烈认同这个任务(共同愿景)时,定义这个人真正的自我,必须将他的任务(共同愿景)包含在内。

稻盛和夫把"在追求员工物质和精神两方面幸福的同时,为人类和社会的进步与发展做出贡献"作为京瓷的一个共同愿景,改变了员工与组织的关系。员工把京瓷当作"自己的公司",把自己当作一个经营者而努力工作。稻盛和夫和员工的关系已经不是经营者与工人的关系,而是为了同一个目的而不惜任何努力的"同志",在全体员工中萌生了真正的"伙伴关系"。

(6)"共同愿景"能使组织在遭遇混乱时循正确的路径前进。

共同愿景是一个方向舵,能够使学习过程在遭遇混乱或阻力时,继续循正确的路径前进。弗利慈说:"伟大的愿景一旦出现,大家就会舍弃琐碎的事。"

总而言之,传统组织的愿景,只是领导者的"个人愿景",是官方的愿景,它带来的只是遵从;学习型组织的共同愿景,经过分享,使"个人愿景"变成大家共同持有的"共同愿景",它带来的是投入与奉献。

第二节 修炼"共同愿景"的方法

经营者在建立共同愿景的过程中要注重以下要点:一是鼓励组织成员对组织发展提出个人愿景;二是以组织成员提出的个人愿景为基础建立共同愿景;三是乐于与他人分享愿景;四是善于倾听他人提出的愿景;五是对愿景的描述必须简单,诚实而中肯;六是要为实现愿景投入智慧和力量。

一、传统组织"建立共同愿景"的方式

在传统的科层式组织里,愿景来自高层领导者。在这样的组织中,指引公司的大蓝图是没有和大家分享的,每一个人只是听命行事,以便能够完成他们的任务,来支持组织的愿景。

近年流行的建立愿景的过程,与传统中由上而下形成的愿景没什么不同。最高管理当局通常借由顾问的帮助写下"愿景宣言",这些愿景通常是为了解决士气低落或缺乏战略方向的问题,结果常令人感到失望。

令人失望的原因:愿景只是纸上陈述而非发自内心,很难使愿景在组织

内扎根。"官方愿景"所反映的仅是一两个人的个人愿景。这种愿景很少在每一个阶层内进行分享和相互探询，因此无法使人们了解并感到共同拥有这个愿景，结果新出炉的官方愿景也难以孕育出能量与真诚的投入。事实上，有时它甚至无法在建立它的高级管理团体中激发起一丝热情。

二、学习型组织"建立共同愿景"的方式

学习型组织"建立共同愿景"的方式不同于传统组织。在建立共同愿景的过程中，企业的经营者、管理者要做好以下几点。

（1）鼓励组织成员提出对组织发展的"个人愿景"。

就对所在企业发展的关注而言，组织成员处于不同的位置，有不同的关注点，因而个人对组织发展的愿景也是不同的。

有意建立共同愿景的组织，必须鼓励组织成员提出个人对组织发展的愿景。如果组织成员没有个人对组织发展的愿景，他们所能做的就仅仅是附和别人的愿景，结果只是顺从，绝不是发自内心的意愿。

（2）以对组织发展的"个人愿景"为基础，建立"共同愿景"。

建立共同愿景以组织成员个人对组织发展的愿景为基础。它可以是以某个成员提出的个人愿景为基础，也可以是综合某几个成员提出的个人愿景为基础。

最直接的是以领导者个人对组织发展的愿景为基础，建立共同愿景，即由具有愿景意识的领导者，通过各种沟通方式，充分分享他的愿景，使其个人愿景变为组织成员的共同愿景。这是愿景的领导艺术：从个人愿景建立共同愿景。

当有更多人分享共同愿景，分享对共同愿景的理解、想象和态度时，愿景本身虽不会发生根本的改变，但是愿景变得更加生动、更加真实，因而人们能够真正在心中想象愿景逐渐实现的景象。

从此他们拥有伙伴，拥有"共同创造者"；愿景不再单独落在个人的双肩上。当他们尚在孕育个人愿景时，人们可能会说那是"我的愿景"，但是

当共同愿景形成之时，就变成既是"我的"也是"我们的"愿景。

（3）乐于把个人愿景与他人分享。

愿景有时源自高层的个人愿景，有时源自中基层的个人愿景，有时是从各阶层人们的互动中激荡而出。

分享愿景的过程，远比愿景源自何处重要。对那些身居领导位置的人而言，必须记得他们的愿景仍然只是个人愿景，位居领导位置并不代表他们的个人愿景自然就是组织的愿景。意图建立共同愿景的领导者，必须乐于不断把自己的个人愿景与他人分享。他们也必须试着问别人："你是否愿意跟我追求这一愿景？"对领导者而言，这并不是一件容易的事。

（4）善于聆听他人提出的愿景。

经验告诉我们，愿景若要能够真正共有，需要经过不断地交谈。因此个人不仅要能自由自在地表达他们的梦想，还要学习如何聆听其他人的梦想，在聆听之间逐渐融汇出更好的构想。

聆听需要不凡的胸襟与意愿来容纳不同的想法。必须先让多样的愿景共存，并用心聆听，以找出能够统合和超越所有个人愿景的共同愿景。一位成功的企业领导说："我的工作，基本上就是在倾听组织想要说些什么，然后以清晰有力的方式把这些话表达出来。"

（5）对愿景的描述必须尽可能地简单、诚实而中肯。

德鲁克提出，"使命要像自己的衬衫一样合身"。对愿景的描述，既要敢于大胆想象，也不能脱离自己拥有的资源和能力。有的企业轻易提出要做全国第一，世界第一，而战略和组织并没有跟上，最终流于放空炮。

（6）为实现共同愿景投入智慧和力量。

对某件事投入，是一种极自然的过程。对领导者而言，它是源于你对愿景真正的热忱。对员工而言，它是源于你自己的选择。

领导者自己必须投入智慧和力量：如果你自己不投入，就没有理由鼓励别人投入。强迫推销不能得到他人诚心的投入，顶多只产生形式上的同意与遵从。

彼得·圣吉在书中列举了学习型组织建立共同愿景的两个实际例子。

约翰是一家大型家用产品公司的分公司总经理,他对公司发展的个人愿景是建立一个独特的全球配销系统,能够以原先一半的时间,将产品运送到顾客手上,并大幅降低损耗及重新发货的成本。他开始对其他管理者、生产工人、配销人员、杂货商谈起这个构想,每一个听到的人都充满憧憬。约翰尤其需要母公司产品配销部门主管宝琳的支持。他为宝琳精心准备了一个简报,说明他的配销新构想和优点,但宝琳提出了相反的看法。后来,他想到一个方式,就是只先在一个区域市场测试新系统。当他再一次请求宝琳的支持时,令他意外的是,这位顽固的配销主管开始提供实验设计的意见,她说:"上星期你来见我时,你只是试图说服我,现在,你乐意测试你的构想。我虽仍然认为它有些不合理,但是我看得出你很在乎。所以,试试看,或许我们可以从中学到一些东西。"今天,该公司在全球的分公司都已采用约翰的创新性配销系统。它显著地减少成本,而且成为公司与连锁店策略联盟的一部分。

前面的章节中讲到波尔顿的故事。波尔顿是迪吉多电脑公司资讯系统部门的一位中层主管,1981年,他与同事对公司资讯系统的发展提出了一个愿景:用电子技术将组织整体联结起来。他写下一篇短文,并在幕僚会议上读给所有资讯系统的高级人员听。文中特别提道:"未来的组织将涉及新的技术,网络将把所有功能结合起来。"读完时,出乎意料的是,资讯系统的高级人员只希望知道"我们要怎样推动它?我们如何使它成真?"波尔顿回答:"这必须是你们的愿景,不是我的,否则它将永远不可能实现。"会后,资讯系统的一个小组主管准备了一套幻灯片,用来向全公司推广他的构想。这个部门的主管在1982年亲自向所有迪吉多公司主要部门的幕僚做幻灯片展示,然后组织拟订了五个计划来处理"如何做"的问题:网络计划、资料计划、办公室自动化计划、设备计划与应用计划。今天,迪吉多电脑公司在50多个国家中有600多个据点,总共有4.3万多部电脑互相以网络连接。

三、"共同愿景"推进过程中遇到的问题及解决办法

（一）缺乏意见分歧的调和能力

愿景的推进是经由不断地厘清、沟通、投入、奉献所形成。当谈论得愈多，愿景就愈清晰，人们也就开始热衷于追求愿景的好处。因此，愿景经由沟通以逐渐增强的方式扩散开来，形成愿景的增强环路，如图19-1所示。

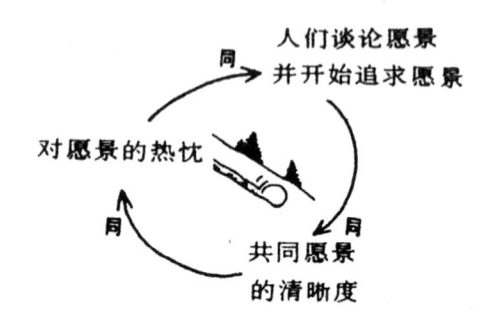

图19-1　愿景的增强环路

追求愿景的热忱不断成长的增强环路，可能会牵动一个由于意见逐渐分歧化与极端化所形成的调节环路，而抑制了愿景的推广过程。共同愿景的"成长上限"之一，即缺乏探询与调和分歧的能力，如图19-2所示。

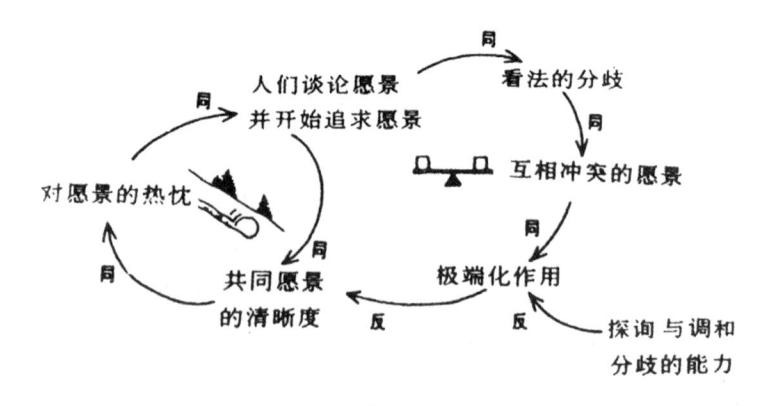

图19-2　共同愿景的"成长上限"之一：缺乏探询与调和分歧的能力

在这个成长上限的结构里,问题的症结在于分歧意见的扩大。

消除这个症结的办法是发展出调和分歧的能力,避免愿景分歧的逐渐扩大。

(二) 未能保持创造性张力而气馁

愿景的实现过程中,会遭遇到一些不易解决的困难,使人们感到气馁,这是造成愿景凋谢的原因之一。

当人们看清共同愿景的特性,察觉到愿景与现况之间的差距很大,可能会变得沮丧,造成热忱的衰退。"组织气馁"形成了一个可能的"成长上限",如图19-3所示。

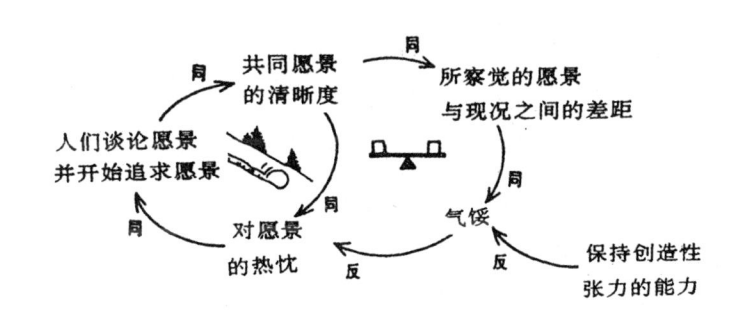

图19-3 共同愿景的"成长上限"之二:未能保持创造性张力而气馁

在这个结构中,限制因素是组织内的人未能保持创造性张力。

只要愿景是审慎地发展出来的,问题通常不是出在共同愿景本身,而在于我们对"目前情况"被动式的反应。许多管理者未能认识"目前情况"背后的系统结构及杠杆点,以致他们不知道该从何处着手改善问题。

解决问题的杠杆点是确保组织内的人能保持创造性张力,能学会系统思考,懂得从何处着手改善问题。

(三) 专注于共同愿景的时间不足

当汇集愿景和处理目前问题所需时间过多时,相对地会使可用于实现愿景的时间减少,而失去对于愿景的专注,也会使愿景在萌发阶段夭折。

此时限制因素是专注于愿景的时间与精力不足，如图19-4所示。

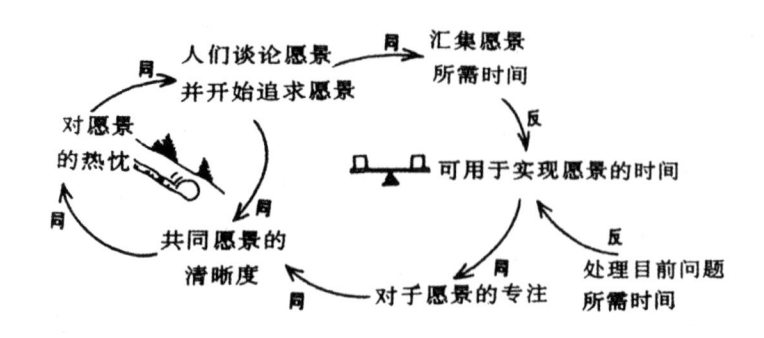

图19-4 共同愿景的"成长上限"之三：专注于愿景的时间不足

这个结构的杠杆点在于能够找出方法，减少花在对抗危机与处理目前问题的时间和精力，或者是让追求愿景的人与负责处理目前问题的人各司其职。

（四）破坏了一体关系

建立共同愿景的目的之一是使组织成员感觉到"众人是一体"，但不得不注意的是，这样的联结需要时时悉心照护，因为它是非常脆弱的。只要我们对彼此的见解失去尊重，团体的凝聚力便会分崩离析，导致共同愿景的破灭。当发生此种现象时，团体成员便不再产生对愿景的热忱，如图19-5所示。

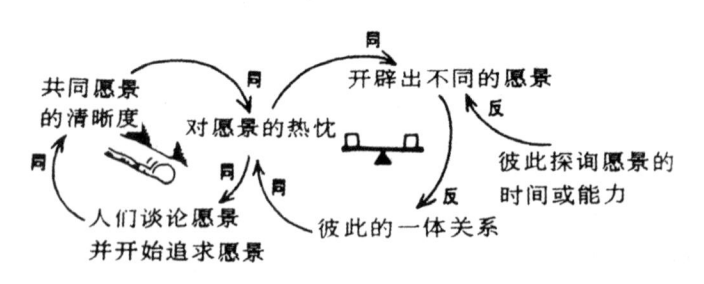

图19-5 共同愿景的"成长上限"之四：破坏了一体关系

当人们开始产生另一种愿景而破坏彼此关联的感觉时，应仔细检视"专注愿景的时间"和"协调分歧的能力"，因为这两者可能会产生限制的因素。

总而言之，学习型组织建立共同愿景要注重以下要点：一是鼓励组织成员对组织发展提出个人愿景；二是以组织成员提出的个人愿景为基础建立共同愿景；三是乐于与他人分享愿景；四是善于倾听他人提出的愿景；五是对愿景的描述必须简单，诚实而中肯；六是为实现愿景投入智慧和力量。

共同愿景的推进过程中会遇到的缺乏分歧的调和能力、未能保持组织的创造性张力而气馁、专注于愿景的时间不足、破坏了一体关系等问题，要借助系统思考破解这些问题。

第二十章　面对整体搭配，修炼"团体学习"

第一节　修炼"团体学习"的目的

　　波士顿赛尔提克篮球队的球员罗素曾经如此描写他们的球队："就像其他专业领域一样，我们也是由一群专家组成的团体，我们的表现依靠个人的卓越以及团体的良好合作。我们都了解彼此有互相补足的必要，并努力设法使我们更有效地结合……有趣的是，不在球场上时，按照社会的标准来看，我们多数是古怪的，绝不是那种能跟别人打成一片，或者刻意改变自己来迎合别人的人。"

　　罗素告诉我们，使他的球队打起球来与众不同的，不是友谊，而是一种团体关系。大伙儿在球场上的配合，使团体产生登峰造极的演出，那种高度的默契，难以用笔墨来形容，几乎像慢动作般地清楚，任何神奇的妙传或投射都可以发挥到不可思议的境界。

　　在传统组织的管理团队中，当出现不同意见时，我们看到的情况：一种是"一言堂"，只有领导者一人在说，有不同意见的人不敢说；一种是"两极化"，赞成和反对的人都在为自己的意见辩护，谁也说服不了谁。上述情况阻碍了管理团队共同学习，整体搭配，实现愿景。

在学习型组织的管理团队中，当出现不同意见时，我们看到的是"深度汇谈"和"讨论"。"深度汇谈"的目的在于发现更多的创意，而不是争输赢，因而注重的是相互的探询：对方为什么会提出不同的观点？对方的论点是什么，论据又是什么？对方的论点、论据是否提供了一些自己原先没有看到、没有想到的东西，是否有可取之处？《原则》一书的作者瑞·达利欧提出的"创意择优"的决策方式就运用了相互探询的技巧。

一、"团体学习"的定义

团体学习是"以团体为学习单位"的学习，是一种共同学习、合作学习。目的是发展"整体搭配"的能力，实现共同愿景。

"团体学习"是"以团体为学习单位"的学习，区别于以个体为学习单位的学习。

"团体学习"以"共同愿景"和个人"自我超越"为基础。没有共同愿景作为基础，团体学习将失去方向和目标；没有个人的自我超越作为基础，整体搭配的团体也是个低水平的团体。在一个管理团队中，组成人员如若不是各个领域的高手，而是一群平庸之辈，即使配合得再好，也难以实现成功经营的共同愿景。

"团体学习"的目的是发展"整体搭配"的能力。一支球队在球场上共同练习是为了发展"整体搭配"的能力，一支交响乐队在音乐厅共同练习是为了发展"整体搭配"的能力，一个管理团队在会议室里共同学习，也是为了发展"整体搭配"的能力。只有共同愿景和个人才能还不够，世界上不乏由有才能之士共同组成的团体，其成员虽然也共有一个愿景，却无法整体搭配。

管理团队的"团体学习"着重应抓住三个方面：一是当需要深思复杂的议题时，必须借助"团体学习"获取高于个人智力的团体智力；二是当需要既具有创新性而又协调一致的行动时，必须发展一种"运作上的默契"，使每一位团体成员都会非常留意其他成员，而且相信人人都会采取互相配合的方式行动；三是当需要培养下属的学习型团体时，可通过上下级共同学习来教导团体学习的方法与技巧。

二、修炼"团体学习"的目的

（一）所有重要决定都是通过"团体"做出

壳牌石油公司企划主任德格说，团体就是彼此需要他人行动的一群人。团体在组织中渐渐成为关键的学习单位，因为现在几乎所有重要决定都是直接或间接透过团体做成，而进一步付诸行动的。

团体在学习，团体变成整个组织学习的一个小单位。通过团体学习，可形成共识，并将所得到的共识化为行动。

（二）"团体的智商"远大于个人的智商

《物理学及其他：相会与交谈》一书的作者海森堡通过对交谈细节的回忆指出：合作学习具有令人吃惊的功能；集体可以做到比个人更有洞察力，更为聪明；团体的智商可以远大于个人的智商。

（三）"团体学习"能提升"整体搭配"的能力

罗素所属的球队（在十三个球季中得过十一次NBA总冠军）呈现出一种我们称之为"整体搭配"的现象，即一群人良好地发挥了整体运作的功能。

1. 未能整体搭配的团体

在多数的团体里，成员各自朝向交错的目标努力。如果我们为这种团体画一幅图，看起来可能像是这个样子，如图20-1所示。

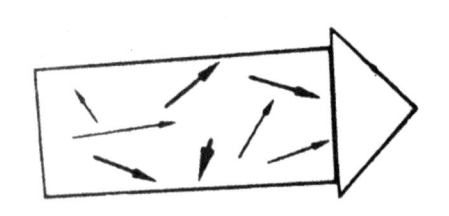

图20-1 未能整体搭配的团体

未能整体搭配的团体，许多个人的力量一定会被抵消浪费掉。个人可能格外努力，但是他们的努力未能有效地转化为团体的力量。

2. 能够整体搭配的团体

当一个团体更能整体搭配时，就会朝着共同的方向，协调个别力量，发展出一种共鸣或综效，就像凝聚成束的镭射光，而非分散的灯泡光；它具有目的一致性及共同愿景，并且了解如何彼此取长补短，如图20-2所示。

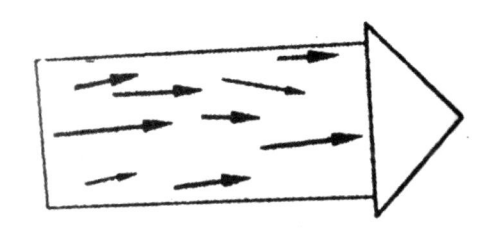

图20-2　整体搭配的团体

3. 个人能量不断增强而整体搭配不良的整体

在团体中，如果个人的能量不断增强，但是整体搭配的情形不良，只会造成混乱，而使团体的管理更加困难，如图20-3所示。

图20-3　不断激发个人能量而整体搭配不良的团体

世界上很多由有才能之士组成的团体，其成员也有一个共同愿景，却因未能开展"团体学习"，未能"整体搭配"，结果实现不了"共同愿景"。一支交响乐队，不经过多次的共同练习，不可能一起演奏成功；一支球队，不经过多次的共同练习，不可能一起取得冠军；一个经营团队，不学会团体学习，也不可能取得经营上的成功。

总而言之，"团体学习"是以团体为学习单位的学习，是一种共同学习、合作学习。团体学习以共同愿景和自我超越为基础，目的是提升整体搭配的能力。在现代的经营管理中，重要决策多是团体做出的决策，团体的智力远高于个人的智力，只有通过团体学习才能提升整体搭配的能力，从而实现企业的愿景。

第二节　修炼"团体学习"的方法

修炼"团体学习"，一是学会"深度汇淡"与"讨论"，二是降低阻碍团体学习的"习惯性防卫"，三是演练团队学习的技巧，四是在"团体学习"中应用"系统思考"。

一、学会"深度汇淡"与"讨论"

(一) 深度汇谈（交谈的一种特殊方式）

1. 深度汇谈的提出

在《物理学及其他：相会与交谈》这本引人注目的书中，海森堡首先提出："科学根源于交谈。在不同的人合作之下，可能孕育出极为重要的科学成果。"海森堡回忆平生与鲍立、爱因斯坦、波耳，以及其他在这个世纪前半叶改造传统物理学等伟大人物的交谈，认为对他的思考有不可磨灭的影响，在某种程度上，也孕育了许多使这些人后来成名的理论。

"深度汇谈"是一种特殊的交谈方式，它源自希腊。在这个基础上，量子物理学家鲍姆发展出"深度汇谈"的理论与方法。他提出，深度汇谈式的交谈，是让各种想法"在人们之间自由流动"，"就像流荡在两岸之间的水流那般"。当一群人进行深度汇谈时，他们是以开放的心胸，面对彼此之间一股更大的智识之流。在深度汇谈的状态下，"以共同意义（共同探讨某一事物的意义）为基础的新心智开始呈现，大家不再以反对为主，他们也不能算是在互动，而是加入这个能够不断发展与改变的共同意义的汇集"。

2."深度汇谈"的意义

深度汇谈的目的是要超过任何个人的见解，而非赢得对话；如果深度汇谈进行得当，人人都是赢家，个人可以获得独自无法达到的见解。在深度汇谈时，大家以多样的观点探讨复杂的难题，每个人摊出心中的假设，并自由交换他们的想法。在一种无拘无束的探索中，人人将深藏的经验与想法完全浮现出来，其结果超过他们各自的想法。

在深度汇谈中，汇谈参与者成为自己思维的观察者。汇谈中，不同的人有不同的见解，因而可引起人们对自己思维的观察与验证。验证自己的思维（心智）与真实世界是否相符。

深度汇谈能增强集体思维的敏感度。鲍姆说："大多数思维的起源都是集体的，周围的每个人对自己的思维都有程度不同的影响。"我们所持的大多数假设（想法），来自文化上可被接受的假设之中。在深度汇谈中，一种超乎平日思维的敏感度发展出来，这个敏感度像是一个网目很细的网，能够搜集思维之流中不易察觉的意义。

深度汇谈能看得到彼此想法之间的冲突。杰出团体的特性并不是没有冲突。相反地，团体不断学习的一项可靠的指标，是看得到彼此想法之间的冲突。杰出团体内部的冲突往往具有建设性。当团体中每个成员都苦于无法找到新的对策时，摊开相互间的冲突，让想法自由交流是很重要的，此时冲突实际上成了深度汇谈的一部分。

3."深度汇谈"的基本原则

"深度汇谈"有以下几项基本原则。

（1）所有参与者必须将自己的假设"悬挂"在面前，以便不断地接受观察与询问。如果未察觉我们的看法是假设而非事实，就无从悬挂自己的假设。一个人一旦坚持"事情就是这样",深度汇谈就被阻断。

(2) 所有参与者必须视彼此为工作伙伴,才能共同深入思考问题,进而发生深度汇谈。视彼此为伙伴,对于建立一种成员彼此间关系良好的气氛,以及消除深度汇谈时由于阶层差距所带来的障碍有所帮助。鲍姆认为,在组织中进行深度汇谈是极不容易的,主要是由于组织阶层会使伙伴关系难以建立起来。他说:"阶层和深度汇谈是背道而驰的,而组织要避开阶层结构很困难。"他问道:"那些掌握权力的人真能和部属平起平坐吗?"每一位参加深度汇谈的人,真正想要得到深度汇谈的好处,必须去除保持阶层优势的欲望,同时要避免因地位低而害怕陈述自己看法的情况。

(3) 有一位"辅导者"来掌握深度汇谈的过程。缺乏熟练辅导者的情况下,过去的思维习惯会不断地把我们拉向讨论,而拉离深度汇谈。

在发展深度汇谈成为团体修炼的早期,我们习惯于将思维所代表的假设视为真相本身,相信自己的想法比别人的更正确,并怯于在众人面前将自己的假设悬挂出来。深度汇谈的辅导者必须做好一个"过程顾问"的工作:帮助参与者认清,他们自己才是过程与结果的"主人";保持对话的进行顺畅而有效率;透过参与去影响深度汇谈发展的动向。

4. 深度汇谈的主要技巧

深度汇谈的技巧主要有以下几个方面。

(1) 反思。对自己悬挂的假设(想法)及背后的思考(原始材料与推论)进行再次的验证或测试,以便从中发现错误。

(2) 探询。对别人悬挂的假设(想法)及背后的思考(原始材料与推论)进行探询,以便从中发现新的创意。

(3) 形成共识。一种是"向下聚焦"型的共识,在各种个人观点之中找出共同部分;另一种是"向上开展"型的共识,寻找一个比任何个人观点都大的真相。每个人的观点都是对一个较大真相的独特视角;如果我们能彼此探询别人的观点,则每一个人都将多看到一些自己原来看不到的事物,从而有助于形成某种共识。

（二）讨论

深度汇谈是提出不同的看法，以发现新看法。讨论是提出不同看法并加以辩护。通常用深度汇谈来探究复杂的问题，用讨论来形成事情的决议。

在讨论之中，大家依据众人悬挂的意见，一起来分析衡量各种可能的想法，并由其中选择一个较佳的想法（也许是原来的想法之一，或是从讨论中得到的新想法）。如何行动通常是讨论的焦点。

一个学习型的团体善于交互运用深度汇谈与讨论。二者的基本规则不同，目标也不同，如果无法加以区别，通常团体就既不能深度汇谈，也无法有效地讨论。

二、降低阻碍团体学习的"习惯性防卫"

阿吉瑞斯和他的同事共花了25年以上的时间研究这个困局：为什么聪明而又有能力的管理者，在管理团体之中常无法有效学习。结果他们发现：杰出的团体与平庸的团体之间的差别，在于他们如何面对冲突，以及处理随着冲突而来的防卫。阿吉瑞斯说："我们的内心好像被设定了习惯性防卫的程式。"

（一）"习惯性防卫"的种种表现

"习惯性防卫"通常有下列表现。

（1）当我们无意认真接受某一个想法时，我们会说："那是一个非常有趣的构想。"我们故意不断说服别人某个构想行不通，却不提出自己的构想。

（2）我们假装支持他人某项论点，以免让自己类似的论点也遭到批评。

（3）领导者把自己的强势当作是一个防卫策略，使自己的看法免于受到挑战。

（4）在强势的领导者面前，员工学会了不在他面前表达自己的看法与愿景。员工不表达看法也是习惯性防卫。

（二）"习惯性防卫"的根源

习惯性防卫的根源，是惧怕暴露出我们想法背后的思维。对多数人而言，暴露自己心中真正的想法是一种威胁，因为我们害怕别人会发现它的错误。

（三）"习惯性防卫"的危害

防卫性的心理使我们失去检讨自己想法背后的思维是否正确的机会。对于陷入习惯性防卫的团体成员而言，他们觉得好像碰上了许多隐形的墙和陷阱，完全无法共同学习，如图20-4所示。

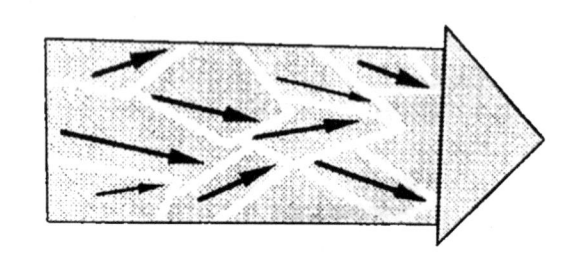

图20-4　团体中如隐形墙一般的习惯性防卫

有一家具创新性、高度分权的公司。泰德年方33岁，为该事业部门总经理。他对本部门的ATP产品有坚定的信心，该产品是以新的印刷电路板技术为基础发展出来的。他们的努力得到回报，订货连续几年快速增长，1984年销售达2000万美元。如此快速增长的原因，是两家主要的迷你型电脑制造厂商对此公司的技术深具信心，因此将该公司的电路板纳入他们硬体新产品线的设计，并大量生产。1985年在迷你型电脑产业不景气的打击下，这两家制造厂商暂停此新产品的生产，使该公司预估的订货减少50%。1986年景气并未回升。泰德被解除部门总经理的职务，重任工程主管。

为什么这个部门的管理团体核准执行这个风险极高的策略？为什么总公司的领导阶层不介入，建议这位年轻的事业部主管分散他们的客户群？

泰德和ATP其他管理者都被他们自己特有的习惯性防卫束缚住了。有几位管理者曾经表达他们对依赖少数几家大客户的担忧。当这个问题在会议上提出的时候，每个人都同意那是一个问题，但没有人对这个问题采取任何行动。总公司主管也被一个类似的束缚绑住了。总公司也关切ATP的客户群太过狭窄，有些总公司主管私下质疑泰德的计划并不能提升公司长远经营的能力，但是这些主管既不愿破坏公司向来尊重部门总经理经营权限的价值观，同时也不愿使泰德难堪，所以他们只做间接的批评或保持缄默。

（四）降低"习惯性防卫"的办法

降低"习惯性防卫"有以下办法。

(1) 降低"学习差距"（"已经知道"和"需要知道"之间的差距）可能出现的错误会给自己或他人带来的威胁。假如能够降低威胁，泰德就敢于在总公司上级主管面前坦然承认他自己没有把握，上级主管们也敢于对泰德坦然说出他们心中的疑问。

(2) 以开放的方式讨论问题，个人能毫不隐藏地摊出自己的假设和背后的推理过程，并鼓励别人也如此做。如此一来，习惯性防卫便无从发生作用。

三、开展"共同学习"的演练

（一）学习团体需要学习"如何共同学习"

团体学习是一种"以团体为学习单位"的学习，团体学习技巧的养成，比个人学习技巧的养成更具挑战性。在学习团体中，人人都需要学习"如何共同学习"。

（二）学习"如何共同学习"需要通过演练

学习"如何共同学习"需要通过演练。交响乐队学习"如何共同学习"要通过演练，篮球队学习"如何共同学习"要通过演练，经营管理团队学习"如何共同学习"也要通过演练。比方说，学习"深度汇谈"，不通过演练是做不好的。彼得·圣吉特别指出："缺乏有效的演练是大部分管理团体无法成为有效学习单位的主因。"

（三）管理团队可采用的两种不同的演练方式

1.在团体中演练"深度汇谈"，以结合众人的智慧，使团体智商高于个人智商演练的基本方式如下。

（1）诚恳鼓励团体成员提出最困难、敏感、具冲突性而对团体工作非常重要的议题。

（2）把"团体"所有的成员集合起来（这里"团体"指彼此需要，并一起行动的一群人），并说明深度汇谈的基本规则。

（3）执行深度汇谈的基本规则，在有人发现无法"悬挂"自己的假设时，团体可辨认出现在进行的是"讨论"，已经偏离"深度汇谈"的准则，从而加以纠正。

美国电脑资讯公司的管理团体举行过一次深度汇谈的演练。这家公司内部最近有了些改变；除了改由研发部门带头以外，公司深具魅力的创办人最近退休了。新的管理团体在第一年时勉强维持业务成功之后遇到了很多新的挑战。总裁麦卡锡给管理团体发函，邀请他们参加一个为期两天的聚会，信函中提出：目前公司正在加快改变的速度，这两天聚会的目的，是彻底思考此刻我们所面临的重大课题，以了解彼此的看法。会议的基本规则：一是悬挂假设。在这个聚会里面，我们所想要的，是检验在我们的方向与策略背后的假设。二是视彼此为工作伙伴。我们要求每一个人把他的职位弃之门外。这次的聚会是不分等级的。三是探询的精神。我们希望大家探索自己看法背后的思考，所以不妨以这样的问题开始探询："是什么导致你说出或相信这个？"

这次演练"深度汇谈"的结果：一是研发与行销之间长达 30 年的不和开始痊愈；二是行销部门不再需要单打独斗地去扩充产品系列，因为研发部门对此也感兴趣，并想要加入购并的研究；三是神圣不可侵犯的该公司商标，不再限于用自己研发部门开发的产品，而是基于市场考量加以使用；四是研发部门的最高主管跳出该部门独自负责创新的旧有刻板印象，视其他部门为应该平等对待的创新伙伴。

2. 在模拟的环境中学习"如何共同学习"

人类透过经验直接学习的效果最好。我们以尝试错误的方式学习走路，骑脚踏车、开汽车与弹钢琴，等等；一面行动，一面观察自己行动的后果而做调整。但是这样边做边学，只有在自己行动得到的回馈快速且明确的情况下才有效。

当我们在一个复杂系统中行动的时候，行动的后果往往是既不直接，也不清楚。这些后果在时间和空间上常与我们相隔很远，导致从经验学习遇到困境。模拟学习能够使管理者与管理团体从实验中学习最重要的整体性课题。模拟环境的特点之一，是可将时间与空间压缩在一个实验状况中，从实验中学习。

笔者参加过竞越公司举办的一场"决战商场"的模拟学习。其基本学习方式是，把参与者分为若干个经营团队，每一个经营团队六个人，分设情报、订单、融资、研发、生产、结算等不同角色，开展连续五年的经营活动。最终看哪个团队赢利，哪个团队亏损。模拟结果表明，参与者在模拟经营中采用的基本策略与其实际经营中的策略有惊人的一致性，模拟经营的结果与其实际经营的结果也有一致性。从模拟中可看到其实际经营中的问题，并加以改进。

四、在"团体学习"中应用"系统思考"

（一）应用系统思考，才能使事物的真相得到整体显现

在团体学习中，每个人都站在自己的角度，看到事物的某一方面，且都觉得自己的了解才是正确的。只有借助系统思考，才能使事物的真相得到整体显现。

团体的成员像摸象的盲人，每一个人都知道他摸到的部分，每一个人都相信整只大象必定看起来像自己所接触到的部分那样，每个人都觉得自己的了解才是正确的。只有系统思考才能解决此问题。

（二）应用"系统思考"，才能辨认习惯性防卫是共同造成的

一般人总把防卫看作是别人的行为造成的，破除习惯性防卫的杠杆点应在于辨认习惯性防卫是共同造成的，并找出自己在产生和持续习惯性防

卫时所扮演的角色。

如果我们只从别人的行为找寻习惯性防卫的原因，而未能从自己身上找寻习惯性防卫的原因，那么我们愈是努力对付它们，只会激起更强烈的防卫。

总而言之，学习"团体学习"，要学会"深度汇谈"和"讨论"的结合，降低阻碍团体学习的"习惯性防卫"，开展"共同学习"的演练，应用"系统思考"的思维方式。

第二十一章 面对"企业改造",运用"五项修炼"

第一节 超越"权威控制"的办公室政治

建立"学习型组织"是一场重大的组织变革。它意味着组织的领导者为了获得唯一持久的竞争力,为了成为最成功的企业,决心将传统的权威型组织改造为学习型组织。作为一场重大变革,在进行的过程中必然会遇到一系列的难题,包括如何超越权威控制的办公室政治,如何保持对地方机构的协调与控制,如何扮演领导者的新角色,如何创造管理者的学习时间,等等。

如何解决上述难题?彼得·圣吉教我们综合运用"五项修炼的方式"来解决上述难题。五项修炼的"功效",不仅能解决管理者"心灵转变"面临的主要难题,也能解决企业"管理模式转变"面临的主要难题。

本节就如何综合运用"五项修炼的方式"来解决"权威控制的办公室政治"的问题加以阐述。内容包括:"办公室政治"的特征,"办公室政治"形成的原因,解决"办公室政治"的方式。

一、"办公室政治"的特征

"办公室政治"具有以下特征。

（1）"是谁"比"是什么"更重要。公司中有人提出新构想，如果它是由老板提出的，每个人都会认真地考虑，如果它是由一名不见经传的小职员提出的，可能被束之高阁。

（2）职位的高低或权力的大小决定了谁赢、谁输。俗话说，"谁的职位高谁的表准"，"位高一级压死人"。

（3）极可能发展成独裁的环境。揽权者常滥权，做出决定他人命运的错误裁决，却没有补救的余地。这种对他人具有绝对控制的权力就是独裁主义的本质。

二、"办公室政治"形成的原因

巴达拉寇与艾尔渥斯在他们的《领导与正直的探索》一书中说："政治型的领导人，相信一般人会受私利以及追求权力和财富的动机所激励。"政治型领导人自己追求权力和财富，因而相信下属也追求权力与财富，并以权力与财富激励下属。

政治型领导人主张权威控制，动机是为了追求个人的权力与财富。

领导人追求个人的权力与财富，并以权力与财富激励下属，组织便会自然形成高度政治化的风气。领导人的管理风格会自然而然地传递给各级管理者，从而形成政治化的风气。

三、解决"办公室政治"的方式

（一）多数人习惯了"办公室政治"

组织中的绝大多数人都安于政治化环境。尽管他们不希望生活在这样一个政治化的组织中，但无可奈何。他们认为："只要有组织就有政治。"

企业要改变这种政治化的环境，建立一种非政治化的环境。有些人会认为，改变权威控制会失去对下属的控制，难以保证正确决策；有些人还会认为，改变权威控制会使自己失去权力，也失去财富。能否应对这种内部阻力，成了建立学习型组织过程的一项最大的挑战。

（二）解决"办公室政治"的方式

要解决"办公室政治"的问题，可综合运用"五项修炼的方式"。

1. 以"共同愿景"的修炼破解只图"一己之利"的私心

组织的领导人和各级管理者只有真诚地拥有共同愿景，才能超越只图一己之利的私心，才能营造非政治化的企业环境。

稻盛和夫创立京瓷，初时只是为实现一个技术人员的梦想，经与提出辞职的员工谈判后，确立了为员工谋幸福、为人类做贡献的愿景，超越了只图一己之利的私心。因而，在管理模式上，他推行的不是权威控制，而是以心为本，是经营者与员工之间的心心相连。他真诚地把员工当"伙伴"，当"同志"，因而营造了一种"非政治化"的企业环境。

2. 以"心智改善"的修炼破解"是谁比是什么更重要"的旧观念

"心智改善"的修炼有助于超越权威控制的"办公室政治"。办公室政治的显著特征"是谁"比"是什么"更重要。为了破除这个旧观念，我们可以从建立一个重视"实质贡献"的组织环境开始，确立"做正确的事情"远比"是谁想做"更重要。

韦尔奇就明确地提出："倡导无边界和壁垒的管理风格，永远追求和采用那些杰出的、实用的好主意，而不计较它的来源。"这就是在营造一个非政治化的环境：看重的是"是什么"，是"杰出的、实用的"，而不是"是谁"，不是"它的来源"。

波士顿地区一家科技公司的管理团体举办了"建立价值观"的三天研习会，讨论了"诚实"这个课题。这个团体选定"在所有沟通中都诚实与坦率"当作他们的基本行为准则。一位资深的销售人员随口说出："我想我们的意思并不是说，将对我们的顾客绝对诚实。"整个过程到此骤然中止，团体开始质疑并重新思索他们承诺"在所有的沟通中都诚实与坦率"是什么意思。最后总裁打破沉默说："是的，对我来说，这就表示要对我们的顾客完全诚实。""在所有沟通中都诚实与坦率",首先是在组织内部的沟通中保持"诚实与坦率",这样的价值观同样有助于营造"非政治化"的企业环境。

3. 以"团体学习"的修炼破解"权力大小定输赢"的旧规则

我们多数人的思想中存在权威主义,其根源在于,我们是在权威的环境中成长的。在儿童时期,父母有答案;在学生时代,老师有答案;进入工作组织中,上司也必定有答案。人们内心深处已经被灌输"在上面"的人知道是怎么回事。这种心态使个人和组织的发展潜力受阻,同时它减轻了组织学习的责任。

建立"非政治化"的环境,需要通过"团体学习"的修炼,形成"开放"的文化。在这种组织文化中,可以公开和真诚地谈论重要课题,并不断挑战自己的思考能力。

(1) 开放的真义。

欧白恩说:"开放超乎个人的因素,它是一种存在于你和他人之间的关系。它是一种精神层面和思想状态的改变,以及一套技能与实践方法。""在追求开放的过程中,如果你只具备渴求的动机,而没有实践的技能,是不会有效果的;但是,另一方面,如果你并未真心想达成开放的境界,而想要培养那样的技能,同样无法充分发挥效果。"

鲍姆指出,当两个或更多的人彼此愿意先"悬挂"自己所确信的假设于他人面前,开放的沟通便由此产生。他们变得乐于分享自己的思考,并且乐于让自己的思考接受别人的影响。在开放的状态下,他们可以触及其他方式所无法达到的理解深度。

然而,在我们通常的交谈或群聊中,很多人往往乐于分享自己的思考,却不乐于让自己的思考接受别人的影响,只善于说而不善于听,因而无法达到应有的理解深度。

(2) 参与式开放。

"参与式开放"指组织中的成员可自由说出心中所想的,它是大家较能普遍理解的开放面貌。因为"参与式管理"的哲学让人们参与更多的决策,所以获得广泛的拥护。

我陈述我的看法，你陈述你的看法，所有人看起来都致力于共同学习；然而，真正的共同学习的功效少之又少。原因之一是，成员对于分享他们的看法并没有十分的安全感。欧白恩说得好："有多少管理者在上午十点钟的工作团体会议上叙述某个问题的方式，和他们当天晚上在家里或跟朋友一起喝酒的时候所说的一样开放呢？"

这种参与式开放纯粹只是专注在互动的"方法和过程"上，而非在互动的"结果"上。人们可能说，"那是一个很不错的会议，每个人都表达了自己的看法"，但事实上，他们并没有去判断决议的品质与其后的行动。

（3）反思式开放。

"参与式开放"能够使人们率直地"向外说"自己的见解，而"反思式开放"则能够使人们"向内看"，反求诸己。

反思式开放以挑战自己的思考为起点。不论我们认为自己的想法多么必要，也不论我们多么挚爱"我们的"构想，它总是有待检验和改善的。反思式开放在于持有"或许我是错的，别人是对的"的态度，多闻阙疑，不仅要检验自己的想法，也要与人相互检验、思考。

反思式开放需要借重一些技能，例如，在"心智模式"模块提到的辨认跳跃式推论的技能、反思与探询的技能，在"团体学习"模块所介绍的深度汇谈的技能。真心想要成为开放的组织，必须支持它的成员发展这些学习技能。

结合实施参与式开放与反思式开放，可成为削弱内部政治化的一股强大力量。关键是一方面使组织成员在公开表示意见时觉得安全，另一方面是培养成员挑战自己和他人思考的技能。

总而言之，超越权威控制的"办公室政治"，要以"共同愿景"的建立破解只图"一己之利"的私心，以"心智改善"的修炼破解"是谁比是什么更重要"的旧观念，以"团体学习"的修炼破解"权力大小定输赢"的旧规则。

第二节　保持对"地方机构"的协调与控制

改造传统的权威控制型组织，建立学习型组织，势必要实施授权管理，因而又引出了授权后对地方机构如何协调和控制的新问题。解决这一难题，同样要综合运用"五项修炼的方式"。

本节要点包括：决策权为什么要下移，决策权下移后对"地方机构"如何协调控制，决策权下移后中央管理当局扮演什么角色。

一、决策权为什么要下移

决策权为什么要下移？

(1) 地方机构的管理者知道命运操在自己的手中，学习的速度最快。

无法改变生存环境的无力感，或相信有某个人在某个地方遥控我们行动的想法，都会侵蚀学习的动力。

如果知道命运是操在自己的手中，我们就会不断地努力学习和应变。当我们对自己的行动有真正的责任感时，学习的速度最快。

(2) 以"地方为主"，可让当地决策者面对所有的课题。

为什么学习型组织将日益成为以"地方为主"的扁平式组织？因为这种组织会尽最大可能将决策权展延至离最高阶层或公司总部最远的地方。

"地方为主"的意思是：决策权往组织的结构下层移动，尽最大可能让当地决策者面对所有的课题，包括处理企业成长与经营之间的两难困境。也就是说，给人们行动的自由去实现他们自己的构想，并对所产生的结果负责。

(3) 在瞬息万变的时代，"地方为主"尤其重要。

地方机构的管理者对于顾客偏好、竞争者的行动、市场趋势常有最新的资讯，他们所在的位置更适于应对市场环境的不断变化。许多组织理论的作者使用"组织像是有机体"的比喻，提出一种完全不同于由传统权威阶层控制的组织景象。这种景象就是地方控制：无数的地方决策过程，不断对改变做出反应。

麻省理工学院的金丹尼指出："想想看，如果免疫系统在释出抗体来对抗传染病之前必须等候许可，那么会发生怎样的情形？就一个国家的抗疫而言，你可能想象到这段对话。地方下级单位报告：'我们这里开始出现一种看起来很恶心的传染病。'中央主管部门指示：'继续密切注意这件事情，如果看起来像是已经失控，通知我。'到了中央主管部门终于准许采取行动，传染病已扩散到整个系统。"美国 2020 年的抗疫，就是这种情况。

二、决策权下移后对"地方机构"如何协调控制

实施"地方为主"的组织，会遇到两个难题：一是管理者，尤其是高层管理者，在将决策权交给地方时，唯恐失去自己的控制力量；二是如何使地方机构能正确决策，有效地运作。上述两个问题的解决，也要综合运用五项修炼的方式。

（一）以"心智改善"的修炼破除"唯恐失去控制"的观念

首先，领导者要改善心智，认清"上面总有人能控制"是一种错觉。

寇尔摩根公司已退休的总裁史维季特率直地说："从传统的威权、阶层组织，转变为以地方控制为主的组织，最大的课题是控制。在传统组织中，除了金钱、名声以外，驱动决策者的是权力——想将一切事情都置于控制之下的欲望。大多数决策者什么事情都可以放弃，就是不能放弃控制。"

彼得·圣吉指出，觉得上面有人能控制的认知，是基于一种错觉。在阶层结构的组织中，领导者下达命令由其他人遵行，但是"下命令"与"在控制之中"不同。权力可能集中于最高领导者，而这种拥有单方做决策的权力，不等同于有能力达成真正的控制。这种情况在政治组织和经济组织中比比皆是。

其次，领导者要真正把"地方为主"作为自己的愿景。

除非他们相信地方机构管理者的学习品质、适应能力、奋发精神与热

忧，相信"地方为主"能促进下属的成长，是值得不惜代价一试的，否则他们不可能选择建立一个以地方控制为主的组织。

许多公司因为对于"能够从最高阶层控制决策"的信念摇摆不定，因此徘徊于地方分权与中央集权之间。当经营状况良好时，采用分权方式决策；当经营受到挫折时，立刻又恢复由中央管理阶层控制。这种"中央集权"与"地方分权"的循环，导致地方做决策的能力萎缩。

最后，地方机构的管理者要就承担相应的责任做出承诺。

欧白恩指出，要使"地方为主"有效运作，地方机构需要承诺。"在汉诺瓦公司，我们的一个重要信念是，原来我们的确能改变我们这部分的世界，原来个人对于我们这部分的世界很重要。我们能够以个人的身份去关切并且影响我们的周遭环境、共同成长与行动的结果。这就是为什么'地方为主'是我们的核心价值之一。"

（二）保持对"地方机构"协调控制的方式

地方的决策者可能是"近视的"——看不到自己的决定对较大的系统所产生的影响，或只注重短期直接的效益，因而需要上级机构的协调控制。

传统组织以"权威控制"的方式保持对"地方机构"的协调控制，学习型组织致力于综合运用"五项修炼的方式"保持对"地方机构"的协调与控制。这些能力将使学习型组织比传统组织更能实施"地方为主"，且更加"协调一致"。

第一，通过中央地方两级"共同愿景"的互动来协调控制。

如果有一个持续进行的建立愿景过程，地方组织的愿景与中央组织的愿景将不断互动和相互充实。对中央组织和地方组织的使命、愿景与价值观产生的认同感，能够将一个大型组织内部几千人连接起来。不论在总公司或在地方分公司，领导者的主要任务之一是培育这种共识。

有人对强生公司前总裁柏克发表这样的评述："他对公司最大的贡献是，日复一日，一个阶层接着一个阶层地邀请大家，找出强生公司最重要的一些行为价值观，一起为它们订出优先顺序，然后清楚地说出来。"

第二，通过中央地方两级管理者的"心智改善"来协调控制。

改善心智模式这项修炼，对于管理一个以地方控制为主的组织是不可或缺的。

壳牌石油公司是世界上"地方为主"实施得最为彻底的几家大公司之一，该公司有100多个高度自主经营的公司。壳牌石油公司推广"从企划中学习改善心智模式"来协调这样一个分布极广的企业网络。曾任壳牌石油公司企划主管的瓦克说："策略规划必须具备世界观，当世界发生变化，管理群必须共同分享一些对新世界的观点。否则，地方的策略性决策将造成管理上的无政府状态。"

第三，通过中央地方两级管理者的"团体学习"来协调控制。

"团体学习"的技巧不论是在地方管理团体内部，或在地方与总公司管理当局之间的互动中，都有帮助。在这两个层次，混合使用"深度汇谈"与"讨论"，增强处理"习惯性防卫"的能力，是协调控制的一种重要手段。

第四，通过激励地方管理者"自我超越"来协调控制。

"自我超越"之所以重要，是因为"地方为主"亟须领导能力这项资源。地方机构的经营者不但必须是能干的管理者，也必须是有理想又能建立共同愿景的领导者。"自我超越"恰好能造就这种领导能力。

第五，通过教导地方管理者"系统思考"来协调控制。

系统思考的修炼绝对不可少，因为在缺少系统思考的情况下，地方的决策可能是短视的。发生这种情形是因为地方的决策者未能看清互相依存的关系，而使自己的行动只对短期、局部有利，对长期、"本地以外"则产生不利的影响。

赫门米勒家具公司的总裁赛蒙指出，对地方决策者按绩效奖励的方式，常强化短期性思考，而危害了共同资源。赛蒙说："表面上把企业分成较小的单位，应该能够鼓励地方单位的自动自发行为与承担风险。事实上恰好相反，部门分立与自治产生了更短期导向的管理者，这些管理者比从前更易受利润的影响。因为这些部门总经理要对利润负责，而他们被衡量的标准往往是每季每年的成果。另外，他们只期望留在职位上二到四年。这就产生了一个由短期所主导的系统。"

三、决策权下移后中央管理当局扮演什么角色

当地方的管理者逐渐负起地方单位的成长与经营责任时，原先负这些责任的中央高级管理者必须扮演新的角色，承担新的责任。

（1）负责公司使命、愿景、核心价值观的界定、实施与不断演进，引导组织正确发展。

使命指的是公司存在的价值，愿景指的是公司未来发展的蓝图，价值观指的是公司完成使命实现愿景必须遵循的信条或行为准则。

（2）担任研究者与设计家。

担任研究者，他研究什么呢？将组织视为一个系统来了解，以明察内外部变化的趋势及影响内外部变化的力量。担任设计家，他设计什么呢？他必须设计出能够让整个组织中的管理者了解这些趋势与力量的学习过程。

设计组织的学习过程是一个独特的角色，它是不能下授的。地方的管理者无法做，因为地方的管理者通常将主要的精力投入他们事业的营运，视野通常偏向局部，以致无法看到影响企业发展的那些重大、长期的课题与力量。

（3）参与中央和地方两级机构的决策。

并不是说经营者或总公司的管理者不再参与决策，相反地，他们将参与许多重要决策，其中有不少决策是会同公司与地方的其他管理者而做成的。

（4）鼓励地方的管理者勇于接受风险。

要鼓励接受风险，就必须养成宽容的胸襟。宽容指的是，当某人犯错时，组织不会轻易将他撤职。真正的宽容还包含抚慰犯错者，治疗被错误伤害到的内部关系。

柏克说，他在开始担任强生公司新产品部门主管的头几个月，就体验到主管宽容的胸襟。柏克首次的产品构想经历惨痛的失败之后，有一天他

被召见到董事长办公室。当柏克走进去的时候,董事长问道:"你就是使我们付出这笔代价的人吗?"柏克点头。董事长说:"好,我正要恭喜你。假如你正在犯错,那表示你在做决策并勇于接受风险。除非你尝试错误,否则我们不会成长。"

第三节 扮演领导者的新角色

上一节在阐述"保持对地方机构的协调与控制"时曾经提到,在采用"地方为主"的管理模式的情况下,中央管理部门应扮演什么样的角色,承担什么样的责任。本节讲述的是,在建立"学习型组织"的整个过程中,企业的领导者扮演的新角色。

建立"学习型组织"的前提条件是,领导者必须有不懈努力建立这种组织的"行愿"(行动的誓愿),否则学习型组织只是一个良好的构想,是一个迷人但是遥远的愿景。领导者必须下决心,为了获得唯一持久的竞争力,为了使组织成为"最成功的企业",为了使组织成员"活出生命的意义",一定要将权威型组织改造为学习型组织。

在建立学习型组织的过程中,领导者要扮演好"设计师""仆人"和"教师"的角色,同样要综合运用"五项修炼的方式"。

本节要点包括:扮演好"设计师"的角色,扮演好"仆人"的角色,扮演好"教师"的角色。

一、扮演好"设计师"的角色

(一)领导者设计工作的范围

领导者的设计工作包括设计组织的方针、政策、策略和系统等。方针指的是组织发展的方向、目标,如企业的使命、愿景;政策指的是为实现目标所制定的行动规则,如各种管理制度;策略指的是谋略手段,如面对客户的创新策略，面对竞争者的竞争策略；系统指的是组织运作的整体框架，如麦肯锡提出的7S模型，如图21-1所示。

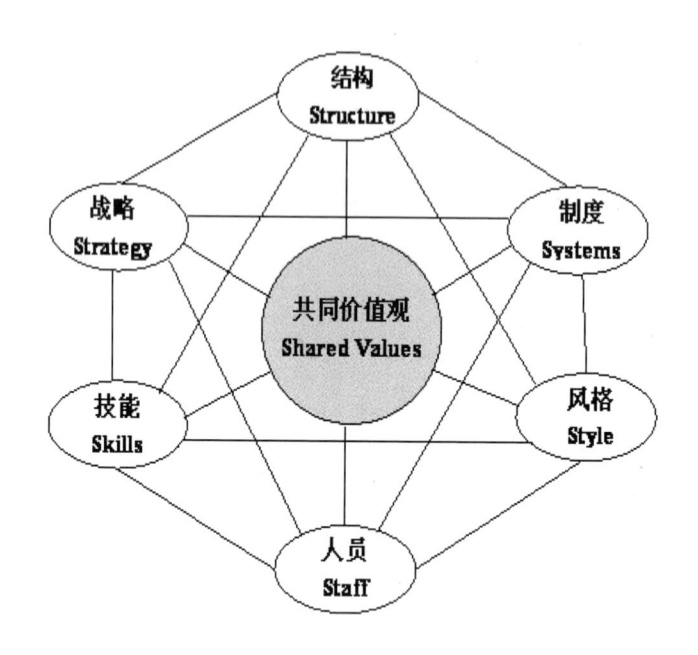

图21-1 麦肯锡的7S模型

（二）领导者设计工作的有效性

领导者设计出的政策与策略等如果没有人能够执行，这种设计是无效的。

无效的设计，往往是因为大家对于设计背后的想法并不了解，或无法取得一致的看法。有效的设计是让大家了解背后的想法，取得一致的看法。

（三）领导者设计工作的本质

就本质而言，设计工作是一项整合的科学，因为设计是使某种事物实际上发挥效用。

赫门米勒家具公司的赛蒙说："如果一辆车子在雨天的路上很难控制，纵然车子有最好的传动系统，最好的座椅和最好的引擎，我们仍不能说这辆车的设计很好。因此所谓设计就是确认各个组成部分能够互相搭配，发挥整体的功能。"赛蒙还说："我们需要新一代的组织设计师，但要达到那个地步，我们首先必须改正对企业设计本质上的一些基本误解。企业设计不只是重新安排组织的架构，而是要先撇开损益表，基于对相互依存关系的了解，以长期的眼光来设计。大部分的组织结构改变，只是对问题做出片段的反应，真正的设计师会不断地设法了解整体。"

类比元件公司的史塔达认为："领导者的新工作将包含设计组织和它的政策，这需要把公司视为一个系统（整体），不仅内部各个组成部分相互连接，也要与外在环境连接，还需要明了系统的整体绩效要怎样运作才能更好。"

笔者接触过这样一家汽车企业，其组织结构的改变不是"设法了解整体"，而是对问题做出片段的反应。其结果，组织结构图处于不断地变动之中，阿米巴组织结构图与传统的组织结构图并存，营销中心一分为三：既有营销中心，又有销售中心，还有海外销售部，三者并列同一个层级，各自独立运作，导致管理上陷入混乱。

二、扮演好"仆人"的角色

扮演好"仆人"的角色，并不是说领导者要当好别人的"仆人"，而是说领导者要当好自己愿景的"仆人"，要忠实于自己的愿景。

（一）使命故事

彼得·圣吉提到，他接触过几位优秀的领导者，"每一个人在自己的愿景背后，都有一个在内心深处的故事和使命感，我们称之为使命故事"。

综合彼得·圣吉对"使命故事"的论述，我们须把握以下几个要点。

（1）"使命故事"是优秀的领导者内心深处最想做的一件事，他把这件事当成自己必须完成的使命。

（2）"使命故事"由领导者说出来时，他会阐明为什么要做这件事，以及希望把这件事做成什么样子。

（3）"使命故事"由领导者说出来时，并没有完结，而是在"继续演进"。

（4）"使命故事"使领导者赋予"愿景"一种特别的意义："使命故事"

是长长的旅途，而"愿景"是旅途上的宏伟地标。

（5）"使命故事"是领导能力的核心。领导者要善于由"我们从何处来，要往何处去"的内涵中，点出组织的存在理由及其最终目标。

比尔·欧白恩（汉诺瓦保险公司总裁）讲述的使命故事："我们传统组织最初的设计，是为了满足心理学家马斯洛所言人类需求的前三个层次——食物、安全和归属感，这些在现在的工业社会大多已不成问题，因此使得目前的组织难以真正要求员工忠诚和奉献。除非组织开始致力于自尊和自我实现这类高层次的需求，否则目前管理方面的纷扰还会继续下去。""这正是我们在汉诺瓦公司将近20年来所追求的，也就是找寻建立更符合人性的组织所需的基本理念、设计方法和工具。"

比尔·欧白恩在这个使命故事中，表明了他为什么要"致力于自尊和自我实现这类高层次的需求"，以及这种追求的最终目的。为什么要做这件事？是因为原有的管理方法遇到了问题，做这件事的目的是提升员工的忠诚度和奉献精神。

雷伊·史塔达（类比元件公司总裁）讲述的使命故事："泰勒的'科学化的管理'的革命，采取传统工人和管理者分工的方式，将劳心和劳力两种角色截然分开。劳力者基本上不允许思考。""现在有一种强烈的倾向，组织中高级人员变得远离真相和事实，这使得他们许多想法和推测背后所依据的理论或假设都缺乏事实的根据。'行动者'与'思考者'这个谬误的二分法……一旦被接受了，思维的世界与真相的世界二者之间的距离便被分隔得更远。""然而我却相信，使组织所有阶层的个人或群体释出潜在的智能，是我们最根本的挑战。也就是使每一个人都能真正地投入——这是现代企业尚未开发的潜能。""组织中人人都必须熟习思考、执行、评价与反思的循环，不这么做就不可能产生有效的学习。"

雷伊·史塔达的使命故事，也表明了他为什么要做"思考与行动结合"这件事，以及要把这件事做成什么样子。

稻盛和夫讲述的使命故事：稻盛和夫在经营京瓷之初，为的是实现一个技术人员的愿望。后来出现了劳资的矛盾和纠纷，经过三天三夜的谈判和数星期的苦思冥想之后，终于想明白："虽然起初我是为了实现一个技术人员的梦想而创办了公司，但是一旦公司成立以后，员工们是将自己的一生都托付给公司。所以公司有更重要的目的，那就是保障员工及其家庭的生活，并为其谋幸福，而我必须带头为员工谋幸福，这就是我的使命。"稻盛和夫把"在追求员工物质和精神两方面幸福的同时，为人类和社会的进步与发展做出贡献"定为京瓷的经营理念。

稻盛和夫的使命故事同样表明了他为什么要做"带头为员工谋幸福"这件事，以及要把这件事做成什么样子。

（二）愿景

1."使命故事"与"愿景"的关系

彼得·圣吉指出，领导者的"使命故事"带给领导者的"愿景"一种特别深的意义。"领导者的目标与理想，就像在一片广大的地理景观中、长长的旅途上所矗立的一些宏伟地标。"简单地说，"使命故事"的实现过程是"长长的旅途"，而"愿景"是"长长的旅途上所矗立的一些宏伟地标"。

2."愿景"与"领导者"的关系

彼得·圣吉指出："愿景之所以对这种领导者有特别重大的意义，就是这个道理；透过愿景，使命故事的情节不断向前发展。"即是说，领导者可以通过设定每个发展阶段的愿景，一步一步地去完成自己当作使命的事业。

（三）愿景的"仆人"

在学习型组织中，领导者往往从个人的愿景开始，通过愿景的分享，建立组织的共同愿景，领导者对共同愿景的责任感使他成了愿景的"仆人"。

成了愿景的"仆人"，改变了领导者与个人的愿景的关系。它不再是"这是我的愿景"那种拥有的关系，而是变成一种召唤。萧伯纳的话简洁有力地表达了这种关系："这是生命中真正的喜悦，被一个你认为伟大的使命所驱策……那是一种自然的力量，而不是一种狂热，它使自私、积郁、怨天尤人一扫而空。"

三、扮演好"教师"的角色

（一）领导者在教导下属时应关注的焦点

领导者能够在"事件""变化趋势""整体结构"和"使命故事"这四个层面影响人们对真实情况的看法。这里的"事件"指的是现实中发生的某个特定的事件，"变化趋势"指的是从历史发展中看出其变化的趋势，"整体结构"指的是寻找复杂变化背后的整体结构，"使命故事"指的是讲明"我们从何处来，要往何处去"。

彼得·圣吉特别指出，"关键问题是，焦点应放在哪里？"现今的机构领导者大多把焦点放在事件和变化趋势上面，因而采取的行动只是反应，或顶多是顺应，而很少有所开创。学习型组织的领导者兼顾这四个层次，但焦点主要放在"使命故事"和"整体结构"这两个层次上面，并且他们教导组织中所有的人也都这样做。

（二）在"使命故事"的层面上影响组织成员

如何在"使命故事"的层面上影响组织成员，韦尔奇的经验值得借鉴。

韦尔奇在其自传中写道："我思考的一个焦点问题是如何让 30 万人的智慧火花在每个人的头脑里闪耀。这就像与 8 位聪明的客人共进晚餐一样，每一个客人都知道一些不同的东西。试想，如果有一种方法能够把他们头脑中最好的想法传递给在座的所有客人，那么每人因此而得到的收获该有多大！这正是我一直苦苦追寻的。"由此可见，这是韦尔奇生命中最想做的一件事。圣诞节那天晚上，他躺在沙滩上，眼睛望着圣诞老人从一艘潜水艇里冒出头来。就在这时，"无边界"这个词一下子跃进了他的脑海，由此他提出了"倡导无边界和无壁垒的管理风格，永远追求和采用那些杰出的、实用的好主意，而不计较它的来源"这样一个价值主张。一周以后，在参加业务经理会时，他依旧沉浸在这一最新理念中。会议临结束时，按常规他都要布置下一年的经营任务，而这一次，讲稿的最后五页全部都是关于"无边界"行为。他坚称"无边界"这一理念"将把 GE 与 20 世纪 90 年代其他世界性的大公司区别开来"。以后每次会议他都大声疾呼"无边界"。紧接着,他采取了一些制度化的措施。1991年通用公司开始利用人力资源检查会,对经理们的无边界行为进行评级打分。根据同级经理和上级的意见,每一位经理都被给予高、中、低三个等级的评价。如果一个人的姓名旁边是一个空空的圆圈,他就得尽快地改变自己,否则就得离开这个岗位或公司。

(三) 在"整体结构"的层面影响组织成员

彼得·圣吉指出,"整体结构"属于系统思考和心智模式的领域。在这个层次,领导者要不断帮助人们看清更大的图像。

第一,要不断地帮助人们看清组织中各个不同部分如何相互作用。比方说,一家公司的营销、研发、生产等部门是如何互动的。

第二,要不断地帮助人们看清不同位置的个体,如何因其背后具有共同的结构而产生相似的问题。比方说,不论是一家公司,或是一位员工,在其成长过程中都可能出现"成长上限"的问题,而采用的解决办法可能出现"舍本逐末"的问题。

第三,要不断地帮助人们看清局部的行动者如何产生远比自己通常认为的要长期而广泛的影响。比方说,某公司研发人员改动提供给客户的数据带来的影响,不仅是影响整个研发部门的声誉,而且影响整个公司的销售;不仅在短时间内对公司造成负面影响,而且对公司的长期发展也会造成负面影响。

第四,要不断地帮助人们看清某些系统为什么需要整体的营运政策。比方说,在一个集团里,不论是房地产业、生物医药业,还是高新技术产业,都需要整体的营运政策,需要整体性的方向、目标及管理制度。

总而言之,在建立学习型组织的过程中,领导者必须有不懈努力建立这种组织的"行愿",领导者要扮演好"设计师""仆人"和"教师"的新角色。

第四节　创造管理者学习的时间

彼得·圣吉指出："如果人们只有很少的时间去进行个人和共同的思考与反省，我们如何期望他们能学习？我所认识的管理者很少不抱怨时间不够的。与我共事过的管理者大多数确实非常努力地想要获得一些安静反思的时间。"

彼得·圣吉进一步指出，很多管理者之所以认为学习"时间不够"，是因为习惯于每天忙个不停，不能安静地坐下来进行思考和反省。他对这种状况提出质疑："难道这是一个我们视为理所当然的文化现象：每天不停地忙碌？"

如何创造管理者的学习时间确实是建立学习型组织过程中必须解决的一个实际问题。

本节内容要点，一是对"时间与注意力"进行管理，二是采用"在行动中反思"的学习方式

一、对"时间与注意力"进行管理

（一）领导者要明确提出"时间与注意力管理"的原则与要求

时间与注意力的管理，是最高管理当局具有重大影响力的领域，在这方面领导者要有明确的原则与要求。

汉诺瓦保险公司的欧白恩，从来不将时间短的会议排入日程。他说："如果那不是一个值得花一小时的主题，就不会排入我的日程。"他认为，在一个设计良好的组织中，需要提请高级管理者注意的，是只限于复杂、陷入困局的"发散性的课题"。这些课题除了需要经验浅的人提供现场意见外，更需要资深的人提供思想和经验。

欧白恩说："如果我一年内做出12个决定，那必定是重要的一年。我所做的决定是设定方向和挑选直接向我报告的人；但是我的工作不是耗在做许多决定上，而是花在认定组织将来必须处理的重要课题，帮助其他管理者判别哪类问题应由他来做决策，以及组织设计的上层工作上。"

赫门米勒家具公司的赛蒙，要求他的管理团体把 1/4 的工作时间，用在他称为学习成为"组织设计师"的工作上面。这个团体致力于学习掌握"心智改善"必备的反思与探询技能，并把这些技能应用在他们最需要讲究策略的课题上面。

彼得·圣吉特别指出，领导者提出的原则与要求说起来简单，而且不难了解，但是大多数的组织不是如此运作的。大多数高层领导不断地对许多非重点的课题做决定：讨论如何进行促销，而不是为什么他们需要进行促销；讨论如何争取某一客户，而不是探询他们的产品整体的销售是否满足客户明显与隐含的需求。这些问题必须在执行的过程中不断解决。

（二）管理者要检讨自己用在思考的时间有多少

对所有管理者而言，检讨自己用在思考的时间有多少，是一个非常有用的起点。如果用在思考的时间不够充足，那就要查明原因。究竟是工作压力使我们无法排出时间，还是我们花了太多时间在不该做的事情上？

用在思考的时间不够充足，问题可能出在个人身上，如花了太多时间在不该做的事情上。也可能出在组织文化上，如在日本公司，一个人安静地坐着，没有人会去打扰他，因为别人认为他是在思考，而在美国，人们会认为一个人安静地坐着，就不是在做重要的事情，中国一些公司的文化也是如此。还可能出在组织的绩效考核上，如有的公司要求员工不停顿工作以取得高绩效。

因问题不同，所以要采用不同的解决办法。如若是个人的问题，需要改变个人的习惯；如若是组织文化的问题，则要考虑这种文化是否需要适当改变；如若是组织要求不停地工作以达到高效率，则要考虑要不要适当改变这种不停工作以达"最高效率"的要求。

二、采用"在行动中反思"的学习方式

彼得·圣吉指出，许多管理者整天忙东忙西，根本无法在行动中反思。大多数人对工作的看法是，有行动是件好事，而管理者的工作便是使行动

继续进行，并且认为应带动下属以同样的速度前进。

人们常将必须不停地行动以及缺乏反思的时间，归咎于组织的压力。

彼得·圣吉所做的许多实验却显示，即使有充足的时间可供反思，也有足够的设备可供获取各类相关资讯，大多数的管理者仍未用心地反思自己的行动。在这些实验中的管理者，典型的是会先采用某种策略，当这项策略开始碰到问题时，就改用另一种策略，不行就再换一种，再换另一种……在一个四年的模拟练习中，管理者可能换用3～6种不同的策略，但从不检讨为什么策略是失败的，或在采用某一策略之时，清楚地说出自己所希望达到的结果。

在企业界，这种"拔枪就射""射不中也不反思"的模式，已完全融入大多数公司的文化之中了。

针对上述状况，彼得·圣吉建议采用熊恩在《反思的实行者》一书中提出的"在行动中反思"的学习方式。

熊恩认为，在一个组织里面，如果找不到其他更权威的人物时，管理者就被视为"专家"。如此一来，如果要成为一个成功的专业人士，他就必须发展"停下来研拟假说——行动——再停下来对结果进行反思"这种精益求精、不断循环改进的能力。熊恩把这个能力的发展过程叫作"行动中的反思"，并把它当作成功的专业学习者的一项特质加以讨论。他说："我们不仅要能够想到着手去做，当在做的时候，还要一面反省所做的。"

在行动中反思要把握以下几个要点。

（1）停下来验证假说。

不论是领导者还是管理者，产生某种想法之后，不要"拔枪就射"，而要"停下来"，采用适当的方法对这种想法加以验证，因为想法在没有验证之前仅仅是一种假说而已，它可能是对的，也可能是错的。

有人提出一种"死前验尸"的方法，即是说，一项行动方案确定后，在尚未实施之前，领导者对相关人员提出一个问题："假如这个方案实施一年后失败了，你们认为失败的主要原因在哪里？"每个人都要提出自己的看法。这样就可能预先知道，风险可能出现在哪些地方，并提出应对措施。

（2）行动。

在对自己产生的想法（假说）进行验证和改善之后，就可以付之于行动。因为这时的行动是经过验证和比较选择的，所以可以避免或减少出现上面提到的"来回折腾"的情况。

（3）再停下来对结果进行反思。

一项行动结束之后，不是急着继续往前冲，而是要"再停下来"，对实践的结果进行反思。比方说，在一次商业活动之后，要反思为什么没有达到预期目标？为什么会有较大落差？下次组织商业活动时怎么做才能提升经营的业绩？

"对结果进行反思"，我们通常称为"总结"，也有人把它上升为一项"复盘"的管理技能。联想集团的柳传志就特别注重复盘技能在绩效管理中的运用。每个绩效考核周期之后，各部门面对绩效的落差要进行一次全面的检讨，看看是在哪些环节上、哪些因素上出了问题？今后该怎么改进？联想集团坚持这种"精益求精，不断循环改进"的做法，对该公司的发展起了巨大的推动作用。

本节告诉我们，在建立学习型组织的过程中，要创造管理者学习思考的时间，一是要对"时间与注意力"进行管理，二是要采用"在行动中反思"的学习方式。

第五部分

心学精髓及应用方法

无论是企业的经营者还是人生的经营者，学"心学"主要是学习阳明心学、稻盛心学、圣吉心学。阳明心学从人生角度探讨心学问题，稻盛心学从经营角度探讨心学问题，圣吉心学从管理角度探讨心学问题。阳明心学、稻盛心学属于东方人的思维方式，偏重于心与物的关系；圣吉心学属于西方人的思维方式，偏重于物与物的关系。

阳明心学的精髓是"致良知"，稻盛心学的精髓是"敬天爱人"，圣吉心学的精髓是"系统思考"。"致良知"教你在面对人生中的各种事物而引发动念时（意念着处），用良知判断善念恶念，循良知而行；"敬天爱人"教你在面对经营中的各种问题时，贯彻正确的为人之道，发挥利他之心，实现共赢；"系统思考"教你在面对管理中的动态性复杂问题时，看清背后的结构，找出高杠杆解。

掌握阳明心学、稻盛心学、圣吉心学的精髓，会使你的事业更成功，人生更美好。人在面对各种问题的时候，如能停一停，静一静，应用王阳明的"致良知"，或稻盛和夫的"敬天爱人"，或彼得·圣吉的"系统思考"，想一下怎么做才是对的，很多问题都可以得到解决，很多人间的悲剧也可以避免；而要做到这一点，平时要注重人格的修炼，要自我反省，要读心学经典，要学会转变心灵，要练好静坐澄心以及在事上磨炼的基本功。

第二十二章　阳明心学的精髓及应用方法

阳明心学告诉我们，心之体本来是明莹无滞的，接触环境后会受外物污染，形成习心，如好色、好利、好名等。因此，感应外物引发的喜、怒、哀、惧、爱、恶、欲会失之于偏倚，出现过分追求色、利、名的恶行。其结果，迟早会对人的身心造成伤害。为了人生的幸福，须为善去恶；为善去恶须格正七情的偏倚；格正七情的偏倚须去除私欲的遮蔽，使良知复明。这样才能保持一颗纯洁的心。其关键在，有事时，要致知，致知才能格正七情的偏倚。无事时，要修炼去人欲、存天理。无事时修炼去人欲、存天理，有事时才可能做到致知。

以下介绍阳明心学的精髓与应用方法。精髓指的是阳明心学中精要的部分，应用方法讲的是在何处用，如何用。

第一节　阳明心学的精髓——"致良知"

阳明心学的精髓是"致良知"，"致良知"的要点是"四句教"，其内容为："无善无恶心之体，有善有恶意之动，知善知恶是良知，为善去恶是格物"。四句话构成了一个完整的学说体系。

一、"无善无恶心之体"

王阳明在解释这一句时说:"人心本体原是明莹无滞的,原是个未发之中。"

何为"明莹无滞""未发之中"?王阳明在回答陆澄的提问时说得比较清楚。他说,"中"是"无所偏倚","如明镜然,全体莹彻,略无纤尘染着","须是平时好色、好利、好名等项一应私心扫除荡涤,无复纤毫留滞,而此心全体廓然,纯是天理,方可谓之喜怒哀乐未发之中,方是天下之大本"。值得注意的是,在王阳明及儒家的学说中,喜、怒、哀、乐等情感的自然流露不算偏倚,而情感的流露"过"了,"着"了,变成好色、好利、好名,或者说,为色所迷,为利所迷,为名所迷,则是一种偏倚。过犹不及,在情感问题上,主要是"过"而不是"不及"。

简单地说,心的本体未被污染,不贪色、贪利、贪名,即是无所偏倚,即是未发之中;已被污染,贪色、贪利、贪名,即是有所偏倚,即是不正之根。以未发之中应接外物会起善念,以不正之心应接外物会起恶念。

如何体悟心之体?王阳明教学生"静坐"的修炼功夫。他认为,"教之静坐,息思虑",让货、色、名利等心消失,就可体悟心之体。他对陆澄说:"汝若于货、色、名利等心,一切皆如不做劫盗之心一般,都消失,光光只是心之本体,看有甚闲思虑?此便是寂然不动,便是未发之中,便是廓然大公。自然感而遂通,自然发而中节,自然物来顺应。"

二、"有善有恶意之动"

王阳明对这一句的解释是,"有习心在,本体受蔽"。意思是说,人在接触外界事物之后,原本"明莹无滞"的心之体会受到污染,良知会受到遮蔽,因此,这个时候会以私欲去感应外物,从而产生恶念,并引发相应的恶行,甚至出现父子兄弟变成仇人。

如何去除恶念?王阳明提出的办法是修炼"去人欲、存天理"的功夫。王阳明对陆澄说,只要去人欲、存天理,方是功夫。静时念念去人欲、存天理,动时念念去人欲、存天理,不管宁静不宁静。以循理为主,何尝不宁静？以宁静为主，未必能循理。

什么是人欲？王阳明认为，"好色、好货、好名等"即是人欲。"如人好色，即是色鬼迷；好货，即是货鬼迷"。王阳明还认为，人的七情，不是顺其自然流行，而是留滞心上，沉浸其中，这也是人欲，也是良知之蔽。

他告诉我们，引发动念是自然流露，动念有起也有灭，只要你不"着"（留滞在心），不"迷"（沉浸其中），并没有什么不妥。若你着了，迷了，即为有所偏倚，即为私欲，即为良知之蔽。

人之七情"喜、怒、哀、惧、爱、恶、欲"，均应无所偏倚，过了，着了，迷了，都是有所偏倚，都是不正，都会对个人的身心造成伤害。有人的过失在于欲望之偏倚，有人的过失在于愤怒之偏倚，有人的过失在于爱财爱色的偏倚，陆澄的过失在于哀伤的偏倚。

什么是"天理"？按王阳明的理念，去了"私欲"，即是"良知"，良知感物即是"天理"。在天理的发见处存养天理，不断积累，可使自己的心纯乎天理，达到"至善"的境界。

如何"去人欲、存天理"？王阳明提出的做法：一是"省察克治"，二是"在理的发见处用功"，三是"在事上磨炼"。

关于"省察克治"。王阳明认为，省察克治的功夫"无时而可间"，要"将好色、好货、好名等私逐一追究搜寻出来，定要拔去病根，永不复起，方始为快"。

关于"在理的发见处用功"。王阳明认为，少一分人欲就多一分天理，要达到此心纯是天理的境界，就必须"在理的发见处用功"。"如发见于事亲时，就在事亲上学存此天理；发见于事君时，就在事君上学存此天理；发见于处富贵、贫贱时，就在处富贵、贫贱上学存此天理；发见于处患难、夷狄时，就在处患难、夷狄上学存此天理。总之，无处不然，随他发见处，即在那上面学个存天理"。

关于"在事上磨炼"。王阳明说："人须在事上磨炼，做功夫乃有益。若只好静，遇事便乱，终无长进。"王阳明的弟子陆澄接到家信，告知其儿子病危。陆澄的心非常忧闷，过度悲伤。王阳明对他说："此时正宜用功，若此时放过，闲时讲学何用？人正要在此时磨炼。父之爱子，自是至情，然天理亦自有个中和处，过即是私意。人于此处多认作天理当忧，则一向忧苦，不知已是有所忧患，不得其正。大抵七情所感，多只是过，少不及者。才过，便非心之本体，必须调停适中始得。"

三、"知善知恶是良知"

王阳明告诉我们，要解决人的恶念恶行，关键在于"致知"，即在感应外物，引发动念之时，要停一停，用自己的良知去判断出现的动念是善念还是恶念。

何谓"良知"？王阳明说："良知者，孟子所谓是非之心，人皆有之者也。是非之心不待虑而知，不待学而能，是故谓之良知，是乃天命之性，吾心之体，自然灵昭明觉者也。"王阳明还对其弟子陈九川说："尔那一点良知，是尔自家的准则。尔意念着处，他是便知是，非便知非，更瞒他一些不得。"

何处"致知"？王阳明告诉我们，在"意念着处"致知。"意念着处"指的是在面对某一事物引发动念之时。比如说，有人为让你用手中的权力为他办事，给你送上3万美元，你产生了动念。这个时候，你要用良知对这一动念是善念还是恶念进行判断。喜、怒、哀、惧、爱、恶、欲均是一种动念，要用良知判断自己的喜、怒、哀、惧、爱、恶、欲是否失之于偏倚。

如何致知？如何对随感而发的意念进行判断？王阳明认为，功夫在于"慎独"和"戒惧"。

关于"慎独"，王阳明在和薛侃的交谈中提出，"人若不知于此独知之地用力，只在人所共知处用力，便是作伪"，"此处独知便是诚的萌芽。此处不论善念恶念，更无虚假"，"正是王霸、义利、诚伪、善恶界头"。"于此一立立定，便是端本澄源，便是立诚。""慎独"有几个要素：其一是要在独知之地用功；其二要意识到此时对面临之物随感而发的意念可能是善念，也可能是恶念，也可能两种意念、两种声音同时存在，这是善与恶的一个分界点；其三是此时要"端本澄源"，认清哪个意念是出于良知，是善念，哪个意念是出于私欲，是恶念，并立定善念，依善念去做。

关于"戒惧"，王阳明在和薛侃的交谈中也提到。他说："戒惧之念，无时可息。若戒惧之心稍有不存，不是昏聩，便已流入恶念。"（《王阳明集》卷二《薛侃录》）他认为，人有习心，随感而发的往往是恶念，而不是善念，因而要保持戒惧之心，要保持警惕，否则，就可能流入恶念。

四、"为善去恶是格物"

何谓格物？王阳明说，"格物者，大学之实下手处，彻首彻尾，自始学至圣人，只此工夫而已"，"夫正心、诚意、致知、格物，皆所以修身。而格物者，其所用力，日可见之地。"（《王阳明集》卷三《答罗整庵少宰书》）王阳明认为，道德修炼最需要用力的地方是格物，最能见成效的地方也是格物。

王阳明认为，只有"格物"，才能将"为善去恶"落到实处。他在和徐爱、钱德洪讨论"四句教"时还说："人有习心，不教他在良知上实用为善去恶的工夫，只去悬空想个本体，一切事为俱不着实，不过养成一个虚寂；此个病痛不是小小，不可不早说破。"

如何格物？如何将"为善去恶"落到实处？关键在"诚意"二字。要纠正一个人的行为，特别是改变一个人的习惯（如好色、好货、好名等）是很难的。王阳明提出："工夫难处，全在格物致知上。此即是诚意之事。意既诚，大段心亦自正，身亦自修。"（《王阳明集》卷一《陆澄录》）王阳明认为，能不能纠正自己的行为，能不能改变自己的习惯，关键在"诚意"二字。能致其良知，诚其意念，就能做到"心亦自正，身亦自修"，就能实实落落依着良知去做，当行则行，当止则止，当生则生，当死则死。

王阳明还提出:"自家痛痒,自家须会知得,自家须会搔摩得。既自知得痛痒,自家须能搔摩得。佛家谓之方便法门,须是自家调停斟酌,他人总难与力,亦更无别法可设也。"说通俗一点,自家有病自家知,也须靠自己去克治。无论是好色、好货,还是好名,都只能靠你自己审察克治,别人是无法帮你的。

第二节 "致良知"的应用方法

一、在何处应用"致良知"

王阳明指出,致良知的应用现场是在"意念着处",即是我们感应外物,引导动念之处。例如,我们面对钱财、权位、生死等都可能引发动念,都可能失之于偏倚,过了,着了,迷了,这时候,就需要唤醒良知来对我们的动念是善是恶进行判断,否则,很可能走错路,做错事,甚至毁了自己的人生。

王阳明的弟子陈九川提出,近来功夫稍有所领悟,但"难寻个稳当快乐处"。王阳明对他说,此间有个"诀窍",只是"致知","尔那一点良知,是尔自家的准则。尔意念着处,他是便知是,非便知非,更瞒他一些不得。尔只要不欺他,实实落落依着他做去,善便存,恶便去。他这里何等稳当快乐!此便是格物的真诀,致知的实功"。

二、如何应用"致良知"

应用致良知须注意以下几个问题。

一是要学多少用多少,不要"只管闲讲"。王阳明说:"如人走路一般,走得一段,方认得一段,走到歧路处,有疑问便问,问了又走,方能到达欲到之地……只管愁不能尽知,只管闲讲,何益?"(《传习录·陆澄记》)

二是要用"精一功夫",不断提升实际应用的水平。王阳明说:"我辈致知，只是各随分限所及。今日良知见是如此，只随今日所知扩充到底，明日良知又有开悟，便从明日所知扩充到底，如此方是精一功夫。"(《传习录·黄直记》)王阳明还谆谆告诫门人："某于此'良知'之说，从百死千难中得来，不得已与人一口说尽。只恐学者得之容易，把作一种光景玩弄，不实落用功，负此知耳！"

三是要克服应用中的难点。致良知之难，难在"克治之功"。王阳明在《与邹谦之书》中自述其用力甘苦："赖天之灵，偶有悟于良知之学，然后悔其向之所为者，固包藏祸机作伪于外而心劳日拙者也。十余年来，虽痛自洗剔创艾，而病根深固，萌蘖时生。所幸良知在我，操得其要，譬犹用之得舵，虽惊风巨浪，颠沛不无，尚犹得免于倾覆者也。夫旧习之溺人，虽已觉悔悟而克治之功，尚且其难如此，又况溺而不悟日益以深者，亦将何所抵极呼！"

三、致良知的应用价值

王阳明的"致良知"学说对"格物致知"做出颠覆性的解释。朱熹的解释是，通过格物达到致知，从外物求理；王阳明的解释则是，通过致知达到格物，致知是"真诀"，格物是"实功"。它告诉我们，作为个人而言，人生在世，无论遇到什么事，能致知，方能格物。能致知格物，方能正心；能正心方能修身；将个人的致知格物、正心修身推广到家庭家族，可以齐家；推广到国家，可以治国；推广到天下，可以平天下。

500年后的今天，王阳明的致良知学说还有用吗？对个人的成长有用吗？对家庭、企业、国家以及各种组织的治理有用吗？我们可以想象一下，假如你遇事时能致知格物，能唤醒良知，去除恶念恶行，你的人生是不是变得更美好；假如一个家庭、一个企业、一个国家中的成员，遇事时能致知格物，能唤醒良知，去除恶念恶行，这个家庭、这个企业、这个国家是不是变得更美好。

案例：段××的过失在于对总编辑职位的痴想

段××实名举报胡××事件，曾在网络上传得沸沸扬扬，现已尘埃落定。经过相关的纪律检查部门核查，结论是"段××举报胡××的问题没有事实依据，举报问题失实，将根据调查结果追究段××的纪律责任"。举报"没有事实依据"，说明这次举报是一个诬告事件。

段××在毫无事实根据的情况下实名举报胡××，是"因为一时冲动"吗？从胡××的回应中可以看出，她的这次诬告并不是因为一时冲动，而是她几年来一直痴想取代胡××担任××报社总编辑所采取的一系列行动的进一步发展。大约三四年前，段××去党校学习了一段时间之后，个人产生了一些联想，认为组织准备提拔她了，因而回来后在报社内外对人说，胡××将要离开××报社，她将接任报社总编辑职务。一个月前，段××来到胡××的办公室，直接要求胡××辞去××报社总编辑，由她接任。还说上级领导接到举报正在调查胡××，已有结论，胡××可以用辞职换平安。后来的事实表明，她当时说的这番话是假的，是为了逼迫胡××把总编辑职位让给她。一个月后，段××又通过实名举报的方式诬告胡××"理想信念丧失，严重违反……"。联系上述一系列的行为可以看出，为了要胡××把总编辑的位置让给她，她是步步进逼，先是在报社内外造舆论，然后直接到胡××办公室逼迫他退位，发展到在没有事实根据的情况下向上级有关部门实名举报。假如说，她的这次诬告，纯粹是个人行为，说明她对名利地位的追求已到了痴迷的状态。王阳明说，"好色、好货、好名等"即是人的私欲。好就是被迷住，就是着迷。"如人好色，即是色鬼迷；好货，即是货鬼迷"。"故有迷之者，非鬼迷也，心自迷耳"。段××的心是不是被名利地位迷住了，从上述行为不难看出。

段××有高等教育的学历和光荣的过去，为什么会发展到为了个人名利地位，而不惜采取各种手段呢？只能说明她在个人成长的路上，忽略了自我人格的修炼。她被自己的私欲所驱使，而缺乏理性和德行来对自己的行为加以约束，最终导致现在这种结局。

案例：肖××的过失首先在于愤怒情感失之于偏倚

××市津××区教育局20××年×月×日发出了一份"处理情况通报"，通报中提道："××区教育局对网传肖××在教育学生过程中存在不当言论事件展开调查。经调查，并与有关人员核实，情况属实。肖××作为教师，严重违背师德师风，造成极其恶劣影响。经区教育局党委研究决定：给予肖××党内严重警告处分，降低岗位等级，依据《教师资格条例》撤销其教师资格，调离岗位。"

从心学的角度，我们应该如何吸取这次事件的教训呢？

其一，怒而失当，往往会给社会、给自己带来意想不到的伤害。据有关介绍，这位老师是区骨干教师，曾经被评为校"最美老师"、优秀班主任，可见平时表现还是不错的。然而，她在面对不守纪律的学生时，怒而失当，完全情绪化，失去理性的控制，以尖刻的话语批评学生，该说的不该说的都说了，丧失了作为一个教师应有的师德师风。

王阳明提出，愤怒过当，不能"得其本体之正"，也是人欲，也应克治。他认为，遇到愤怒、恐惧等事，要有天地一般的心胸，物来顺应，而不应受情绪控制，反应过当。他举例说："且如出外见人相斗，其不是的，我心亦怒。然虽怒，却此心廓然，不曾动些子气。如今怒人也得如此，方才是正。"王阳明还说过："不动于气，是至善。"他认为，克制情绪，定下心来，这是人生的最高境界。

王阳明见到有人做的"不是"，做得不对，他也会感到愤怒，但是他能够做到"不动于气"，能够做到以"理性化的我"战胜"情绪化的我"，而不是被"情绪化的我"所控制。当然，要达到他的这种境界是需要"在事上磨炼"的。这位老师未经"在事上磨炼"，一遇到生气的事情，就让怒气冲昏头脑，不该说的话说了，不该做的事做了，结果给社会、给自己带来了伤害。这个教训是值得我们吸取的。

其二，人的心智模式有瑕疵，必须适时而变。人的心智模式，指的是根深蒂固的隐藏在内心的各种看法、信念等。这些看法和信念，或是来自自己的生活体验，或是来自自己所受的教育和影响，或是来自自己的推理。然而，其中的一些看法和信念没有经过验证，很可能是错误的。这位老师在骂学生的话语中，也暴露了她心智模式的瑕疵，暴露了她内心隐藏的一些错误的信念和看法。比如说，她认为家长的收入高，家教就好，孩子的素质就好，而家长收入低的，家教就差，孩子的素质也差，这种看法显然是片面的。实际上，富人家庭也有家教很差，孩子的素质也很差的。穷人家庭也有家教很好，孩子的素质也很好的。历年的高考，都有一些穷人的孩子考进清华、北大等顶尖院校，也有一些富人的孩子连普通的高校也考不上。

第二十三章 稻盛心学的精髓及应用方法

稻盛心学的精髓是"敬天爱人"。稻盛和夫在商海沉浮 50 余载,一手创建 2 家不同领域的世界 500 强企业。78 岁又再出山,短短 10 个月时间,"妙手回春",又让原本濒临崩溃的日航重返世界 500 强行列。很多人都好奇:他能获得成功并且经久不衰的秘诀是什么?对于这个问题,稻盛和夫曾坦诚地说:"我活了 89 岁,一生经验总结起来就这 4 个字——敬天爱人。"

第一节 稻盛心学的精髓——"敬天爱人"

稻盛和夫 27 岁创立京瓷时,一位同事出差回来送给他一样特别的礼物,是一幅西乡隆盛写有"敬天爱人"的书法作品,他将这幅书法作品郑重地挂在办公室醒目的位置。

有一次,稻盛和夫正在纠结一个问题,思考很久都没有做出合适的判断。突然,他看到墙壁上挂着的"敬天爱人"这 4 个字,顿悟:"我应该做正确的事,用正确的方式贯彻下去,全身心致力于公司经营。"

"敬天"的意思是我们生而为人,要做正确的事情;"爱人"的内涵则是对人要心存感恩和爱。后来,在谈企业家的境界时,稻盛和夫对"敬天爱人"的含义又做了进一步的阐述。稻盛和夫说:"世界上有许多的企业家,无论你的规模有多大,无论你积累了多少财富,无论你信奉何种宗教,你的境界在哪层最为重要。企业家的最高境界就是敬天爱人。'敬天'就是尊重自然、尊重科学、尊重法律和社会伦理办企业;'爱人'就是办企业要造福人类,促进人类的进步和发展,要至善,要利他。"

学习稻盛和夫的"敬天爱人",要把握两个要点。

其一,经营者要有敬畏之心,要尊重自然、尊重科学、尊重法律和社会伦理。熊克寒博士指出,"敬畏之心"对经营者来说就相当于压舱石。缺少了谦恭和敬畏,经营者就可能忘乎所以,不知轻重,容易把自己的那个"我"字写得无限大,以至于遮蔽了双眼,不知道"我是谁,我来自哪里,我要到哪里去"。结果要么挤占了别人的"我"空间,让人难受;要么因为看不清来路和去路,而跌得个鼻青脸肿。

其二,经营者要有利他之心,要利他至善、利他共赢、利己悦人。利他能结出善果,并返回自己身上。有人提出:"在严酷的商业社会,靠利他之类的东西,能经营好企业吗?"稻盛和夫的回答是,正因为是在剧烈竞争的商业社会,利他之心才特别重要,这是因为,利他的行为会让自己受益,以利他之心发起的行动,早晚会结出善果,并返回自己身上。

无数事实证明,缺乏敬畏之心迟早会受到惩罚,而有利他之心迟早会得到回报。

第二节 "敬天爱人"的应用方法

一、面对商业问题,以"正确的为人之道"作为判断基准

稻盛和夫认为,面对企业经营中遇到的各色各样的问题,经营者会有各种想法和处理方式。那么,何种处理方式才是正确的呢?这个时候,经营者要停一停,问一下自己,"作为人,何谓正确?"即是说,要以"正确

的为人之道"为基准，以道德观、伦理观作为基准，来判断自己的想法和处理方式是否正确。稻盛和夫说："如果按照与我们通常所拥有的伦理观和道德观背道而驰的标准，是不可能长期维持下去的。因此要以'作为人，何谓正确'这一基准对所有事情做出判断。"

例如，在受命重建日航后，相关人员中发出了很大的呼声，认为日航应该脱离原来的"寰宇一家"联盟，加入规模更大、优势更大的其他航空联盟。稻盛和夫从听说这件事情开始就觉得不妥。他对相关人员说："因为我是航空业的门外汉，所以不懂具体的事务；但不管发生什么事情，重要的是以'作为人，何为正确'为基准对事情做出判断。联盟中有我们的伙伴公司，也有接受我们服务的客户，所以，不单是考虑对我们是得还是失，也要把他们的立场和心情考虑进去。"他督促大家，不要仅仅依照"是得还是失"这一经济原理，而要在道义上看"是好还是坏"，要按照这一基准，再次思考这个问题，要追问到底，"这是作为人的正确行为吗？"最终，相关人员接受了稻盛和夫的意见，不为其他航空联盟的邀请所动，继续留在"寰宇一家"联盟。这对原有的客户和相关方产生了积极影响，反过来也促进了日航的发展。

二、在得出结论前设置一个"缓冲器"

稻盛和夫经常告诫部下，某个问题发生后，寻找解决方法时，立即在头脑里浮现的想法，几乎都是基于自我，基于欲望或感情的，只要不是圣人君子，就不能以善恶直观地做出判断。所以，不能把最初冒出来的念头作为结论，而是要等一下，暂且将最初的判断放一放，用善恶的标准好好对照衡量，然后重新对问题进行思考。为了防止做出错误的决定，这种缓冲是十分必要的。

他还指出，当面对"买不买""卖不卖""是否该答应帮忙"等问题时，我们总是会瞬间做出判断，这种判断是我们本能做出的。在判断前，我们可以先深呼吸一下，把这"本能判断"暂且搁一边，然后想："等一下。稻盛先生说过，要以利他之心做出判断。我不能只想着自己是否能赚钱，还要考虑对方的利益得失。"在得出结论前设置一个"缓冲器"，在确信自己的想法能够"利己悦人"后，才允许自己做出最终判断。在"思考"这一过程中预设一个"理性的程序"，是非常重要的。

稻盛和夫认为，要正确处理经营中的各种问题，平时要磨炼灵魂，提高心性。这是因为，利他之心存在于我们的灵魂之中，利己之心也存在于我们的灵魂之中，而我们凡人能做的，就是尽可能地降低自我，即利己之心所占的比例，尽可能地增加真我，即利他之心所占的比例，要在反省的基础上"尽力抑制利己心，抑制充满欲望的那个恶的我，让那个充满利他心和关爱之心的善的我呈现"。"这样的努力可以磨炼灵魂，提高心性，也可以陶冶情操，让人生变得更为丰富、美好"。

稻盛和夫还特别指出，很多人对社会伦理只是在口头上说说而已，既没有深刻的理解，更没有在实践中执行。在拯救日本航空公司的过程中，为了改变干部和员工已经形成的思想观念，他在学习会上讲京瓷哲学。其中，要正直，不说谎，不忘感谢之心，保持谦虚坦诚之心，等等，都是孩提时代父母或老师教导的东西，是以道德为基础的理念。对此有些人表示不满："为什么这些连小孩子都懂的东西，现在还要让我们来学？"稻盛和夫回答得非常好："大家都说这些道理非常幼稚，理所当然，十分简单，但是这些道理或者说思维方式，作为知识大家或许具备，但根本没有把握，更没能实践，这就是招致公司破产的元凶。"

稻盛和夫在这里提到了知识的"具备""把握"与"实践"的问题。"具备"某种知识，可能只是有了某种知识的概念，比如说"要正直，莫说谎"，可能都听父母或老师讲过，有一定的概念，这只是"知其然"而已；而"把握"（掌握）某种知识，则是在形成某种概念的同时，懂得其中所蕴含的道理，达到"知其所以然"的境界，懂得人生为什么"要正直，莫说谎"；"实践"某种知识，则是要按照某种知识的要求去做事，要"知行合一"，不能知道"莫说谎"，却天天在说谎。

三、以美好的心灵去面对现实中的问题，就没有任何过不去的坎

稻盛和夫在《心》的结尾部分提出："只要怀抱纯粹而美好的心灵去面对现实中的问题，就没有任何过不去的坎。只要时时磨炼心性，不断自我提升，那么不管遭遇怎样的苦难，命运之神一定会回报温暖的微笑。"

> **袁隆平的"心"："两个梦"来源于生活的体验，驱动着他一生的奋斗**

在杂交水稻研究这条漫长而又艰辛的路上，袁隆平一直有两个梦：一个是禾下乘凉梦，一个是杂交水稻覆盖全球梦。他曾经梦见水稻长得有高粱那么高，穗子像扫把那么长，颗粒像花生那么大，而他则和助手坐在稻穗下面乘凉。他说，这个梦"就是水稻高产梦"。

这"两个梦"源于他早年的生活体验，驱动着他一生的奋斗，使他成为世界公认的"杂交水稻之父"。

少年时，因到处是灾荒战乱，他被迫从一个城市辗转到另一个城市，每当看到沿路举家逃难、面如菜色的同胞，看到荒芜的田野和满目疮痍的土地，他的内心总会泛起一阵阵痛楚。为此，他在报考大学时，选择了学农。他对母亲说："吃饭可是天下第一桩大事，没有饭吃，人类怎么生存？"毕业后，他被分配到湖南安江农校任教，不久就碰上困难时期，这又进一步强化了他对水稻和粮食的关注。他想，这么大一个国家，如果粮食安全得不到保障，其他一切都无从谈起。他下定决心："我要为让中国人吃饱饭而奋斗！"

一次偶然的机会，他听到农民说，"施肥不如勤换种"，受到很大启发。从此以后，他踏上了自己的杂交水稻研究之路。1961年

7月的一天，他到安江农校的试验田选种，发现了一株"鹤立鸡群"的稻株，穗大，颗粒饱满。他以为选到了优良品种，没想到第二年春天把种子播下，结果却令人大失所望，没有一株赶得上最初的那株水稻。他开始反复琢磨其中的奥秘，最终得出一个结论：水稻是有杂交优势的。既然自然界存在杂交稻，那么人工杂交水稻也一定可以利用。于是，他踏上了曲折的寻找之旅。

袁隆平和他的团队历经千辛万苦，于1973年攻克了"三系"配套难关，取得了第一代杂交水稻的成功；1995年，第二代杂交水稻——两系法杂交稻研制成功；2011年，启动第三代杂交水稻育种技术的研究与利用，已初步研究成功；2019年，开始了第四代、第五代杂交水稻的研制。

为了实现"杂交水稻覆盖全球"这个梦，袁隆平和他的团队从20世纪80年代至今，坚持开办杂交水稻技术国际培训班，为80多个发展中国家培训了1.4万多名杂交水稻技术人才，袁隆平本人还受邀担任联合国粮农组织首席顾问，帮助其他国家发展杂交水稻。

袁隆平于2019年10月23日在《人民日报》发表了《我的两个梦》一文。他在文章中说："我已经90岁了，但'老骥伏枥，志在千里'，我要力争让我们的团队早日完成每公顷18吨的高产攻关，做好第三代杂交水稻技术的生产应用。我希望最终能实现'禾下乘凉、覆盖全球'的两大心愿。"

第二十四章　圣吉心学的精髓及应用方法

彼得·圣吉的《第五项修炼》，既是管理学著作，也是心学著作。彼得·圣吉说，五项修炼都是心灵的转变。彼得·圣吉特别强调，五项修炼的核心是系统思考，而系统思考的精义在于"看清问题背后的结构，找到高杠杆解"。

我们习惯的思考方式是看局部，我们看到的因果关系是线段式的。例如，家庭不和，认为问题在对方；销售不畅，认为问题在销售部；股价下跌，认为原因是媒体上的一条消息……结果是找不到有效的解决办法，使自己陷入困境之中。

学会系统思考，能够改变我们的思考方式，我们不是看部分，而是看整体。我们观察到的是一连串的变化过程，而非片段的、一幕一幕的个别事件。我们观察到的因果关系是环状的互动关系，而不是线段式的因果关系。系统思考用一种新的语言来描述各种不同的环状互动关系及其变化形态。它的最终目的，在于帮助我们更清楚地看见复杂事件背后运作的结构，找到省力有效的解决办法，避免陷入困境。

例如，军备竞赛的背后是一个冲突不断升高的模式，基本上，它的类型跟两个市井帮派抢地盘、夫妻之间关系恶化，或两家公司为市场占有率打广告战，并没有什么不同。军备竞赛就是一个根本的动态性复杂问题。要洞察其原因与解决的方法，首先必须厘清各行动之间的相互关联，还必须看清行动与后果之间的时间滞延（例如，A国决定增强军备和其后B国增强军备作为反制两者之间的时间滞延），同时也必须看出对立局势不断升高的变化形态。看清楚问题背后的相互关联后，新的视野会因此而产生，以寻求可能的对策。在军备竞赛的例子中，就像任何冲突不断升高的情况，明显的问题是："恶性循环有没有可能往相反的方向转？""军备竞赛是否能够往回走？"

第一节 圣吉心学的精髓——"系统思考"

彼得·圣吉对系统思考的定义是，"系统思考是一项看清复杂状况背后的结构，以及分辨高杠杆解与低杠杆解差异所在的一种修炼。为了达成这个目标，系统思考提供一种新的语言，以重新建构我们的思考方式"。

一、看清复杂状况背后的结构

彼得·圣吉告诉我们，外在事物复杂变化的原因，不是单一的，而是结构性的，是他的老师佛睿思特所说的"整体动态的运行机制"，是他本人所说的"结构"（重要因素的互动及变化形态）。

系统思考的第一个要点，就是要看清复杂变化背后的结构，即各种关键因素的互动及变化形态。

（一）寻找结构

这里所说的"结构"，指问题背后的结构性原因。佛睿思特和彼得·圣吉有不同的表述，而实质内容是一致的。两相比较，彼得·圣吉的表述更为通俗一些。

佛睿思特提出："复杂变化（问题）背后的本质"是"整体动态运作的基本机制"。这里所说的"整体动态运作的基本机制"讲的就是复杂问题背后的结构。"整体"运作：不是单一因素的运作，而是多个因素的整体运作。

"动态"运作：各个因素的运作不是孤立的，而是互动的。一个因素的改变会影响另一个因素的改变，从而形成一个运行的环路。

彼得·圣吉提出，"结构"指的是"各种关键因素的互动关系及变化形态"。从因素的数量看，复杂问题背后的因素不是单一的，而是多个的。每个关键因素都是一个变数，不同角色的行为也是一个变数。

从各个因素的关系看，各个关键性因素的运行是互动的。一个因素的改变会影响另一个因素的改变，从而形成一个运行环路。从互动关系引发的变化形态看，互动关系引发了变化形态。增强环路中的互动关系引发的变化形态是不断增强，调节环路中的互动关系引发的变化形态是反复调节。

寻找"结构"要以"系统边界原理"为指导。彼得·圣吉提出：如何判断整体，有一个很重要的原则，即我们应该研究的互动因素，应该是那些跟要解决的问题相关的因素，而不是以我们的组织或系统中因功能而划分的人为界线为出发点。这个原则称为"系统边界原理"。一般的操作方法是，先找出与问题相关的重要因素，再找出各个重要因素的互动关系。《第五项修炼》中所介绍的"大墙的启示"就是这么操作的。

"系统边界"有大小之分。就企业而言，一个部门内各岗位的互动构成一个系统，一个公司内各部门的互动构成一个系统，一个行业内各上下游企业的互动也构成一个系统。因此，有些问题背后的"结构"是公司内各相关部门的互动（如制造、行销与研究之间的互动），有些问题背后的"结构"是一个特定部门内各相关岗位的互动，有些问题背后的"结构"是一个行业内上下游各相关企业的互动。

（二）描述结构

要用新的语言（环路图）来描述问题背后的结构，已有现成系统基模的，可参照系统基模，找出问题背后的"结构"，画出"自己的版本"。每一个基模都是一个"通用的版本"，我们遇到类似的问题时，可以参照这个"通用的版本"，找出问题背后的重要因素及相互关系，把它添加上去，就可以把"通用的版本"改写成"自己的版本"。没有现成系统基模的，可按系统思考的基本方式，自己找出问题背后的"结构"，并画出结构运行的"环状图"。

例如，对神奇科技公司销售下滑问题背后的"结构"进行描述，用的就是"环路图"这种新的语言（参见图 16-17）。

二、分辨高杠杆解与低杠杆解的差异

（一）能从结构中看清杠杆点，就能找到高杠杆解

系统思考的关键在于看出"杠杆点"，亦即可引起结构重要而持久改善的点。一旦找到最佳的杠杆点，便能以小而专注的行动，创造最大的力量。

要找出高杠杆解没有简单的规则可循，我们可以从学习看问题背后的"结构"开始，观察变化的全程，先找到杠杆点，再找到高杠杆解。

系统思考显示，小而专注的行动，如果用对了地方，能够产生重大、持久的改善。系统思考专家称此项原理为"杠杆作用"。处理难题的关键，在于看出高杠杆解的所在之处，也就是杠杆点；但要找出杠杆点并不是一件容易的事，因为它与问题症状之间在时空上是有一段差距的。

（二）不能从结构中看清杠杆点，就只能找到低杠杆解

显而易见的解决方案，通常是没有功效的。短期也许有改善，长期只会使事情更恶化。

非系统思考方式之所以损害特别大，便是因为它总是引导我们专注在低杠杆点的改变上，即专注在改善压力最大处的症状；但是这样的努力至多只是使事情在短期内有好转，而长期只会更为恶化。

三、提供一种新的语言

系统思考用一种新的语言来描述各种不同的环状互动关系及其变化形态。我们在工作和生活中会遇到许多"动态性复杂"问题（佛睿思特称为"复杂变化"）。"动态性复杂"问题的因果关系是微妙的。这种因果关系不是"线段"式，而是"因果环"式。因此，需要一种"环状相连的语言"

（环状图）来"描述各种不同的环状互动关系及其变化形态"（结构），来引导思考省力而有效的解决办法（高杠杆解）。

用"环状相连的语言"描述"环状互动关系"的例子，前面的内容已讲到（参见图16-1）。

在图16-1中，每一线段连接起两个要素，其中箭头表示前一项因素对后一项因素的影响。如，"水龙头的调节"箭头指向"水流"；任何对水龙头调节所做的改变，将使水流改变。箭头从不单独存在。

（一）**系统思考语言的"基本元件"**

系统思考语言的"基本元件"包括：增强环路、调节环路、时间滞延。在一个因果环中，各关键要素的相互影响，有的可能形成增强环路，有的可能形成调节环路，在相互影响的过程中可能还会出现时间滞延。

例如，"基本元件"之一是增强环路，其结构在前面的内容已有描述（参见图16-2）。

这个结构可以做如下描述：对一个好产品而言，更多的销售会带来更多满意的顾客，更多满意的顾客会带来更多良好的口碑。这将带动更多的销售，更多的满意顾客，更多的良好口碑……依此循环。在另一方面，如果产品有缺陷，良性循环会转向恶性循环：满意的顾客减少，好的口碑减少，销售量减少，因而好口碑更少，销售更加减少。

不断增强的变化形态有如"滚雪球"，因而图中有滚雪球的符号。

在环状图中，"同"表示前后两个因素改变的方向相同，"反"表示前后两个因素改变的方向相反。如循环路绕一圈，"反"字符号的总数为零或偶数，则此环路为增强环路；如循环路绕一圈，"反"字符号的总数为奇数，则此环路为调节环路。上例中，"反"字符号之总数为零，故为增强环路。

（二）**系统思考语言的"基础模型"**

"系统基模"指的是环状图的基础模型。它是用系统思考的语言（环状图）对一再发生的现象（问题）背后的"结构"进行描述。我们在工作或生活中，会遇到一些一再发生的现象或问题，但我们往往看不清其背后运行的"结构",不知道如何加以解释和说明。系统思考专家把一些一再发生的现象或问题背后的"结构"找出来,用"环状图"这种新语言描述出来,就成了系统基模。当我们遇到某种一再出现的现象或问题时,可以参照专家为我们提供的"系统基模"来找出问题背后的"结构",画出"环状图",从而看清"结构"中的"杠杆点",找出"高杠杆解"。

例如,"成长上限"的"基础模型",前面的内容已有描述(参见图 16-7)。

对"成长上限"这个基础模型,可做如下描述:一个不断增强的环路,会产生一段时间的加速成长或扩展。成长总会碰到各种限制与瓶颈,大多数的成长之所以停止,不是因为达到了真正的极限,而是由于在不知不觉中,触动一个抑制成长的调节环路开始运作,而使成长减缓、停顿,甚或下滑。

系统基模的目的是重新调整我们的认知,以使我们能够看出结构的运作,看到结构中的杠杆点。《第五项修炼》中所收录的九个基模,为数虽只占系统思考的一部分,但已涵盖人类大部分的动态性复杂问题:它们蕴含在小至个人、家庭,大至组织、产业、都市、社会、国家、世界,甚至民族、历史及生态环境的种种活动之中。

(三)系统思考语言的"组合模型"

系统思考语言的"基本元件",相当于故事中的语句;系统思考语言的"基础模型",相当于故事中的情节;系统思考语言的"组合模型",相当于整体的更为复杂的故事。例如,"成长与投资不足"就是由"成长上限"与"舍本逐末"两个基础模型组合而成的。

第二节 "系统思考"的应用方法

系统思考的应用价值,在于帮助各级各类管理者,帮助所有的人解决面临的动态性复杂问题,摆脱所陷入的困境。

系统思考在何处用,如何用,可以神奇科技公司为例加以说明。面对神奇科技公司销售下滑的复杂变化，系统思考专家从辨认问题开始，经过寻找结构、用新语言描述结构、看清杠杆点、找出高杠杆解等环节，终于找到了解决问题的办法。

一、辨认问题

当遇到问题时，要辨认所遇到的问题是简单问题还是动态性复杂问题？是有现成的系统基模还是没有现成的系统基模？是属于哪一类系统基模？

辨认属于何种基模的方法：以问题最显著的变化形态为线索进行辨认。神奇科技公司一开始成长便大幅蹿升，增强效果使成长不断上扬；但是成长渐渐慢下来，销售终于整个停止。这个变化形态是"成长上限"的典型表现。

二、寻找结构，描述结构

已辨认出神奇科技公司的问题是一再出现的"成长上限"，而专家通过对这类问题的研究，提供了一个"成长上限"的基础模型，因而可以把"成长上限"的基模作为一个"通用版本"，参照这个"通用版本"，来找出结构，描述结构。

第一步：参照"通用版本"的"增强环路"，寻找神奇科技公司销售成长背后的重要因素及相互关系，把它添加到"成长上限"基模上，就可改写出神奇科技公司的"增强环路"。

神奇科技公司销售成长背后的重要因素，是增加销售人力。更多的销售人力带来更好的销售业绩，更好的销售业绩产生更多的收益，进而雇用更多的销售人员。把上述重要因素及其相互关系添加上去，可改写成神奇科技公司的"增强环路"。

第二步：参照"通用版本"的调节环路，寻找神奇科技公司销售下滑背后的重要因素及相互关系，把它添加到"成长上限"基模上，就可改写出神奇科技公司的"调节环路"。

神奇科公司技销售下降的关键因素，是交货期太长。原先订单数目过多，导致欠货数量过多，从而导致交货期过长；而交货期太长的结果，又导致销售困难度加大，从而导致销售下降。将上述重要因素及其相互关系添加上去，可改写成神奇科技公司的"调节环路"。

三、看清杠杆点，找出杠杆解

看清结构，主要是看清结构中的"杠杆点"。系统思考的关键在于看出"杠杆点"，亦即可引起结构重大而持久改善的点。能看清"杠杆点"，就能找到"高杠杆解"。

神奇科技公司结构中的"杠杆点"是交货期过长。由于订单数目过多，导致欠货数量过多，从而导致交货期过长；而交货期太长的结果，又导致销售困难度加大，从而导致销售下降。

能看清"杠杆点"，就能找到"高杠杆解"。"高杠杆解"是坚持八周的交货期标准，行动方案是制订实施扩充产能计划。

实验证明，如果神奇科技公司坚守原来的交货期八周的目标，并继续在产能上大量投资，发挥自己应有的成长潜力，在第十年结束的时候，其销售比原来的情形会高出许多倍（参见图16-19）。

案例：海航陈某的失败源于资本运作中缺乏系统思考

海航破产重整事件不是一个简单的问题，而是一个动态性复杂问题。它的背后不是单一的原因，而是一个结构性的原因，是由融资、投资、资管等重要因素的互动引发的。

2021年1月29日，海航集团发布公告表明，收到海南省高级人民法院发出的《通知书》，相关债权人因海航集团不能清偿到期债务，申请法院对海航集团破产重整。

海航重组公告发布后，从其旗下三个上市公司密集发布的各种公告可以看出，陈某担任董事长期间利用各种手段，从三家上市公司获取了关联性的贷款和融资超过千亿元。就在上一年工作组进驻之前，陈某还在拼命地卖资产，在一年里卖了3000多亿元资产后，海航集团仍有7000多亿元债务，被称为"亚洲负债最多的企业"。如果这个具有超过7000亿元资产和几乎同等数量负债的海航破产案最终获法院受理，这无疑将是中国企业破产史上乃至中国经济史上最大的破产重整案。这个破产重整案为经营者提供了一个重要的启示：面对动态性复杂问题，须学会系统思考。

海航的历史，始于1990年。当时，毕业于德国汉莎航空运输管理学院的陈某以地方政府提供的1000万元启动经费组建航空公司，后借助国企股份制改造募集到2.5亿元的启动资金，再拿这笔钱做担保，从银行获取了6亿元的贷款，购买了两架波音747飞机。从此以后，陈某开始了"用飞机抵押从银行获得贷款，再去买飞机"的重复过程，并开始了更大手笔的资本运作。2017年，海航集团以530.35亿美元营业收入跻身《财富》世界500强第170位，这是海航第三次上榜，也是海航位次最高的一年。2018年7月，《财富》世界500强榜单公布海航出局，而且由于流动性危机，海航再也没有机会登上这个榜单了。

海航为什么会走到破产重整这一步？主要原因是企业的决策者在资本运作的过程中缺乏系统思考，盲目扩张，从而引发了今天的债务危机。这个危机的背后有一个结构性的原因，它是由融资、投资、资管三个要素的互动引发的。海航在融资、投资、资管三个环节都存在问题，最大问题出在资管。由于缺乏资产管理，导致收购的项目经营上出现巨额亏损，因而无法按期偿还债务，引发债务危机。

在融资上，海航的负债率过高。由于不断举债，令海航"负债累累"。2003年，海航亏损近15亿元，负债率超过90%。在所有人都觉得陈某应该收缩战线时，陈某却主动出击，提出"一主两翼"战略：做大航空运输主业的同时，大力发展与主业相关的酒店、旅游和金融业务。在高负债率、刚经历巨额亏损的背景下，有投资者在当年海航业绩说明会上直接质问陈某：已经"跑"出危机了，还要扩大跑道？问题是，陈某比外界想象的还要"任性"，战略确定后，他便一直"买买买"。关于海航集团的膨胀速度，有这样一组数据：2009年，海航集团旗下公司不到200家；2011年年初，集团旗下公司接近600家。这样的扩张、兼并速度堪称"疯狂"，甚至在爆发流动性危机的2017年，海航还在疯狂买入。在多个投行担任重要管理角色的PAC基金创始人廖某说："他们要的就是速度，一贯作风就是要做就迅速做成行业的引领者，甚至是全球第一，这是一个很危险的投资行为，而且他们一玩就是十几年。"

在投资上，海航未能用心做好投资前的尽责调查。让外界难以置信的是，海航看中的几十亿美元投资的项目，尽责调查的时间都不超过一个月。香港一家投行分析师陈某向"探客Tanker"表示，他接触过被海航在2015年收购这5笔重磅交易中的几家原管理团队，得知整个收购里海航最长的尽责调查期只有25天，"这个时间基本上就只够委托一家会计师事务所把账目清理一遍，而关于管理层的意见，员工的态度，企业发展的目标，等等，在海航决定收购之前一律无视，因为没有时间。"而恰恰是这些被陈峰在做投资决策时忽视的管理细节，其实才是未来能决定一家企业被收购后顺利发展的主要因素。

在资管上，海航在各项收购之后，资管几乎等同于没有。清都在"探客Tanker"上发表的文章指出，全球最大的另类投资基金黑石集团能脱颖而出，成长为当前管理5000亿美元规模资产的公司，关键是投后资管能力。一旦决定要进行某一笔投资，黑石投资管理集团就会迅速介入，协助领导黑石集团的业务专家小组，制订目标企业收购后业务方面的初步计划；接下来会为这个目标企业找到一支高级管理团队，在黑石投资管理集团看来，找到的这支管理团队要筹划并执行以提高业绩为目标的战略。在此之后，黑石投资管理集团仍将对新组建的公司管理层进行长期的监控和引导，并加强审计，保证已经制定的战略的落实。黑石集团所做的这一切，海航没有一项能够做到。因此，其属下的企业屡屡出现亏损，导致海航的现金流出现缺口和断裂。2011年，就在陈某骄傲地宣称"完成中国年度最大海外并购案"的同时，海航集团旗下总资产近600亿元的大新华物流却遭到多家船东起诉，状告其"欠钱不还"。经过测算，2020年度海航控股的净亏损幅度在580亿元~650亿元。资深私募基金华民投的合伙人朱某对"探客Tanker"表示："投后管理尤其是资产运营，才是保证项目保值增值的重要手段。"他认为，海航最大的问题是没有资管，项目整体管理很混乱。

运用系统思考来观察分析海航破产重整事件，我们可以发现，海航破产重整事件不是一个简单的问题，而是一个动态性复杂问题。它的背后不是单一的原因，而是一个结构性的原因，是由融资、投资、资管等重要因素的互动引发的。假如说，上述各个重要因素都把控得好，形成的可能是一个良性的循环，即更多的融资带来更多的投资，更多的投资带来更多的资管，更多的资管带来更多的盈利，更多的盈利又带来更多的融资，如此循环，推动公司的不断发展。假如说，上述各个重要因素没有把控好，形成的可能是一个恶性的循环，如海航，它的更多的融资是带来了更多的投资，但是它的更多投资并没有带来更多的资管，因而也就没有带来更多的盈利，而是带来更多的亏损，走上了债务危机。这个时候，还有哪家银行敢把资金借给它呢，它剩下的只有破产重整这条路。在海航债务危机背后的运行结构中，杠杆点是资管，高杠杆解是提高投后资管能力，在资管上下足功夫。

彼得·圣吉的"系统思考"与麦肯锡的"系统化思维"有共同点，也有不同点。共同点是，都用于解决复杂管理问题，都采用结构化思维方式。不同点是，应用现场不同，解决问题的思维方式不同，借助的思维工具不同。

系统思考的应用现场是帮助各级各类管理者，帮助所有的人解决面临的动态性复杂问题，摆脱所陷入的困境；解决问题的思维方式是辨认问题，寻找结构，描述结构，看清杠杆点，找出高杠杆解。

借助的思维工具是环路图。

麦肯锡方法的应用现场是为最高领导者提供解决重大管理问题的建议；解决问题的思维方式是诊断问题，寻找解决办法，求证，汇报，制订实施计划；借助的思维工具是树形图。

总而言之，"致良知""敬天爱人"与"系统思考"是阳明心学、稻盛心学、圣吉心学的精髓，是助你事业成功的三件法宝。学习"致良知"的价值，在于让你转变心灵，为善去恶，具有高尚的人格；学习"敬天爱人"的价值，在于帮助你提高心性，拓展经营，让人生变得更加美好。学习"系统思考"的价值在于让你转换心灵，由看部分转为看整体，具有解决难题的能力。一个经营者，无论是经营企业还是经营人生，如能掌握"致良知""敬天爱人"与"系统思考"这三件法宝，就能够跨越人生或企业发展中遇到的一道道的坎。

第六部分 结语

第二十五章 学习"经营者心学"要把握三个要点

第一节 什么是"经营者心学"

心学是"修心之学",经营者心学,是"经营者的修心之学"。

王阳明对"十六字心传"的解释,揭示了心学就是"修心之学"。它告诉我们,"被私欲遮蔽时是人心,去除私欲遮蔽时是道心"。要让"人心"转变为"道心",就必须"修心"。儒家的"三纲领、八条目",核心思想是"修心"。三纲领中,"明明德"讲的是修心,"亲民"讲的是教人修心。"止于至善",讲的是修心要达到的境界。八条目中,"格物""致知""诚意""正心""修身"讲的是修心的五个方面。"齐家""治国""平天下"讲的是修心的推广方式及发挥的作用。王阳明关于"致良知"的"四句教",是对儒家"三纲领、八条目"的继承和发展,其核心思想还是"修心"。他教我们"在心上用功",掌握"静坐"的功夫,"省察克治"的功夫,"在事上磨炼"的功夫,"慎独""戒惧"的功夫,"诚意"的功夫,等等。

经营者心学,是"经营者的修心之学"。它告诉经营者,在企业发展的路上,会遇到各式各样的问题,经营者必须以正确的心态去面对,才能跨过一道道的坎;而要有正确的心态,就必须有意识地进行"修心"。修心主要是做好反省、读书、转换心灵三件事，练好静坐澄心和事上磨炼两项基本功。静坐澄心，在事上磨炼，都是为了修心，为了转换心灵。

第二节 为什么要学习"经营者心学"

人生成败的根本原因在于心，在于面对各种问题时的心态。经营者有正确的心态就能跨越企业发展路上的一道道坎，就能往前走，没有正确的心态就可能中途倒下去，甚至爬不起来。稻盛和夫凭着正确的心态，跨过了研发中的"坎"，生产中的"坎"，销售中的"坎"，媒体批判的"坎"，等等，一直走到今天，把一个街道工厂发展成为世界级的公司；而一些人，他们在企业经营中都获得过巨大的成功，但因为忽略修心或修心不到位，走到半路都跌倒了。其中，有的也许还能爬起来继续向前，有的是永远爬不起来了。

修心、养身与爱车，三者道理相通，主要是"检测""维护""修理"三件事。爱车的人每年会做"车辆的检测""车辆的维护""车辆的修理"。养身的人每年会做"身体的检测""身体的维护""身体的修理"。修心的人每年也需要做"心灵的检测""心灵的维护""心灵的修理"。可惜，世人注重的是车辆、身体的检测维护修理，却忽略了心灵的检测维护修理。当今社会，由于我们的家长、老师、领导忽略孩子、学生、员工的心根培育，当事人也忽略对自己的心根培育，才出现了那么多的青少年自杀事件，那么多的商业欺诈行为。假如我们的家长、老师、领导及当事人都注重培育心根这个对人生非常重要却又常常被忽略的问题，社会上自杀、诈骗等事件的出现将会大大减少。

第三节　经营者如何进行心灵修炼

经营者的修心，主要是做好反省、读书、转换心灵三件事，练好静坐澄心和事上磨炼两项基本功。"反省"才能知道自己思想行为的善恶对错，"读书"才能养心，"转换心灵"才能提高心性；"静坐澄心"是为了息思虑，收敛私欲之心；"事上磨炼"，是为了在处事时能去除私欲之念，行中正之道。静坐澄心，事上磨炼，都是为了修心，为了转换心灵。

一是反省。要修心，首先要经常自我反省。苏格拉底说，"未经反省的人生是不值得过的"。古人说，"一日三省吾身"。王阳明提出，省察克治的功夫"无时而可间"。稻盛和夫提出："反省自己的思想，反省自己的行为举止，由此尽力抑制利己心，抑制充满欲望的那个恶的我，让那个充满利他心和关爱之心的善的我呈现。"彼得·圣吉提出的"五项修炼"，实际上也是一种反省，系统思考是对部分思考的反省，心智改善是对心智瑕疵的反省，自我超越是对缺乏创造性张力的反省，共同愿景是对官方愿景的反省，团体学习是对缺乏整体搭配的反省。

二是读书。读书才能养心。王阳明从小立志做圣贤，熟读圣贤之书，继承发展了儒家的思想，提出了"致良知"学说。稻盛和夫坚持每天读书学习，他在枕边堆放了很多与哲学及宗教相关的书籍，不管多少忙碌，多么疲劳，在每天入睡前，都会拿起书本。彼得·圣吉提出："20世纪90年代最成功的企业将会是学习型组织，因为未来唯一持久的优势，是有能力比你的竞争对手学习得更快。"他特别强调，"真正的学习"不单是学习专业知识、专业技能，还要学习心灵的转变。

三是转换心灵。转换心灵，为善去恶，才能使自己的心灵变得更美好。王阳明的"致良知"学说，教人们为善去恶。他在《与邹谦之书》中阐述了自己"克治之功"的甘苦："十余年来，虽痛自洗剔创艾，而病根深固，萌蘖时生。所幸良知在我，操得其要，譬犹用之得舵，虽惊风巨浪，颠沛不无，尚犹得免于倾覆者也。"稻盛和夫写《心——稻盛和夫的一生嘱托》，教人们磨炼灵魂，提高心性，拓展经营。他说，自己也产生过骄傲之心，认为"靠我的才能创建了公司，创造利润也是凭了我的才干"。但是，他很快就意识到那是一颗正在变得傲慢的心，因而进行了深刻的自我诫勉。彼得·圣吉写《第五项修炼》，教人们学会心灵的转换，重新创造自我。他也谈到自己转换心灵的经历。在实施重大计划时，他常觉得别人在紧要关头时不支持他，因此会勇往直前地孤军奋斗。过了许多年他才看出其中的阻力及运行模式，找到应对的办法。

四是静坐澄心。静坐澄心是"修心"的两项基本功之一。王阳明教学生"静坐，息思虑"。他对陆澄说："汝若于货、色、名利等心，一切皆如不做劫盗之心一般，都消失，光光只是心之本体，看有甚闲思虑？"稻盛和夫多次讲过，可以采用一个方法，就是在一天当中，腾出一段时间，哪怕很短的一段时间，让自己的心静下来，保持平稳的状态。每天获得这片刻的平静，就能够一点点地接近真我的状态。就能帮助我们在人生的各个方面收获丰硕的成果。彼得·圣吉为修炼静坐澄心之功，专门跑到中国来，向南怀瑾学习。

五是在事上磨炼。这是"修心"的另一项基本功。能够在事上磨炼，才能够真正地转换心灵。在事上磨炼，要借助良知、天理、经典磨炼灵魂，用"理性化的我"战胜"情绪化的我"，用"善的我"战胜"恶的我"，最终以一种正确的心态去面对，当行则行，当止则止，当生则生，当死则死。王阳明提出："人须在事上磨炼，做功夫乃有益。"王阳明的弟子陆澄接到家信，告知其儿子病危。陆澄的心非常忧闷，过度悲伤。王阳明对他说："此时正宜用功，若此时放过，闲时讲学何用？人正要在此时磨炼。"稻盛和夫提出，要在反省的基础上"尽力抑制利己心，抑制充满欲望的那个恶的我，让那个充满利他心和关爱之心的善的我呈现"。"这样的努力可以磨炼灵魂，提高心性"。稻盛和夫还提出，在工作中全神贯注是"心灵修行"的最好方法，他讲了自己的真切体验。彼得·圣吉提出的五项修炼，也是一种事上磨炼，是在建立学习型组织这件事上的磨炼。他教我们，面对复杂问题，修炼"系统思考"；面对个人成长，修炼"自我超越"；面对经营决策，修炼"心智改善"；面对未来发展，修炼"共同愿景"；面对整体搭配，修炼"团体学习"。

任正非面对人生的至暗时刻，一次又一次把心点燃，用微光照亮队伍前行，是"在事上磨炼"的一个经典案例。2001—2002年那段时间，因国内市场被港湾抢食，国外市场遭思科诉讼，核心骨干流失，公司管理失序，华为曾经差点崩盘。在那段时间，任正非用克劳塞维次《战争论》中的一句话来激励自己："伟大的将军们是在茫茫黑暗中把自己的心拿出来点燃，用微光照亮队伍前行。"2020年6月，面对西方势力的重重打压，任正非在题为《星光不问赶路人》的电邮讲话中，又一次地引用了这段话。任正非的这份电邮讲话，是经营者心学的一个经典案例，值得所有的企业经营者学习。

本书作者已注册头条号"经营者心学"，作为相互交流的平台，有兴趣的读者可加以关注。